Jörg Rippel

E-Autos

Das Handbuch für den Umstieg

Rheinwerk
Computing

Liebe Leserin, lieber Leser,

Sie beschäftigen sich mit dem Gedanken, ein Elektroauto zu kaufen? Eine gute Idee, denn die Elektromobilität ist längst im Alltag angekommen. E-Autos fahren leise, komfortabel und lokal emissionsfrei und eignen sich für immer mehr Menschen als alltagstaugliches Verkehrsmittel. Gleichzeitig sorgt kaum ein Thema für so viele Fragen, Unsicherheiten und widersprüchliche Meinungen wie das E-Auto: Reicht die Batterie wirklich? Wie funktioniert Laden unterwegs? Was kosten Strom, Wallbox und Wartung? Und lohnt sich der Umstieg finanziell überhaupt?

Dieses Buch möchte Ihnen helfen, den Überblick zu behalten. Jörg Rippel führt Sie verständlich und praxisnah in die Welt der elektrischen Mobilität ein – ganz ohne Vorwissen und ohne erhobenen Zeigefinger. Statt Marketingversprechen stehen hier Fakten, Erfahrungen und nachvollziehbare Erklärungen im Mittelpunkt.

Schritt für Schritt begleitet Sie der Ratgeber von den Grundlagen der Elektromobilität über Lade- und Antriebstechnik bis hin zu ganz praktischen Fragen vor und nach dem Kauf: Welches Fahrzeug passt zu mir? Reicht eine Steckdose oder brauche ich eine Wallbox? Wie realistisch sind Reichweitenangaben? Und wie sieht es mit Kosten, Förderung und Umweltbilanz aus?

Nach der Lektüre dieses Buches kennen Sie die wichtigsten Begriffe und Zusammenhänge, können Vor- und Nachteile besser einordnen und Ihre Entscheidung mit einem guten Gefühl treffen.

Ich wünsche Ihnen viel Freude bei der Lektüre und spannende Einblicke in Ihre ganz persönliche Mobilitätswende.

Ihre Ariane Podacker
Lektorat Rheinwerk Design

ariane.podacker@rheinwerk-verlag.de
www.rheinwerk-verlag.de
Rheinwerk Verlag • Rheinwerkallee 4 • 53227 Bonn

Auf einen Blick

Wir hoffen, dass Sie Freude an diesem Buch haben und sich Ihre Erwartungen erfüllen. Falls Sie Anregungen, Wünsche und Kommentare haben, lassen Sie es uns wissen: **service@rheinwerk-verlag.de**.

Informationen zu unserem Verlag und Kontaktmöglichkeiten finden Sie auf unserer Verlagswebsite **www.rheinwerk-verlag.de**. Dort können Sie sich auch umfassend über unser aktuelles Programm informieren und unsere Bücher und E-Books bestellen.

Autor Jörg Rippel
Lektorat Christoph Meister, Ariane Podacker
Fachgutachten (anonym, Automobilindustrie)
Copy-Editing Friederike Daenecke, Zülpich
Typografie & Layout Vera Brauner
Herstellung Arkin Keskin
Covergestaltung Bastian Illerhaus
Coverbild iStock: 2159021792©piranka, 2165666733©EyeEm Mobile GmbH;
shutterstock: 2350675469©BLKstudio, 1570891030©Andrew Derr, 2139624109©PH888
Druck mediaprint solutions, Paderborn

PEFC
PEFC/04-31-0810

Dieses Buch wurde mit mineralölfreien Farben auf PEFC-zertifiziertem Papier aus nachhaltiger Waldwirtschaft gedruckt. Hergestellt in Deutschland.

Bibliografische Information der Deutschen Nationalbibliothek:
Die Deutsche Nationalbibliothek verzeichnet diese Publikation in der Deutschen Nationalbibliografie; detaillierte bibliografische Daten sind im Internet über *http://dnb.dnb.de* abrufbar.

ISBN 978-3-367-11109-1

1. Auflage 2026

Rheinwerk Verlag GmbH • Rheinwerkallee 4 • 53227 Bonn
service@rheinwerk-verlag.de

Inhalt

Kapitel 6 Das Batterie-Management-System (BMS) und das Thermalmanagement 95

Kapitel 7 Ladetechnik und -infrastruktur 105

Kapitel 8 Intelligente Systeme 113

TEIL III Kaufberatung

Kapitel 9 Marktüberblick nach Fahrzeugklassen 119

Kapitel 10 Das richtige E-Auto für Ihren Bedarf 131

Kapitel 11 Der Neuwagenkauf 147

Einleitung: Warum dieses Buch?

Wenn Sie sich für ein Elektroauto interessieren, stehen Sie vor einer Flut von Informationen - und mindestens genauso vielen Mythen. Hersteller versprechen Ihnen das perfekte E-Auto, Kritiker warnen vor unkalkulierbaren Risiken. Zwischen Marketing-Versprechen und Panikmache bleibt häufig wenig Raum für sachliche Information.

Genau hier setzt dieses Buch an. Ich möchte Ihnen eine herstellerunabhängige und objektive Beurteilung ermöglichen, ohne Ängste zu schüren und ohne die üblichen Marketing-Floskeln, damit Sie das E-Auto finden können, das am besten zu Ihnen passt.

Begeisterung trifft auf Objektivität

Ich gestehe: Ich bin von Elektroautos begeistert. Die spontane Beschleunigung, die Ruhe beim Fahren, die Möglichkeit, mit selbst erzeugtem Solarstrom zu fahren: All das fasziniert mich täglich. Gerade weil ich begeistert bin, achte ich besonders auf Objektivität. Als E-Auto-Fahrer kenne ich beide Seiten intensiv. Ich fahre täglich mit meinem E-Auto und mache auch Urlaubsreisen quer durch Europa mit ihm. Dabei erlebe ich hautnah, wann die Reichweite und das lange Laden nerven, wo Ladesäulen Probleme bereiten und wann E-Autos an Grenzen stoßen.

Ihr Weg durch dieses Buch

Ich gehe davon aus, dass Sie sich mit der Elektromobilität beschäftigen, weil Sie sich ein E-Auto kaufen wollen, sich aber noch nicht ganz sicher sind, ob diese doch etwas andere Art von Fahrzeug zu Ihnen und Ihrem Bedarf passt.

Das ist eine sehr legitime Frage, denn ein neues Auto ist eine große und teure Investition. Es ist gut und sinnvoll, sich vor dieser Entscheidung ausgiebig zu informieren. Daher möchte ich Ihnen in Kapitel 1 zunächst einige Mythen rund um das E-Auto vorstellen, die (leider) immer noch wiederholt werden. Im Anschluss daran geht es in Kapitel 2 um den größten Unterschied zum Verbrenner: Das Laden an einer öffentlichen Ladesäule. Was funktioniert anders als bei einem Trip zur Tankstelle, was ist eigentlich ganz ähnlich? (Als Vorgriff: Das Laden eines E-Autos ist viel einfacher als das Betanken eines Verbrenners. Es dauert nur etwas länger ...)

Wenn Sie diese beiden Einstiegskapitel gelesen haben, sind Sie eigentlich schon gut für eine informierte Kaufentscheidung gerüstet. Lesen Sie aber weiter, wenn Sie mehr wissen wollen: Im Anschluss daran geht es tiefer in die Technik. Ich möchte Ihnen ab Kapitel 3 vom Elektromotor über die Batterie und die Antriebstechnik, das Batterie- und Thermalmanagement bis zu den Ladesystemen, der Ladeinfrastruktur und den intelligenten

Systemen alles vorstellen, was Sie wissen müssen, um die Funktionsweise Ihres neuen Autos zu verstehen.

Im Anschluss an diese technischen Details möchte ich Ihnen im Teil III des Buchs »Kaufberatung« (ab Kapitel 9) einen allgemeinen Marktüberblick und eine Kaufberatung bieten. Es gibt inzwischen für jeden Geldbeutel und für jedes Anforderungsprofil ein passendes E-Auto: Welches ist das richtige für Sie? Tipps und Hinweise führen Sie durch den konkreten Kaufprozess mit handfesten Kriterien und Kostenvergleichen.

Bei aller Begeisterung über die Technik sollten Sie sich auch die Kosten und die Wirtschaftlichkeit anschauen: Ein E-Auto kostet in der Anschaffung zunächst meist mehr als ein vergleichbarer Verbrenner. Aber wie sieht es mit den Kosten über die gesamte Lebenszeit aus, der sogenannten *Total Cost of Ownership (TCO)*? Wie viel Wartung und Service braucht ein E-Auto über die Jahre? Darum geht es in Kapitel 13.

Mein Ziel in diesen Kapiteln ist es, Ihnen die Technik so zu erklären, dass Sie sie verstehen, ohne Sie mit Fachbegriffen zu bombardieren. Sie erfahren, was es mit einer Wärmepumpe im Auto auf sich hat und warum diese auch in unseren Breitengraden positive Auswirkungen auf die Reichweite hat, und Sie lernen nicht nur, dass Schnellladen möglich ist, sondern verstehen auch die Unterschiede bei den Ladesäulen, die technischen Grenzen und deren praktische Auswirkungen. Wir werden aber auch über die Nachteile von E-Autos sprechen, denn diese haben auch ihre Schwächen. Nach der Lektüre wissen Sie, ob und unter welchen Umständen ein Elektroauto zu Ihnen passt. Ich möchte Sie in die Lage versetzen, eine informierte Entscheidung zu treffen – basierend auf Fakten, nicht auf Vorurteilen oder Wunschdenken.

Ab Kapitel 16 geht es darum, wie der Alltag mit einem E-Auto aussieht, mit allen Tricks und möglichen Stolpersteinen. Besonders wichtig ist mir das Zusammenspiel von Elektroauto, Wallbox, erneuerbaren Energien und dem Laden auf langen Fahrten quer durch Europa. Hier kommt es ganz entscheidend auf die Pflege der Batterie an; lesen Sie dazu Kapitel 15.

Gerade Stadtfahrer zögern oft bei längeren Strecken. Darum besprechen wir auch, wie Sie der Reichweitenangst begegnen: Sie lernen, Ihre Route mit dem E-Auto zu planen, und Sie erfahren, was Sie tun können, wenn »der Saft« doch mal zu Ende gehen droht. Das Schnellladenetz in Deutschland und die Vorbereitung auf Auslandsreisen sind daher auch ein Thema von Kapitel 16. Aber Sie lernen nicht nur technische Voraussetzungen kennen, sondern auch: Welche Ladekarten brauchen Sie? Welche Ladenetzwerke existieren? Welche Apps helfen Ihnen beim Laden? Ich erkläre Ihnen, welche Anbieter sich lohnen und wie Sie europaweit problemlos laden.

Ganz besonders lohnt sich ein E-Auto natürlich, wenn Sie daheim laden können, idealerweise sogar mit selbst produziertem Solarstrom. Kapitel 18 und Kapitel 19 behandeln diese Situation, in der ein E-Auto seine Stärken perfekt ausspielen kann.

Fakten statt Vorurteile

Ab Kapitel 20 wird es noch mal grundsätzlicher und allgemeiner. Die Elektromobilität wird schnell emotional diskutiert. In diesem Buch versuche ich alles zu besprechen, was wichtig ist, damit Sie Ihre persönliche Entscheidung für ein E-Auto treffen können. Dabei berücksichtige ich auch kritische Aspekte wie Rohstoffgewinnung und Umweltauswirkungen – aber immer im Vergleich zu konventionellen Fahrzeugen. Denn das ist meiner Meinung nach notwendig, um zu zeigen, dass sich mit E-Autos die Dinge verbessern können. Sie werden aber auch sehen, dass dies nur eine graduelle Verbesserung ist, denn wirklich sauber wäre unsere Fortbewegung nur, wenn wir wieder zu Fuß gehen würden. E-Autos sind weder die Lösung aller Probleme noch der Untergang des Individualverkehrs. Sie sind eine Technologie mit spezifischen Stärken und Schwächen. Unser Individualverkehr, so wir ihn für uns wünschen, bringt immer negative Auswirkungen mit sich. All dies behandeln wir in Kapitel 21, »Ökobilanz und ethische Aspekte«.

In Kapitel 22 und Kapitel 23 möchte ich einen Blick in die Zukunft wagen: Welche technischen Innovationen können wir in den nächsten Jahren erwarten? Wie entwickeln sich Batterietechnik und Ladeinfrastruktur? Was tut sich in China, in den USA und anderswo?

Im Anhang habe ich weiteres Informationsmaterial für Sie gesammelt. Sie finden in Anhang A eine Zusammenfassung aller Fachbegriffe sowie in Anhang B Zusammenfassungen und Links zu allen wissenschaftlichen Studien, die ich für dieses Buch verwendet habe.

Zusatzmaterial zum Buch

Ein Blick auf die Website zum Buch (*www.rheinwerk-verlag.de/6193*) lohnt sich: Im Downloadbereich stehen Ihnen ergänzende Materialien zur Verfügung darunter Checklisten rund um Kauf und Probefahrt, Empfehlungen zu Ladekarten und Lade-Apps, ein Muster-Kaufvertrag für den Privatkauf gebrauchter E-Autos sowie eine Sammlung wichtiger Internetadressen.

Um die Materialien herunterzuladen, klicken Sie auf den Reiter **Materialien**. Sie sehen die herunterladbaren Dateien samt einer Kurzbeschreibung des Dateiinhalts. Klicken Sie auf den Button **Herunterladen**, um den Download zu starten.

TEIL I
Grundlagen der Elektromobilität

Kapitel 1
Mythen und Fakten rund um E-Autos

Die Diskussion über Elektroautos wird häufig von unglaublichen Geschichten und Halbwahrheiten geprägt. Dabei kursieren sowohl unrealistische Heilsversprechen als auch unbegründete Ängste. Es ist geradezu haarsträubend, wie oft mir – auch wohlmeinende – Mitmenschen prophezeit haben, mein Carport werde bald abbrennen, weil mein E-Auto doch bestimmt in Flammen aufgehen werde. Wie wirken sich solche Horrormärchen auf Leute aus, die sich gerade die Frage stellen, ob sie sich ein E-Auto zulegen sollten?

Ich möchte in diesem Buch viele Behauptungen auf den Prüfstand stellen und Fakten von Fiktion trennen. Die Realität sieht meist differenzierter aus, als extreme Positionen suggerieren. Elektroautos haben durchaus ihre Schwächen, aber viele verbreitete Kritikpunkte und Behauptungen entbehren jeder Grundlage oder basieren auf veralteten Informationen oder falschen Annahmen. Allerdings erfüllen E-Autos auch nicht alle Erwartungen, die manche Befürworter mit ihren Erzählungen wecken.

Gehen wir im Schnelldurchlauf die meistverbreiteten Angstmacher durch. Diese Punkte werde ich später noch im Detail erörtern, hier folgt erst einmal die Kurzfassung.

1.1 E-Autos schaden der Umwelt – Wahrheit und Legende

Die Behauptung, E-Autos schadeten der Umwelt mehr als Verbrenner, hält keiner einzigen objektiven und sachlichen Prüfung stand. Diese Aussage geht in den meisten Fällen auf die berüchtigte »Schwedenstudie« von 2017 zurück, die bereits mehrfach widerlegt wurde. Andere Studien folgten danach, von denen auch einige problematisch waren. (Einen Überblick über die wissenschaftlichen Studien, die ich für dieses Buch verwendet habe, finden Sie im Anhang B). Wenn man den aktuellen Forschungsstand zusammenfassen will, kommt man zu einem klaren Urteil: E-Autos sind sauberer, nicht nur bei der Betrachtung ihrer Nutzung, sondern auch dann, wenn man die Rohstoffgewinnung, die Fertigung und die Verschrottung dazurechnet. Selbst wenn man nur die Nutzung betrachtet: Bereits mit dem deutschen Strommix fahren Elektroautos mindestens doppelt so umweltfreundlich wie Verbrenner.

Natürlich verursacht ein E-Auto indirekt auch Abgase, wenn es über das Stromnetz geladen wird. Der deutsche Strommix speist sich aus verschiedenen Energiequellen. Der CO_2-Ausstoß pro erzeugter Kilowattstunde hat dabei einen historischen Tiefstand erreicht, da sich die Emissionen aus der Stromerzeugung seit 2014 etwa halbiert haben. Der Anteil regenerativer Stromquellen steigt.

Der Strommix und die Jahreszeiten

Der deutsche *Strommix* verursachte 2024 durchschnittlich 363 Gramm CO_2 pro Kilowattstunde (Quelle: Umweltbundesamt, 2024). Richtig ist: Im Winterhalbjahr steigt dieser Wert, weil weniger Solarstrom verfügbar ist. Aber selbst in den schlechtesten Wintermonaten bleiben E-Autos deutlich sauberer als Verbrenner. Der Strommix verbessert sich zudem kontinuierlich durch den Ausbau neuer, sauberer Stromquellen. Das bedeutet, jedes E-Auto fährt Jahr für Jahr sauberer, während ein Verbrenner sein Leben lang gleich viel CO_2 ausstößt.

Bei der Verbrennung von Kraftstoff entstehen etwa 2,37 kg CO_2 pro Liter Benzin und 2,65 kg CO_2 pro Liter Diesel.

Rechnet man die Förderung und Raffination mit ein, fallen pro Liter Benzin 2,8 kg und pro Liter Diesel 3,2 kg CO_2 an.

Erdöl ist endlich

In 500 Jahren könnten Menschen aus Erdöl vielleicht lebensrettende Medikamente herstellen oder hochwertige Kunststoffe für medizinische Anwendungen. Stattdessen verbrennen wir diesen vielseitigen Rohstoff einfach. Das ist, als würden Sie alte Bücher verheizen, anstatt Brennholz zu kaufen.

Die Batterieproduktion verursacht zwar höhere Emissionen in der Herstellung, aber neuere Untersuchungen von Forschern der *Technischen Universität Eindhoven* aus dem Jahr 2020 zeigen, dass E-Autos bereits nach 11.000 bis 30.000 km den Produktionsnachteil beim CO_2-Ausstoß ausgeglichen haben.

Eine aktualisierte Studie des Ifeu-Instituts (*Institut für Energie- und Umweltforschung Heidelberg*) vom 2024 kam zum Ergebnis, dass Elektroautos über ihre gesamte Lebenszeit 59 % weniger Klimagas als Diesel und 53 % weniger als Benziner verursachen. Das betrachten wir in Kapitel 21 noch im Detail.

Alle Studien finden Sie in Anhang B

Für dieses Buch habe ich viele Studien und Untersuchungen verwendet, um meine Aussagen fundiert belegen zu können. All diese Studien finden Sie auch in Anhang B, falls Sie selbst tiefer in die Details eintauchen möchten.

Was aber noch hinzukommt und oft nicht betrachtet wird: Die meisten Batteriehersteller nutzen bereits heute komplett erneuerbare Energien für die Produktion ihrer Batterien, was die Studien oft verschweigen. Und ein wichtiger Nebeneffekt wird häufig übersehen:

E-Autos erzeugen durch die Rekuperation (Energierückgewinnung beim Bremsen) weniger Bremsstaub und damit weniger Feinstaub in den Städten.

1.2 Unzuverlässigkeit und Reparaturprobleme – was stimmt wirklich?

Hat man mit einem E-Auto mehr Ärger und verbringt es mehr Zeit in der Werkstatt als ein Verbrenner, dessen Technik ja eigentlich viel ausgereifter sein müsste?

Das Gegenteil ist der Fall: E-Autos erweisen sich als wartungsärmer und zuverlässiger als Verbrenner. Die *Wartungskosten* liegen bei etwa einem Drittel bis einem Viertel der Kosten vergleichbarer Verbrennerfahrzeuge. Ich rechne Ihnen das in Abschnitt 13.3, »Laufende Kosten: Strom, Wartung, Versicherung« anhand zweier verschiedener E-Autos vor (eines mit rund 100.000 km und eines mit etwa 60.000 km Fahrleistung). Der Unterschied zum Verbrenner ist gewaltig.

Der Grund ist simpel: E-Autos haben weniger Verschleißteile. Sie benötigen kein Motoröl, keinen Katalysator, weder Auspuff noch Zahnriemen oder Zündkerzen. Auch Öl- und Kraftstofffilter entfallen. Die Bremsen verschleißen durch die Rekuperation deutlich weniger. Einige Hersteller schreiben für die Garantie nicht einmal regelmäßige Werkstattbesuche vor. Die Fahrzeuge kommen nur bei Defekten in die Werkstatt. Bei einer Jahresfahrleistung von 30.000 km kann der Wechsel zu einem E-Auto Einsparungen von rund 200 € monatlich bringen.

Die Batterien moderner E-Autos halten deutlich länger als am Anfang angenommen: Reale Langzeitmessungen zeigen, dass selbst nach mehreren Hunderttausend Kilometern der Kapazitätsverlust überraschend gering bleibt. Die Hersteller geben lange Garantien auf die elektrischen Komponenten des Antriebsstrangs von acht Jahren oder 160.000 km: Die Hersteller vertrauen der Technik inzwischen.

1.3 Brandgefahr bei E-Autos: Fakten statt Panikmache

E-Autos brennen nicht häufiger als Verbrenner – im Gegenteil. Der Deutsche Feuerwehrverband bestätigt: Statistisch gesehen sind Elektrofahrzeuge nicht gefährlicher als herkömmliche Autos. Die Brandbekämpfung erfordert allerdings andere Methoden. Bei einem E-Auto-Brand muss die Batterie ausreichend gekühlt werden, um ein *thermisches Durchgehen* zu verhindern. Moderne Löschtechniken wie Löschdorne machen die Brandbekämpfung bei E-Autos mittlerweile einfacher. Im Detail wird dies noch in Abschnitt 15.5, »Brand bei Elektroautos – was Sie wissen sollten«, besprochen.

Moderne E-Autos haben aber auch ausgeklügelte Sicherheitssysteme: Bei einem Unfall trennt sich die Hochvoltbatterie automatisch vom Fahrzeug ab. Die 12-Volt-Batterie, die ja weiterhin in jedem E-Auto vorhanden ist, übernimmt weiterhin Sicherheitsfunktionen wie Warnblinker und Notrufsystem. Die Risikobewertung zeigt: Brandversuche ergaben, dass sich E-Autos nicht anders verhalten als andere Fahrzeuge. Auch NCAP-Crashtests belegen die hohe Sicherheit moderner Elektrofahrzeuge.

1.4 Stromnetz-Kollaps durch E-Autos

Geht dem Stromnetz der Saft aus, wenn plötzlich alle Menschen E-Autos fahren? Müssen wir mit einer Stromknappheit rechnen, wenn es keine Verbrenner mehr gibt? Ist die Infrastruktur überhaupt darauf ausgelegt, dass jeden Abend Millionen E-Autos an der Wallbox hängen?

Diese Einwände sind unbegründet. Das deutsche Stromnetz verkraftet bereits heute den gesamten Pkw-Bestand von 45 Millionen Fahrzeugen, wenn diese elektrisch führen. Der zusätzliche Strombedarf läge bei lediglich 100 Terawattstunden pro Jahr: Das ist ein Sechstel des deutschen Gesamtverbrauchs.

Abbildung 1.1: Bringen E-Autos wirklich unser Stromnetz in Gefahr?

Erneuerbare Energien produzierten 2024 bereits 284 Terawattstunden Strom. Die Bundesregierung plant bis 2030 etwa 15 Millionen Elektrofahrzeuge, das erhöht den Stromverbrauch um nur 3 bis 4 %. Studien zeigen: Mit intelligentem Lademanagement laden maximal 40 % der Fahrzeuge gleichzeitig. Die Gefahr eines Netz-Kollapses existiert nicht. Im Detail betrachte ich diesen Punkt in Abschnitt 19.8, »Das Stromnetz und die Elektromobilität«.

1.5 Mehr Feinstaub durch E-Autos

Die Behauptung, dass E-Autos mehr Feinstaub als Verbrenner produzieren, lässt sich nicht pauschal widerlegen. Es hängt stark vom Fahrzeugtyp ab. Elektroautos erzeugen durch die Rekuperation deutlich weniger Bremsstaub als Verbrenner. Studien belegen eine Reduktion um 83 %.

Beim Reifenabrieb zeigt sich ein differenziertes Bild: Kleine und leichte Elektroautos mit kompakten Batterien erzeugen durch ihr geringeres Gewicht weniger Reifenabrieb und liegen in der Gesamtbilanz deutlich unter vergleichbaren Verbrennern. Größere und PS-starke E-Autos erzeugen allerdings mehr Reifenabrieb. Ihr höheres Gewicht und ihre starken Beschleunigungsmomente erhöhen den Druck auf die Reifen, wodurch mehr Abrieb entsteht.

Aber, egal wie man es dreht oder wendet: Der größte Feinstaubverursacher im Verkehr ist tatsächlich der Reifenabrieb, nicht der Auspuff.

Die Gesamtbilanz über alle Fahrzeugklassen hinweg bleibt durch die eben genannten Faktoren allerdings unklar. Ob bei einer flächendeckenden Umstellung auf Elektromobilität mehr, weniger oder gleich viel Feinstaub entsteht, hängt davon ab, welche Fahrzeugtypen sich durchsetzen.

Entscheidend bleibt: Elektroautos stoßen lokal keine Abgase aus und vermeiden damit Stickoxide, Kohlenmonoxid und gesundheitsschädliche Rußpartikel. Und auch das Fahrverhalten spielt eine wichtige Rolle. Sanftes Anfahren und vorausschauendes Fahren reduzieren den Reifenabrieb erheblich. Die Reifenhersteller arbeiten zudem an abriebresistenteren Reifen speziell für Elektrofahrzeuge. In der Gesamtbetrachtung verbessern Elektroautos aber die innerstädtische Luftqualität durch wegfallende Abgase und reduzierten Bremsstaub.

1.6 »Hybrids are winning!« – die Realität hinter den Schlagzeilen

Auf YouTube und in Automobilmedien taucht seit einiger Zeit verstärkt die Behauptung auf, Hybridfahrzeuge würden das Rennen gegen Elektroautos gewinnen. Die Zahlen zeigen tatsächlich einen Verkaufsboom bei Hybriden, aber ein genauer Blick in die Details beweist: Die Realität ist komplexer und das Gesamtbild verdeutlicht, dass Infrastruktur Technologie schlägt. Die Behauptung »Hybride gewinnen« greift deshalb zu kurz. Die globalen Zahlen zeigen ein klares Muster:

- In Märkten mit guter Ladeinfrastruktur (Norwegen, Teile Chinas) dominieren E-Autos.
- In Märkten mit schwacher Ladeinfrastruktur (USA, ländliche Regionen) werden lieber Hybridautos gekauft.

- In Märkten mit gestrichenen Förderungen (Deutschland, Frankreich) sinken beide Kategorien.
- In wirtschaftlich schwachen Zeiten kaufen Menschen generell weniger Neuwagen. Sie halten länger an bewährten Lösungen fest und scheuen Investitionen in neue Technologien.

Die Technologie ist nicht das Problem, die Rahmenbedingungen entscheiden. Förderung, Infrastruktur, Wirtschaftslage und politische Planbarkeit beeinflussen die Verkaufszahlen weit stärker als die Qualität der Fahrzeuge.

1.7 Das Problem mit der Reichweite: berechtigt oder übertrieben?

Wir sind es gewöhnt, überall tanken zu können. Wenn der Tank des Verbrenners leer ist, sucht man sich die nächste Tankstelle, steht 10 Minuten und fährt weiter. Über die Reichweite, die man mit einem Tank schafft, macht man sich keine Gedanken.

Hingegen geht es beim E-Auto ständig darum, wie voll die Batterie ist. Wann muss ich eine Ladesäule suchen und wieder einige Stunden für das volle Laden einplanen? Kann ich meine Familie besuchen, die ein paar Hundert Kilometer entfernt auf dem Land wohnt, ohne mehrere Zwischenstopps einzuplanen oder gar irgendwo in der Pampa liegen zu bleiben?

Diese Bedenken sind berechtigt, aber in der Praxis lässt sich sagen, dass die Sorge vor Einschränkungen weitgehend unbegründet ist. Moderne E-Autos schaffen 400 bis 650 km, bevor sie wieder geladen werden müssen – das sind weniger Kilometer als bei einem modernen Diesel, aber es liegen keine Welten mehr dazwischen. Einige Tesla Model 3 Varianten oder ein Hyundai Ioniq 6 erreichen über 600 km, ein Hyundai Kona fährt rund 410 km im Alltag. Das Top-Modell Tesla Model S schafft bis zu 650 km.

BMW iX3: Rekordfahrt mit über 1.000 Kilometern Reichweite

Der neue BMW iX3 50 xDrive hat bei einer Effizienz-Testfahrt die 1.000-Kilometer-Marke geknackt. Die Strecke führte vom iX3-Werk im ungarischen Debrecen über St. Pölten, Steyr und Landshut bis zur BMW Welt in München – insgesamt 1.007,7 Kilometer mit nur einer Ladung. Bei der Ankunft zeigte der Bordcomputer noch 20 Kilometer Restreichweite an. Zwar handelte es sich um eine auf Effizienz optimierte Testfahrt, doch das Ergebnis verdeutlicht, welches Potenzial moderne Elektrofahrzeuge unter günstigen Bedingungen inzwischen erreichen können.

Entscheidend ist nicht nur die Batteriegröße, sondern der Verbrauch. Sparsame E-Autos mit guter Technik und hervorragender Aerodynamik benötigen weniger als 14 Kilowattstunden (kWh) auf 100 km, auch bei flotter Fahrweise. Im Winter sinkt die Reichweite durch den Heizbedarf. Moderne Fahrzeuge mit Wärmepumpe, die heute bei vielen Modellen serienmäßig oder optional verfügbar ist, sowie effizienter Sitz- und Lenkradheizung können diesen Verlust jedoch deutlich reduzieren.

Auch die Ladeinfrastruktur entwickelt sich schnell weiter und wird zunehmend flächendeckender. Ladesäulen finden sich an Autobahnen und Supermärkten und auch in vielen Wohngebieten. Statistisch betrachtet, ist die nächste Ladesäule nicht weiter weg als die nächste Tankstelle. Und wenn Sie die Möglichkeit haben, an Ihrer eigenen Wallbox zu laden, sind Sie im Alltag mit dem E-Auto unabhängiger unterwegs, als Sie es sich mit einem Verbrenner je hätten träumen lassen.

Es ist wie bei fast jedem Umstieg auf ein anderes System: Man muss sich auf ein paar neue Ideen einlassen. Wenn Sie mit der Erwartungshaltung an das Thema gehen, dass E-Autos genauso wie Verbrenner funktionieren müssen, wenn Sie also quasi einen Benziner haben wollen, der halt mit Strom fährt, wird Ihr Umstieg auf ein E-Auto scheitern: Wenn man alte Verhaltensverweisen nur stur kopiert, wird nicht alles reibungslos funktionieren. Richtig Spaß werden Sie an Ihrem E-Auto haben, wenn Sie es nicht (nur) als Diesel- oder Benzin-Ersatz sehen. Das gilt für viele Aspekte, macht sich aber besonders bei der Reiseplanung bemerkbar. Ich werde darauf besonders in Kapitel 7, Kapitel 14 und Kapitel 17 eingehen. Das bringt uns aber auch direkt zum letzten Punkt.

Abbildung 1.2: Ein Tesla Model S in Skandinavien

1.8 Mit dem Verbrenner war alles einfacher!

Die Technik und die Theorie sind schön und gut, aber wie sieht es im Alltag mit den Unterschieden aus? Wie wäre es denn, wenn man von einem E-Auto zum Verbrenner wechseln würde und sich zum ersten Mal mit einer Tankstelle beschäftigen müsste?

Das zeigt wunderbar ein satirischer Text, der von Tibor Blomhäll aus dem Tesla Club Schweden geschrieben wurde und seitdem tausendfach kopiert und verbreitet wurde. In jedem E-Auto-Forum können Sie ihn finden, denn er beschreibt auf herrlich humorvolle Weise, was die Unterschiede sind:

> ***Testfahrt mit einem Verbrenner***
>
> *Wir haben so viel Gutes über benzinbetriebene Autos gehört, dass wir uns entschieden haben, eine Testfahrt zu machen. Es heißt, sie wären billig bei großer Reichweite und schneller Auflademöglichkeit. Eine Gewinnerformel auf dem Papier – aber wie machen sie sich im wirklichen Leben?*
>
> *Wir setzten uns in einen Vorführwagen im Laden des Autoverkäufers. Die Hersteller verkaufen diese Autos nicht selbst, sondern nur über unabhängige Autowerkstätten als Zwischenhändler. Es klingt nach einem schlechten Omen, ein Auto in einer Werkstatt zu kaufen, die man so selten wie möglich aufsuchen möchte. Aber offenbar kann man das Auto nicht direkt vom Hersteller kaufen, sondern muss den Weg über solche Vermittler nehmen. Der Verkäufer war sehr penetrant und versuchte uns das Auto praktisch mit Gewalt aufzudrängen, aber das ist anderswo möglicherweise besser.*
>
> *So saßen wir nun in dem Auto und drückten den START-Knopf. Der Verbrennungsmotor erwachte hustend und begann zu arbeiten. Man konnte das Motorgeräusch hören und das ganze Auto vibrierte, als ob etwas kaputt sei, aber der Verkäufer versicherte uns, dass alles so sei, wie es sein sollte. Das Auto hat sogar einen elektrischen Motor und eine mikroskopisch kleine Batterie; diese werden aber nur genutzt, um den Verbrennungsmotor zu starten – der Elektromotor treibt die Räder nicht an. Der Verbrennungsmotor benötigt einen Tank voll Benzin, eine fossile Flüssigkeit, um das Auto durch die Explosion kleiner Tröpfchen davon anzutreiben. Offenbar sind es diese kleinen Explosionen, die man hört und spürt, wenn der Motor läuft.*
>
> *Der Verbrennungsmotor besteht aus buchstäblich Hunderten von beweglichen Teilen, die eine Passgenauigkeit von hundertstel Millimetern aufweisen müssen, um zu funktionieren. Wir begannen zu verstehen, warum es Werkstätten sind, die diese Autos verkaufen – sie hoffen vielleicht, dass etwas kaputt gehen wird, das sie dann flicken können?*
>
> *Wir legten den Gang ein und fuhren mit einem Ruck los. Dieser Ruck rührte nicht von extremer Beschleunigung her, sondern Verbrennungsmotoren können offenbar nicht so sanft angefahren werden wie Elektromotoren. Beschleunigung gab es praktisch überhaupt keine, weil wir das Auto nicht schneller bewegen konnten als 40 km/h! Dann heulte der Benzinmotor und das ganze Auto rüttelte wie wild. Wir hielten sofort an, davon überzeugt, dass etwas kaputt gegangen sein musste.*
>
> *Der Verkäufer erklärte uns dann, dass man bei Verbrennungsmotoren regelmäßig »Gänge schalten« müsse. (...) Wie wir schnell lernten, ist es sehr wichtig, immer einen passenden Gang auszuwählen, sonst geht der Motor entweder aus oder er wird ernsthaft beschädigt! Man braucht eine Menge Übung, um zu lernen, den richtigen Gang zur richtigen Zeit einzulegen – es gibt aber auch Modelle mit automatischer Gangschaltung, die das selbsttätig*

tun. Mit der Handschaltung mussten wir jedoch ständig darauf achten, den Motor nicht zu beschädigen. Ziemlich stressig.

Wir fragten, ob das ständige Motorengeräusch – das uns praktisch daran hinderte, Radio zu hören – abgeschaltet werden könne. Nein, kann es nicht. Sehr störend.

Nachdem wir den Wagen durch kompliziertes Schalten der Gänge auf Tempo gebracht hatten, näherten wir uns einer Ampel. Vom Beschleunigungspedal zu gehen bewirkte keine nennenswerte Bremswirkung, wir mussten sehr stark auf das Bremspedal treten, um das Auto zu verlangsamen. Es überraschte uns, zu erfahren, dass die Bremsen rein mechanisch arbeiten! Das Einzige, was sie erzeugen, ist Hitze – zu bremsen bewirkt keine Regeneration von Benzin zurück in den Tank! Klingt nach enormer Verschwendung, aber es sollte noch schlimmer kommen.

Als wir anhielten, lief der Motor weiter und das Auto vibrierte – obwohl es stand! Der Motor verbrannte weiterhin Treibstoff, ohne das Auto zu bewegen. Kann das wirklich wahr sein? Ja, erklärte der Verkäufer, das sei so bei Verbrennern: Der Motor läuft immer und verbrennt Treibstoff – sogar, wenn der Wagen steht. Einige Modelle schalten allerdings den Motor bei roten Ampeln ab. Das ist auf jeden Fall sinnvoller.

Nach einer Weile kamen wir zu einer Tankstelle, an der wir das Auto aufladen konnten. Der Wagen behauptete, sein Tank wäre noch zur Hälfte voll, aber wir wollten das berühmte superschnelle Aufladen von Verbrennern ausprobieren.

Also fuhren wir zu der Tankstelle und öffneten die Tankklappe. Der Füllstutzen ähnelt dem eines Ladeanschlusses; allerdings kommen keine Elektronen heraus, sondern Benzin. Benzin ist eine hochgradig krebserregende, übelriechende und entzündliche Flüssigkeit, die von vor Millionen von Jahren ausgestorbenen Pflanzen und Tieren stammt. Es wird in einen Tank im Auto gepumpt, das dann mit ca. 50 Litern dieser gefährlichen Flüssigkeit darin herumfährt.

Wir steckten den Rüssel ins Auto, aber nichts passierte. Der Verkäufer erklärte uns, dass wir für das Betanken bezahlen müssten! Ungefähr so wie bei den extrem teuren Schnellladern, die einige Energieversorgungsunternehmen aufgestellt haben. Nachdem wir unsere Kreditkarte in das Lesegerät gesteckt hatten, konnten wir endlich tanken. Es war extrem schnell! In nur zwei Minuten füllten wir den Benzintank bis obenhin voll! Aber es gab zwei Zähler an der Pumpe: Einer zeigte die Anzahl Liter, die wir tankten, und der andere zeigte, wie viel es uns kostete. Und dieser andere Zähler drehte sich so schnell, dass wir kaum hinterhergucken konnten! Ja, wir füllten den Tank in zwei Minuten, aber es kostete uns unglaubliche 45 €! Eine volle Ladung würde uns das Doppelte kosten – kolossale 90 €! Wir verfluchten unser Pech, dass wir ausgerechnet an einer der teuersten Tankstellen gelandet waren, und fragten den Verkäufer, was für Alternativen es gebe? Wie viel kostet es, zu Hause zu tanken, und wie viele kostenlose Tankstellen gibt es?

Der Verkäufer guckte uns verwirrt an und erklärte, dass es nicht möglich sei, Verbrenner zu Hause zu betanken, und dass es keine kostenlosen Tankstellen gäbe. Wir versuchten, unsere Fragen anders zu stellen für den Fall, dass er uns missverstanden hätte, aber er bestand darauf, dass das nicht geht. Offenbar muss man etliche Male im Monat eine Tankstelle anfahren und Benzinautos zu Wucherpreisen wieder aufladen – es gibt keine Alternativen! Wir fanden es sehr seltsam, dass kein Verbrenner-Hersteller eigene kostenlose Tankstellen aufgestellt hat.

Es gibt auch keine Tankstellen, an denen man langsamer, aber zu geringeren Kosten tanken kann. Wir rechneten Preis gegen Verbrauch und kamen zu dem schockierenden Ergebnis, dass ein Benzinauto unvorstellbare 14 €/100 km kostet! Sicher können auch Elektroautos theoretisch für solch einen Preis geladen werden, wenn sie an einem der teuersten Schnelllader des Landes aufgeladen werden – aber für Benzinautos gibt es keine billigeren Alternativen! Während Elektroautos bequem über Nacht zu Hause für 4 €/100 km geladen werden können, müssen Verbrenner einige Male im Monat einen Umweg zu einer Tankstelle machen, um dort zu Wucherpreisen befüllt zu werden – ohne Ausnahme! Die monatlichen Kosten für einen Verbrenner können – nur allein für den Treibstoff – schnell 200 € überschreiten! Wir begannen zu begreifen, warum sie so billig zu kaufen sind – sie zu betreiben ist hingegen extrem teuer.

Wir begannen auch zu verstehen, warum es überall so viele Tankstellen geben muss, wenn alle Verbrenner diese immer aufsuchen müssen, um zu tanken. Man stelle sich vor, man könnte sein Elektroauto nur an den teuersten Schnellladern der Energieversorger aufladen – und nirgends sonst!

Mit all diesem im Hinterkopf gerieten wir in einen Stau und waren entsetzt, dass der Verbrennungsmotor immer weiter diese teuren Benzintröpfchen verbrannte, sogar wenn der Wagen stand oder sich nur sehr wenig bewegte. Mit Verbrennern gerät man leicht in Kostenangst – das Gefühl, dass das Auto buchstäblich Geld verbrennt! Keine billige Heimladung und beim Bremsen keine Regeneration von Treibstoff zurück in den Tank – das klingt nach ökonomischem Irrsinn, noch dazu, wo all das Benzin aus dem Ausland importiert werden muss.

Wir brachten das Auto zum Händler zurück, zogen die Handbremse an und stiegen aus. Der Benzinmotor lief weiter! Anscheinend muss man die Verbrennung der kostbaren Flüssigkeit manuell abschalten. Wir wollten noch einen Blick auf den Verbrennungsmotor werfen, also öffnete der Verkäufer die Haube. Der gesamte Vorderteil des Wagens war komplett vollgestopft mit Schläuchen, Teilen, Flüssigkeitsbehältern und zwischen all diesem saß ein riesiger zitternder gusseiserner Block, der anscheinend das Motorengehäuse darstellte. Es gab im Vorderteil des Autos keinen Platz für Gepäck!

Trotz seiner enormen Größe, dem Lärm und den Vibrationen erzeugte der Motor kaum 100 PS. Die Maschine war auch extrem heiß, wir verbrannten uns die Finger, als wir sie berührten. Obwohl dies ein warmer Sommertag war, sodass der Motor eigentlich keine Wärme zum Heizen des Fahrgastraums liefern musste, wurde diese Hitze erzeugt.

Wir fragten uns auch, was wohl passiert, wenn wir mit einem Verbrenner einen Unfall haben? Der Gusseisenblock, der den meisten Platz des Motorraums einnimmt, sitzt mitten in der Kollisionszone! Wohin bewegt der sich bei einem Zusammenstoß – auf unseren Schoß? Der Verkäufer versicherte uns, dass in einem solchen Fall der Motor irgendwie unter das Auto geschoben wird, aber wir konnten uns des Eindrucks nicht erwehren, dass der Motorblock vorn sehr im Weg ist – die Sicherheitsstreben sind um ihn herum gebaut, was sicher ihre Funktion beeinträchtigt. Es ist so viel einfacher, sichere Autos zu bauen, wenn man diesen 100-kg-Klumpen im Vorderteil des Wagens vermeidet. Darüber hinaus haben wir im Internet Hunderte Bilder und Videos brennender Benzinautos gesehen. Offenbar wird der Benzintank bei einem Unfall häufig beschädigt, leckt, und die brennbare Flüssigkeit läuft aus und entzündet sich!

Vom Motor aus verläuft unter dem Auto ein Abgassystem – eine Art Schornstein für die Motorabgase. Wenn man das krebserregende Benzin verbrennt, entstehen eine Menge giftiger Gase. Das Auto filtert die gefährlichsten davon heraus, aber was übrig bleibt, wird in die freie Luft hinter dem Auto geblasen. Das einzuatmen, ist immer noch sehr ungesund – und es riecht sehr schlecht! Und Verbrenner dürfen diese schädlichen Gase inmitten unserer Städte ausstoßen? Nicht zu verwechseln mit den Abgasrohren von Brennstoffzellenautos – während wasserstoffbetriebene Fahrzeuge nur Wasserdampf emittieren, speien Verbrennungsmotoren giftige Gase aus – und fossiles Kohlendioxid, das zur globalen Erwärmung beiträgt! Wir dankten dem Verkäufer, schüttelten unsere Köpfe und gaben ihm den Zündschlüssel (ja, so heißt der) zurück. Er begriff, dass hier kein Geschäft für ihn zu machen war, und so unternahm er außer einem letzten lahmen Versuch mit dem Kaufpreis nichts mehr, um uns das Auto schmackhaft zu machen.

Auf dem Nachhauseweg schauten wir aus unserem Elektroauto mit komplett anderen Augen auf unsere bedauernswerten Mit-Pendler, die sich noch mit ihren Verbrennern abfinden müssen. Wir sind uns nun sicher: Auch sie werden bald wechseln!

Abbildung 1.3: So ungefähr sah das Chaos im Motorraum des Verbrenners aus.

Danke

Vielen Dank an Tibor, der mir seinen Text zur Verfügung gestellt hat. Ich habe nur die Preise für die Flüssigkeit aktualisiert, die von vor Millionen von Jahren ausgestorbenen Pflanzen und Tieren stammt. Der Rest ist noch so wie es um 2015 aussah, als dieser Text geschrieben wurde. Leider findet man kostenlose Schnelllader kaum noch, außer man fährt noch einen der ersten Tesla Model S.

Kapitel 2
Laden leicht gemacht – Ihre ersten Schritte

Wenn Sie schon seit Jahren mit einem Verbrenner unterwegs sind, ist die Ladetechnik die größte Veränderung. Bevor es in den kommenden Kapiteln um die Kaufentscheidung, die Technik und viele Alltagsaspekte gehen wird, wollen wir uns nun erst einmal der Frage widmen, wie der Strom ins Auto kommt.

Ein Elektroauto zu laden ist einfacher, als Sie wahrscheinlich denken. Um die für das Fahren nötige Energie in Ihr E-Autos zu bekommen, nutzen Sie eine Ladesäule und keine Zapfsäule. Auf langen Strecken helfen Schnelllader, und wenn Sie zu Hause sind, laden Sie Ihr Fahrzeug am besten über Nacht an der Wallbox auf. Das bringt Ihnen sogar den Vorteil, dass Ihr Auto morgens voll geladen bereitsteht, und Sie bezahlen deutlich weniger als für Benzin oder Diesel.

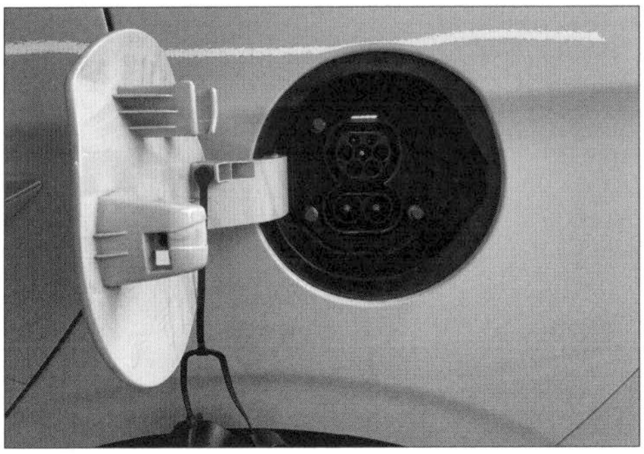

Abbildung 2.1: Den Ladeport eines E-Autos findet man hinter der gewohnten »Tankklappe«.

2.1 Ladesäulen finden und bedienen

Die Zeiten einer mühsamen Suche nach Ladestationen sind vorbei. Bei modernen Elektroautos sind Ladesäulen bereits im Navigationssystem gespeichert oder Sie können diese online abrufen. Diese Assistenten planen Ihre Route automatisch mit den nötigen Ladestopps. Das System kennt den aktuellen Ladestand Ihrer Batterie und berechnet, wo Sie laden müssen. Falls Ihr E-Auto noch kein modernes Navi besitzt, können Sie Smartphone-Apps nutzen. Selbst Google Maps zeigt Schnellladesäulen an, sogar mit Filtern nach Ladeanschluss und aktueller Belegung. Die meisten Ladesäulenbetreiber bieten auch eigene Apps an, die alle Standorte ihrer Säulen anzeigen.

DC- und AC-Ladesäulen

AC-Ladesäulen sind Ladepunkte, an denen ein E-Auto mit Wechselstrom (engl. *alternating current* (AC)) geladen wird. Im einfachsten Fall ist es eine Steckdose, daheim meist eine Wallbox, und unterwegs oft eine kleine Ladesäule an einem Parkplatz. Bei AC wird mit einer Leistung von bis zu 22 kW geladen.

Bei *DC-Ladesäulen* wird mit Gleichstrom (engl. *direct current* (DC)) geladen, mit einer Leistung von 50 kW bis 350 kW. Dies sind die sogenannten *Schnellladesäulen*, die an Autobahnen und in Ladeparks zu finden sind (siehe Abbildung 2.4).

Falls das mit DC und AC noch etwas verwirrend für Sie ist: Lesen Sie erst einmal einfach weiter, mit der Zeit wird der Unterschied klar. Es kommt nämlich nicht so sehr darauf an, was Gleich- oder Wechselstrom ist, sondern dass das E-Auto mit AC langsamer lädt als mit DC.

Ladesäulen stehen heute überall: an Supermärkten, Einkaufszentren, Restaurants und natürlich an Autobahnen. Viele Arbeitgeber installieren Ladesäulen auf ihren Parkplätzen. In Wohngebieten entstehen auch immer mehr öffentliche Ladestationen. Die Bundesnetzagentur listet zum Stichtag 24. September 2025 insgesamt 104.044 »Ladeeinrichtungen« in Deutschland, die meisten davon in Bayern, NRW und Baden-Württemberg. (Dem standen zur letzten Erhebung von 2020 »nur« 14.091 Tankstellen gegenüber. Wenn man annimmt, dass jede Tankstelle durchschnittlich über 7 bis 8 Zapfsäulen verfügt, bedeutet das fast einen Gleichstand.)

Abbildung 2.2: Eine AC-Ladesäule, wie sie an Parkplätzen zu finden ist

Um herauszufinden, wie die Ladeinfrastruktur bei Ihnen vor Ort aussieht, nutzen Sie die Übersichten, die beispielsweise der ADAC bietet (siehe Abbildung 2.3). Aber auch viele andere Anbieter stellen entsprechende Karten ins Internet:

- *https://www.adac.de/rund-ums-fahrzeug/elektromobilitaet/ladesaeulen*
- *https://chargefinder.com/de*

Abbildung 2.3: Geben Sie auf der Seite des ADAC einfach einen Ort ein. Sie erhalten eine Liste mit Lademöglichkeiten in der Nähe sowie weitere Informationen.

Eine typische Ladesäule erkennen Sie an ihrem Display und den Steckern für verschiedene Fahrzeugtypen. Die meisten Säulen haben sowohl langsamere AC-Anschlüsse (für längere Parkzeiten) als auch schnelle DC-Anschlüsse (für kurze Ladepausen). Moderne Schnellladesäulen wie die in Abbildung 2.4 laden Ihr Auto in 15 bis 20 Minuten von 20 auf 80 % auf.

Abbildung 2.4: Eine moderne Schnellladesäule mit zwei CCS- und einem Typ2-Ladekabel

kW vs. kWh: Was ist der Unterschied?

Bei Elektroautos stoßen Sie auf zwei ähnlich klingende Begriffe, die aber verschiedene Dinge beschreiben: *Kilowatt* (kW) und *Kilowattstunde* (kWh). Der Unterschied ist wichtig, denn er erklärt, warum die Batterie in kWh angegeben wird, die Ladeleistung aber in kW.

- **Kilowatt (kW) = Leistung**
- Kilowatt beschreibt, wie schnell etwas passiert. Sie können es mit dem Wasserdurchfluss aus einem Wasserhahn vergleichen: Ein voll aufgedrehter Hahn liefert mehr Liter pro Minute als ein halb geöffneter.
- Bei Elektroautos finden Sie kW in drei Bereichen:
  - **Motorleistung:** Ein 150-kW-Motor (204 PS) liefert mehr Beschleunigung als ein 80-kW-Motor.
  - **Ladeleistung:** Eine 150-kW-Schnellladestation lädt schneller als eine 11-kW-Wallbox.
  - **Verbrauch beim Fahren:** Bei 130 km/h zieht Ihr Auto vielleicht 25 kW aus der Batterie.
- **Kilowattstunde (kWh) = Energie**

- Kilowattstunde beschreibt eine Menge. Bleiben wir beim Wasservergleich: kWh ist wie die Anzahl der Liter in einem Tank, nicht der Durchfluss.
- Bei Elektroautos zeigt kWh:
  - **Batteriekapazität:** Eine 60-kWh-Batterie speichert 60 Kilowattstunden Energie (wie ein 60-Liter-Tank).
  - **Verbrauch:** 18 kWh/100 km bedeutet, Sie verbrauchen 18 Kilowattstunden für 100 km.
  - **Lademenge:** Sie haben 45 kWh geladen (nicht 45 kW!)

Warum nennt man die Ladeleistung in kW und nicht in kWh?

Weil kW beschreibt, wie schnell Sie laden. Eine 150-kW-Schnellladestation pumpt jede Stunde 150 kWh in Ihre Batterie (wenn die volle Leistung anliegt). Bei einer 11-kW-Wallbox dauert es deutlich länger, die gleiche Energiemenge zu laden.

Warum hat die Batterie die Angabe kWh?

Die Batterie ist Ihr Energiespeicher. Eine 60-kWh-Batterie speichert genau diese Energiemenge. Fahren Sie mit 20 kW durchschnittlicher Leistung, reicht die Energie für 3 Stunden Fahrt (60 kWh ÷ 20 kW = 3 Stunden).

Die Formel, die alles erklärt, lautet:

Energie (kWh) = Leistung (kW) × Zeit (Stunden)

Ein Beispiel: Sie laden mit 50 kW für 1 Stunde → Sie haben 50 kWh geladen.

2.2 Bezahlung und Abrechnung einfach erklärt

Das Bezahlen an Ladesäulen erfolgt anders als an Tankstellen. Sie bezahlen nicht sofort beim Laden, sondern erhalten am Monatsende eine Rechnung mit allen Ladevorgängen von Ihrem Ladekartenanbieter, mit dem Sie einen Vertrag eingegangen sind. Diese Rechnung zeigt genau, wann Sie wo geladen haben und welche Menge Strom Sie bezogen haben. Die Kosten bleiben dabei stabil – es gibt keine Preisschwankungen wie bei Benzin und Diesel. Das heißt, Sie müssen sich nicht mehr mit dem Gedanken stressen, ob Sie nun teuer getankt haben und vielleicht besser ein paar Tage gewartet hätten, um noch ein paar Cent zu sparen.

Die Ladesäulenbetreiber schreiben sich ihre Strompreise langfristig fest und geben diese Stabilität an Sie weiter. Autobahn-Ladesäulen kosten dabei meist genauso viel wie die in der Stadt. Die monatliche Abrechnung erfolgt automatisch per Lastschrift von Ihrem Konto. Sie müssen sich um nichts kümmern – laden, weiterfahren, fertig. Am Monatsende sehen Sie transparent alle Kosten aufgelistet.

Ladekartenanbieter schnell erklärt

Das mit den Ladekartenanbietern und Ladenetzen ist zuerst etwas verwirrend, aber Sie kennen das System bereits: Denken Sie an den Vertrag und den Netzbetreiber Ihres Smartphones. Es gibt Datentarife, Gesprächstarife, mal eine Grundgebühr und mal nicht, Gespräche außerhalb des eigenen Netzes sind mal teurer oder nicht.

All diese »Sonderlocken«, die Ihnen bei einem Smartphone-Tarif begegnen können, gibt es im Prinzip auch bei Ladesäulen. Und wie beim Smartphone so gibt es auch bei den Ladesäulen Anbieter, die einem alles einfach und auch die Kosten vorhersehbar machen, egal wo Sie laden.

2.3 Ladekarten, Apps und Plug & Charge

Für das Bezahlen an Ladesäulen benötigen Sie eine Ladekarte oder Smartphone-App. Die Ladekarte funktioniert per RFID-Chip wie eine Kreditkarte: Sie halten sie an die Säule, der Ladevorgang startet, und Sie erhalten am Monatsende eine Rechnung. Moderne Fahrzeuge unterstützen zudem *Plug & Charge*: Das Auto authentifiziert sich automatisch über das Ladekabel nach ISO-15118-Standard, ohne dass Sie eine Karte benötigen.

Abbildung 2.5: Eine Reihe Schnelllader, wie sie bei jeder Reise an den Ladeplätzen zu finden sind

Welche Ladekarte für Sie optimal ist, welche Anbieter es gibt und wie das Roaming-System funktioniert, erkläre ich Ihnen im Detail in Kapitel 17, »Ladekarten, Netze und Roaming«.

2.4 Ad-hoc-Laden

Wenn Sie in Medienberichten oder E-Auto-Tests lesen, dass das Laden unterwegs extrem teuer sei, bezieht sich das meist auf das sogenannte *Ad-hoc-Laden*. Dabei handelt es sich um spontanes Laden ohne Vertrag oder Ladekarte, bei dem Sie direkt an der Säule per Kreditkarte oder über einen QR-Code zahlen.

Abbildung 2.6: Eine Ladesäule mit Lesegerät für die Kreditkarte ermöglicht das Ad-hoc-Laden.

Ad-hoc-Laden kostet mehr als vertragsbasiertes Laden: Der Preis pro Kilowattstunde liegt dann deutlich höher als der normale Preis. In konkreten Zahlen kann das heißen: An manchen Autobahnraststätten zahlen Sie bis zu 89 Cent pro kWh, während Vertragskunden beim selben Anbieter nur 49 Cent bezahlen.

2.4.1 Die Verbrenner-Mentalität

Wenn man ein E-Auto testet oder zum ersten Mal damit unterwegs ist, landet man oft zwangsläufig beim Ad-hoc-Laden. Das hat einen simplen Grund: Sie übertragen Ihre Gewohnheiten und die Tankstellen-Logik auf Ladesäulen. An der Zapfsäule halten Sie an, tanken, zahlen mit Kreditkarte und fahren weiter. Es ist keine Vorbereitung nötig, es sind keine Verträge abzuschließen und keine Karten zu besorgen.

Diese Denkweise passt aber nicht zur Elektromobilität. Eine Ladesäule funktioniert anders als eine Zapfsäule. Das Laden dauert länger, die Preismodelle unterscheiden sich nach Anbieter und Vertrag (okay, das ist bei Tankstellen auch so), und das System setzt auf monatliche Abrechnung statt auf Direktzahlung. Wer mit der Verbrenner-Mentalität an die Ladesäule fährt und »einfach bezahlen« will, landet automatisch beim teuren Ad-hoc-Tarif.

Ad-hoc-Laden gehört aber nicht zum normalen Alltag eines E-Autos! Es kommt fast ausschließlich in zwei Situationen vor:

- **bei Journalisten, die für einen Test unvorbereitet mit einem E-Auto losfahren, ohne Ladekarte, ohne Vertrag, ohne sich vorher zu informieren:** Sie gehen zur Ladesäule wie zur Tankstelle und wundern sich über die hohen Preise. Diese mangelnde Vorbereitung wird dann als »typische E-Auto-Erfahrung« dargestellt, obwohl kein E-Auto-Fahrer so vorgehen würde.
- **bei absoluten Anfängern in den ersten Tagen nach dem Kauf des ersten E-Autos**, die noch in der Tankstellen-Logik denken und sich nicht um eine Ladekarte gekümmert haben. Nach spätestens zwei teuren Ladevorgängen verstehen aber auch sie das System und bestellen eine Ladekarte.

2.4.2 Die Realität im E-Auto-Alltag

Wer regelmäßig mit einem E-Auto unterwegs ist, hat eine Ladekarte, einen RFID-Chip oder eine App eines Anbieters mit Roaming-Abkommen. Diese funktionieren europaweit an Hunderttausenden Ladepunkten und bieten faire Preise zwischen 39 und 55 Cent pro kWh. Die Abrechnung erfolgt monatlich automatisch, meist ohne Grundgebühr.

Das Ad-hoc-Laden nutzen Sie dann nur noch als absolute Notlösung (vergleichbar mit dem Kauf eines überteuerten Reserve-Kanisters an der Autobahnraststätte), wenn Sie keine andere Möglichkeit haben. Das passiert vielleicht einmal in mehreren Jahren, falls Ihre Ladekarte an einer bestimmten Säule nicht funktioniert oder Sie in einer Region ohne Netzabdeckung landen, unter Zeitdruck sind und die Suche nach einer Ausweich-Ladesäule in dem Moment einfach zu viel Arbeit machen würde.

Bei der Kostenrechnung irrelevant

Wenn Sie die Betriebskosten eines E-Autos berechnen, spielt das Ad-hoc-Laden aber keine Rolle. Sie laden zu 80 bis 90 % zu Hause (oder auf der Arbeit), dann für etwa 30 Cent pro kWh, wenn Sie Ihren Haushaltsstrom nutzen und keine eigene PV-Anlage haben. Die restlichen 10 bis 20 % laden Sie unterwegs mit Ihrer Ladekarte, für etwa 40 bis 55 Cent. Die gelegentlichen Ad-hoc-Notfälle fallen dabei statistisch nicht ins Gewicht.

Lassen Sie sich also nicht von reißerischen Schlagzeilen über »Wucherpreise« an Ladesäulen verunsichern. Diese Preise zahlt nur, wer mit der Tankstellen-Mentalität zur Ladesäule fährt und sich nicht vorbereitet.

2.5 Ihre erste Ladung – Schritt für Schritt

Wie startet man nun? Vor der ersten Fahrt zu einer öffentlichen Ladesäule bestellen Sie eine Ladekarte von dem Ladeverbund oder Ladesäulenbetreiber. Wenn Sie sich unsicher sind: Die *EnBW mobility+*-Ladekarte (oder alternativ deren App) ist ein guter Start. Der Preis ist meist in Ordnung und die Karte wird fast überall akzeptiert.

An der Ladesäule gehen Sie folgendermaßen vor:

- Parken Sie Ihr Auto vor der Säule und schalten Sie es aus. Denken Sie daran, dass das Ladekabel bis zum Ladeport Ihres Fahrzeugs reichen muss. Fahren Sie also einen Nasenlader, dann parken Sie vorwärts ein; ansonsten rückwärts.
- Öffnen Sie die Ladeklappe Ihres Fahrzeugs.
- Halten Sie Ihre RFID-Karte vor das Lesegerät an der Ladesäule oder starten Sie die Lade-App auf Ihrem Smartphone. Falls Sie die App nutzen, wird diese Sie auffordern, den QR-Code der Ladesäule einzuscannen. Achten Sie hier darauf, den richtigen QR-Code einzuscannen, d. h. den Code der Säule, vor der Sie stehen, oder den Code des

Ladekabels, das Sie nutzen möchten. Scannen Sie nicht irgendeinen QR-Code an irgendeiner Ladesäule an diesem Standort ein!

- Die Säule prüft nun Ihre Registrierung bzw. Ihre Ladekarte und fordert Sie auf, den Ladestecker in das E-Auto zu stecken.
- Stecken Sie nun den passenden Stecker in Ihr Fahrzeug. Nach wenigen Sekunden melden sowohl die Ladesäule als auch Ihr Auto den Start des Ladevorgangs.
- Jetzt können Sie entspannen - der Ladevorgang läuft automatisch.

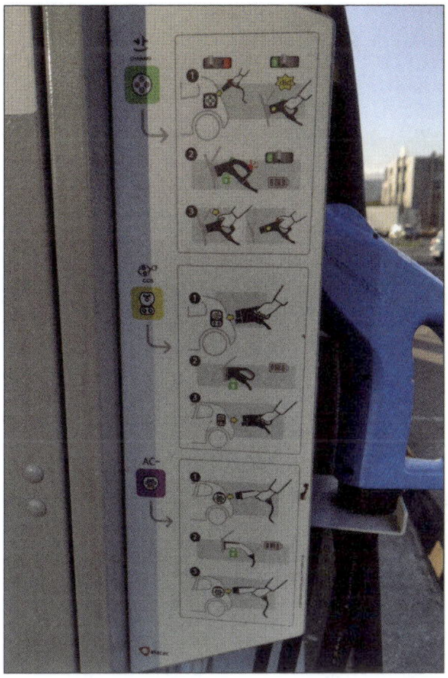

Abbildung 2.7: Auf den meisten Ladesäulen sind die Schritte zum Laden erklärt.

Während des Ladens können Sie im Auto sitzen bleiben und die Klimaanlage oder die Heizung nutzen. Die meisten E-Autos erlauben das problemlos. Alternativ können Sie die Zeit für einen Kaffee oder Einkauf nutzen oder einen Spaziergang machen.

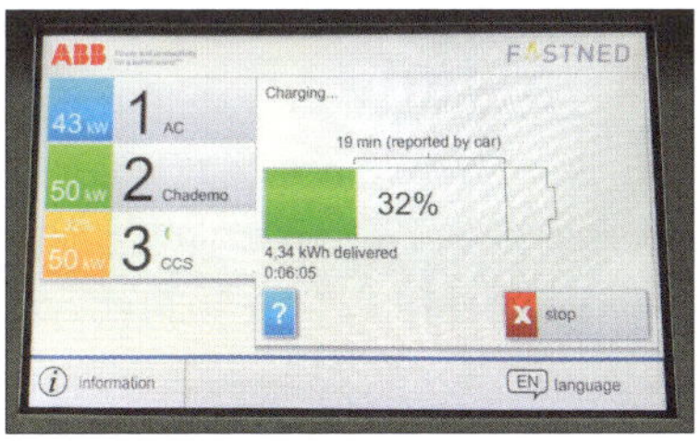

Abbildung 2.8: Während des Ladevorgangs wird der Ladestand fortwährend an der Säule angezeigt.

Wenn der gewünschte Ladestand erreicht ist, stoppt der Vorgang automatisch und der Stecker wird entriegelt. Ansonsten beenden Sie den Ladevorgang zu jedem gewünschten Zeitpunkt einfach an der Säule. Schalten Sie vorher das Fahrzeug wieder aus (falls Sie in ihm gewartet haben). Ziehen Sie den Stecker ab, stecken Sie ihn zurück in die Halterung und schließen Sie Ihre Ladeklappe. Fertig, nun können Sie weiterfahren!

Insgesamt ist der Ladevorgang wesentlich einfacher als an einer Zapfsäule. (Den Benzin- oder Dieselgestank werden Sie wahrscheinlich eh nicht vermissen.) Den Gang ins Kassenhäuschen können Sie sich auch sparen. Der wichtigste Unterschied ist: Es dauert schlicht länger.

Wie viel Zeit müssen Sie für den Ladestopp einplanen?

Getankt hat man meistens in 5 Minuten. Das geht mit einem E-Auto leider nicht so schnell, selbst moderne Schnellladesäulen brauchen einige Minuten länger.

Wie viel Zeit Sie für Ihren Ladestopp einplanen müssen, hängt natürlich davon ab, wie voll die Batterie sein soll. Mit 20 bis 40 Minuten sollten sie jedoch rechnen. Ihr Auto verrät Ihnen die Dauer bis zur vollen Batterie, wenn Sie den Ladevorgang starten. In der Praxis ist oft nicht nötig, bis 100 Prozent aufzuladen: Deshalb geben viele Hersteller für ihre Modelle die Ladezeit von 10 auf 80 Prozent an. Außerdem: Wenn Sie nur auf der »Durchreise« sind, planen moderne Bordcomputer die Ladestopps so, dass Sie nur so lange laden, um sicher Ihr Ziel zu erreichen.

2.6 Ladeetikette und typische Anfängerfehler

An der Ladesäule wird ein gewisser Umgang miteinander gepflegt. Er folgt ein paar ungeschriebenen Gesetzen und wird *Ladeetikette* genannt. Wer dagegen verstößt, wird im günstigsten Fall schief angesehen, im schlimmsten Fall bekommt man erklärt, wie es hätte besser laufen können:

- Behandeln Sie Ladeplätze wie reservierte Parkplätze: Sie sind nur zum Laden da, nicht zum normalen Parken.
- Räumen Sie Ihren Platz sofort nach dem Ladevorgang, damit andere E-Auto-Fahrer laden können.
- Blockieren Sie niemals eine Ladesäule, wenn Sie nicht laden.
- Planen Sie Ihre Ladezeit realistisch. Bei Schnellladesäulen laden Sie meist 15 bis 30 Minuten, bei langsameren Säulen entsprechend länger. Nutzen Sie diese Zeit sinnvoll – gehen Sie einkaufen oder essen, statt ungeduldig zu warten und alle anderen mit einem bohrenden Blick und heruntergezogenen Augenbrauen durch Ihre Windschutzscheibe anzustarren.
- Falls alle Schnellladeplätze belegt sind und schon mehrere Fahrzeuge warten, reihen Sie sich geduldig ein oder fahren Sie zur nächsten Station. Sprechen Sie andere Fahrer höflich an, falls Sie wissen möchten, wann ein Platz frei wird oder wo die Warteschlange endet.
- Kontrollieren Sie vor dem Wegfahren, ob der Stecker wirklich abgezogen und die Ladeklappe geschlossen ist. Nichts ist peinlicher, als mit offener Ladeklappe loszufahren

und sich die nächsten Kilometer über den merkwürdigen Signalton zu wundern, den das Auto von sich gibt.

- Kommt Ihnen beim Laden etwas komisch vor oder verhält sich die Ladesäule zickig, können Sie auch einen anderen Fahrer ansprechen, dessen Fahrzeug schon lädt. An der Ladesäule hilft jeder jedem!
- Ein Schnack gehört an der Ladesäule dazu. E-Autofahrer unterhalten sich gerne kurz, während das E-Auto lädt. Seien Sie also auf Small-Talk gefasst und haben Sie keine Angst, falls ein Fremder oder eine Fremde Sie anspricht.

Typische Anfängerfehler:

- Den falschen Stecker verwenden: Typ2 oder CCS, was möchten Sie zum Laden nutzen? Darum geht es genauer in Kapitel 7.
- Aus Ungeduld zu früh abbrechen: Oft lädt das Auto anfangs langsam und wird dann schneller. Zudem kann es zu einer Drosselung des Ladestroms kommen, wenn an größeren Ladestationen viele Säulen genutzt werden. Daran ist dann nicht Ihr Auto schuld!
- Die Ladekarte falsch platzieren, sodass die Ladesäule sie nicht erkennt.

2.7 Was tun bei Problemen an der Ladesäule?

Auch beim Laden von E-Autos läuft nicht immer alles glatt. Die häufigsten Probleme lösen Sie aber schnell selbst:

- Falls eine Ladesäule belegt ist, zeigt Ihnen Ihr Navigationssystem oder eine App alternative Standorte in der Nähe.
- Ist die Ladesäule zugeparkt, können Sie manchmal kreativ parken, um trotzdem laden zu können. (In Städten hilft im schlimmsten Fall oft ein Anruf beim Ordnungsamt. Falschparker auf Ladeplätzen werden schnell abgeschleppt.)

Abbildung 2.9: Ein Ladeplatz ist kein Parkplatz.

- Startet die Ladung nicht, prüfen Sie zuerst, ob Ihre Ladekarte an dieser Säule funktioniert. Nicht jede Karte wird überall akzeptiert. Probieren Sie die Smartphone-App des Betreibers oder schauen Sie, ob Sie mit der Kreditkarte direkt bezahlen können.
- Bei defekten Ladesäulen hilft die Hotline des Betreibers. Die Telefonnummer finden Sie immer auf der Ladesäule selbst. Oft können die Mitarbeiter den Defekt aus der Ferne beheben oder Ihnen alternative Lösungen anbieten.
- Falls sich das Ladekabel nicht abziehen lässt, vergewissern Sie sich, dass die Ladung wirklich beendet ist. Verriegeln und entriegeln Sie Ihr Fahrzeug mit Ihrem Autoschlüssel (dem sogenannten FOB). Oft löst das die Verriegelung des Steckers. Im Notfall nutzen Sie die mechanische Notentriegelung des Ladeports (steht im Handbuch beschrieben).
- Lädt Ihr Auto mal langsam, ist das meist normal. Bei extremen Temperaturen oder voller Fahrbatterie reduziert die Ladeelektronik automatisch die Leistung. Manchmal regelt auch die Ladesäule den Ladestrom herunter (das kann verschiedenste Gründe haben) und bei der nächsten Ladesäule ist alles wieder normal. Also kein Grund zur Sorge.

Pay it forward - helfen Sie, wenn Sie können

Auf dem Weg nach Wien traf ich an der Ladesäule auf ein E-Auto, vollbesetzt mit vier Personen, die erfolglos versuchten zu laden. Die Ladekarte, die der Verleiher dem Fahrer mitgegeben hatte, funktionierte nicht, zumindest nicht an dieser Säule. Hilfesuchend fragte der Fahrer mich, ob ich wüsste, warum die Karte den Dienst verweigerte.

Bei einem Gespräch stellte sich heraus, dass er neugierig auf Elektroautos war und deshalb spontan eines gemietet hatte, um mit seinen Freunden einen Ausflug zu machen. Bislang begeisterte ihn das Erlebnis total, doch nun waren sie »gestrandet«. Nach ein paar erfolglosen Versuchen aktivierte ich den Ladevorgang mit einer meiner Karten. Anders ließ sich das Problem nicht lösen, denn die Ladesäule bot keine alternative Zahlungsmöglichkeit.

Nach der ersten Erleichterung, dass die Ladung plötzlich startete, realisierte er erschrocken, dass ich nun für seine Ladung bezahlen würde. Er überlegte fieberhaft, ob er Bargeld dabei hatte oder wie er mich sonst entschädigen konnte.

Ich erklärte ihm, dass E-Auto-Fahrer einander helfen, dass die Ladung nur ein paar Euro kostet (das Auto hatte eine kleine Batterie) und dass er das in Zukunft zurückgeben soll, wenn er irgendwann mal jemanden an der Ladesäule trifft, der Hilfe braucht. Genau darum bitte ich auch Sie: Helfen Sie, wenn Sie können. Die E-Auto-Community lebt von dieser gegenseitigen Unterstützung, und oft kostet es Sie nur wenige Minuten oder ein paar Euro, um jemandem den Tag zu retten.

Kapitel 3
Von der Verbrennung zum Elektromotor

Das Auto begann elektrisch. Schon 1881 rollte das erste Elektrofahrzeug durch die Straßen von Paris - dreizehn Jahre, bevor Carl Benz seinen ersten Benzinwagen baute. Um 1900 fuhren mehr Elektroautos als Benziner auf Amerikas Straßen. Sie waren leise, sauber und starteten auf Knopfdruck, während Benzinmotoren mühsam angekurbelt werden mussten.

Abbildung 3.1: Der »Detroit Electric« war bei Frauen sehr beliebt, er war leise und sauber - Qualitäten, die auch heute noch überzeugen.

Warum setzte sich dann der ineffiziente Verbrennungsmotor durch? Die Antwort liegt in der damaligen Batterietechnik. Schwere Blei-Akkus begrenzten die Reichweite auf wenige Kilometer, während ein Tank Benzin weitere Distanzen ermöglichte. Als Henry Ford die Massenproduktion perfektionierte, wurden Benziner plötzlich billiger als die handgefertigten Elektroautos. Das Schicksal der Elektromobilität war vorerst besiegelt.

Ein Jahrhundert lang dominierte nun die Verbrennung. Ingenieure entwickelten immer komplexere Motoren: Turbolader, Direkteinspritzung, Katalysatoren, Partikelfilter. Trotz aller Fortschritte blieb ein Problem ungelöst: die miserable Energieeffizienz. Irgendwann war die Zeit reif: Automobilhersteller griffen die alte Idee des Elektroantriebs wieder auf, und Tesla kombinierte verschiedene technologische Durchbrüche. Tesla bewies, dass Elektromobilität nicht bedeutet, auf etwas zu verzichten, sondern dass moderne E-Autos durchaus luxuriös, bequem und angenehm zu fahren sein können. Die ineffiziente Verbrennungstechnik von gestern weicht der effizienten Elektromobilität von heute. Nach 120 Jahren kehrt das Auto zu seinen elektrischen Wurzeln zurück.

Unter der Haube eines Elektroautos finden Sie keinen komplexen Verbrennungsmotor mit Hunderten beweglichen Teilen, sondern einen erstaunlich einfachen Elektromotor. Das Grundprinzip ist dasselbe wie bei dem kleinen Spielzeugmotor aus Ihrer Kindheit, nur raffinierter.

Jeder Elektromotor nutzt die Wechselwirkung zwischen Magnetfeldern: Gleichnamige Pole stoßen sich ab, ungleichnamige ziehen sich an. Ein rotierender Magnet (Rotor) dreht sich in einem feststehenden Magnetfeld (*Stator*). Durch geschickte Steuerung der Magnetfelder entsteht eine kontinuierliche Drehbewegung. In E-Autos kommen hauptsächlich drei Motortypen zum Einsatz:

- **Asynchronmotoren** erzeugen das Magnetfeld im Rotor durch Induktion - wie ein Transformator. Tesla nutzte diese Technik in seinen ersten Modellen, weil sie robust und kostengünstig ist. Die Motoren brauchen zwar eine komplexe Steuerung, sind aber wartungsarm und kommen ohne seltene Erden aus.

Seltene Erden

Sogenannte *seltene Erden* sind eine Gruppe von Elementen, die in der modernen Industrie eine große Rolle spielen. Sie sind eigentlich gar nicht so selten, aber ihr Abbau ist sehr aufwendig, teuer und umweltbelastend, weil sie so gut wie nie rein in der Erdkruste vorkommen und erst von wertlosen Mineralien getrennt werden müssen. China produziert mehr als 60 % der weltweit genutzten seltenen Erden und hat bei vielen Elementen fast ein Monopol.

Abbildung 3.2: Seltene Erden sind gar nicht so selten, wie man denkt.

- **Synchronmotoren mit Permanentmagneten** verwenden starke Dauermagnete aus seltenen Erden wie Neodym. BMW, Audi und Mercedes setzen meist auf diese Bauart, da sie effizienter arbeitet und sich kompakter bauen lässt. Der Nachteil: Die Magnete sind teuer und schwer zu recyceln. Außerdem stammen die Rohstoffe oft aus problematischen Quellen.
- **Fremderregte Synchronmotoren** nutzen Elektromagnete statt Permanentmagnete und vermeiden so kritische Rohstoffe. Renault und neuere Tesla-Modelle verwenden diese Technik. Sie kombiniert hohe Effizienz mit besserer Umweltbilanz, benötigt aber mehr Steuerungselektronik.

Der große Vorteil aller Elektromotoren ist: Sie liefern ihr maximales Drehmoment sofort vom Stand weg. Während ein Verbrennungsmotor erst auf Touren kommen muss, zieht das E-Auto von der ersten Sekunde an kraftvoll los. Dabei arbeitet der Elektromotor in beide Richtungen: Beim Beschleunigen wandelt er Strom in Bewegung um, beim Bremsen funktioniert er als Generator und lädt die Batterie - das nennt sich *Rekuperation*.

Diese Einfachheit macht E-Autos so wartungsarm: kein Ölwechsel, keine Zündkerzen, keine komplexe Abgasanlage. Ein Elektromotor hat nur eine Handvoll beweglicher Teile und läuft praktisch verschleißfrei. Was mechanisch einfach ist, geht seltener kaputt.

3.1 Verschiedene Antriebsarten im Vergleich (BEV, PHEV, FCEV)

Elektromobilität ist nicht gleich E-Auto. Hinter dem Begriff verstecken sich verschiedene Technologien, die alle ihre eigenen Vor- und Nachteile haben. Die drei wichtigsten Varianten sind das reine Elektroauto (*BEV*), der Plug-in-Hybrid (*PHEV*) und das Wasserstoffauto (*FCEV*). Jede dieser Antriebsarten verfolgt einen anderen Ansatz, um Sie von fossilen Kraftstoffen wegzubringen.

3.1.1 Das reine Elektroauto (BEV - Battery Electric Vehicle)

Ein BEV fährt ausschließlich mit Strom aus der Batterie. Kein Benzin, kein Diesel, keine Abgase - nur der Elektromotor treibt das Fahrzeug an. Die Batterie laden Sie zu Hause an der Wallbox, unterwegs an Ladesäulen oder beim Arbeitgeber auf dem Firmenparkplatz.

Die Batterie bestimmt dabei die Reichweite. Moderne E-Autos schaffen zwar 300 bis 700 km, je nach Kapazität der Fahrbatterie, aber für Strecken darüber hinaus müssen Sie nachladen. Außerdem sind die Anschaffungskosten meist noch höher als bei Verbrennern, auch wenn sie sich durch niedrigere Betriebskosten über die Jahre ausgleichen.

3.1.2 Der Plug-in-Hybrid (PHEV - Plug-in Hybrid Electric Vehicle)

Ein PHEV kombiniert Elektromotor und Benzinmotor in einem Fahrzeug. Die kleine Batterie reicht für etwa 30 bis 80 km rein elektrisches Fahren, danach springt der Verbrenner ein. Diese Kombination soll Ihnen das Beste aus beiden Welten bieten: elektrisches Fahren für den Alltag, Benzinmotor für längere Strecken.

Es gibt verschiedene Arten von Hybridfahrzeugen

PHEVs sind aber nicht die einzigen Hybride:

- **Vollhybride (HEV)** wie der klassische Toyota Prius können nicht extern geladen werden. Sie laden ihre kleine Batterie nur durch Rekuperation und den Verbrennungsmotor.
- **Mild-Hybride (MHEV)** haben nur einen kleinen Elektromotor, der den Verbrenner unterstützt, das Auto aber nie allein antreibt.
- Am anderen Ende stehen **Range Extender (REX)** - praktisch Elektroautos mit kleinem Verbrenner als Notstromaggregat.

In der Praxis funktioniert das gut, wenn Sie den PHEV richtig nutzen. Fahren Sie täglich nur kurze Strecken und laden Sie regelmäßig, fahren Sie praktisch elektrisch. Für den Urlaub oder längere Geschäftsreisen haben Sie die Reichweite eines Benziners. Studien zeigen, dass PHEV-Fahrer etwa 70 % ihrer Strecken elektrisch zurücklegen.

Allerdings hat die Sache einen Haken: Laden Sie nicht regelmäßig, wird der PHEV zum schweren Benziner. Denn er schleppt sowohl die Batterie als auch den Verbrennungsmotor mit sich herum. Ungeladene PHEVs verbrauchen daher oft mehr Sprit als normale Benziner. Außerdem sind sie komplexer aufgebaut. Das merken Sie dann bei der Inspektion: Zwei Antriebssysteme bedeuten auch doppelte Wartungskosten.

3.1.3 Das Wasserstoffauto (FCEV - Fuel Cell Electric Vehicle)

Ein Wasserstoffauto (FCEV) ist eigentlich ein Elektroauto, denn es fährt ebenfalls elektrisch, erzeugt den Strom aber selbst. In der Brennstoffzelle reagiert Wasserstoff mit Sauerstoff und produziert dabei Strom für den Elektromotor. Als »Abgas« entsteht nur Wasserdampf. Den Wasserstoff tanken Sie ähnlich wie Benzin - nach ein paar Minuten ist der Tank an einer speziellen Wasserstoff-Tankstelle voll. Die Reichweite der verfügbaren Fahrzeuge liegt bei 400 bis 600 km.

Das Problem: Die Infrastruktur kollabiert gerade. In Deutschland gibt es nur noch sehr wenige öffentliche Wasserstofftankstellen - mit fallender Tendenz. *H2 Mobility* hat 2025 mehr als 20 weitere Stationen wegen mangelnder Nachfrage geschlossen. Aktuell sind gerade einmal ~1.800 Wasserstoffautos in Deutschland zugelassen; der Bestand schrumpfte im letzten Jahr sogar um rund 15 %.

Abbildung 3.3: Eine Wasserstoff-Tanksäule

Außerdem ist Wasserstoff teuer und ineffizient: Über 95 % des deutschen Wasserstoffs stammt aus der Dampfreformierung von Erdgas - einem dreckigen Verfahren mit einem Wirkungsgrad von nur 60 bis 70 %, bei dem erhebliche Mengen CO_2 entstehen. Von der dafür eingesetzten Energie kommen so nur etwa 25 % bei den Rädern an - der Rest verpufft bei der Wasserstofferzeugung, dem Transport und der Rückverwandlung in Strom.

Schlimmer ist noch, dass sich die Fahrzeugauswahl momentan praktisch auf zwei Modelle beschränkt: den Toyota Mirai und den Hyundai Nexo. Beide sind Fahrzeug, die in der Preiskategorie »ab 70.000 €« neu zu haben sind, gebraucht kosten sie heute nur noch einen Bruchteil davon. Europäische Auto-Hersteller haben sich aus dem Marktsegment längst zurückgezogen und sehen einen Markt für Wasserstoffantriebe höchstens bei Nutzfahrzeugen. Doch auch dort sieht es mit neuen Entwicklungen schlecht aus: Nach ein paar Pilotprojekten mit Stadtbussen sind alle Pläne wieder in der Schublade verschwunden - der Wirkungsgrad ist einfach zu schlecht und die Kosten sind zu hoch.

Die Wasserstoff-Tanksäule und eine Ladesäule haben Gemeinsamkeiten

Das Bezahlen an der Wasserstoff-Tanksäule läuft genauso ab wie an der Ladesäule: Sie brauchen einen Vertrag, eine Tankkarte und es wird am Ende des Monats abgerechnet. Kein Unterschied zum E-Auto.

3.1.4 Welche Antriebsart passt zu Ihnen?

Die Entscheidung hängt von Ihrem Fahrprofil ab. Fahren Sie täglich unter 300 km und können Sie zu Hause oder am Arbeitsplatz laden? Dann ist ein reines E-Auto, also ein BEV, die beste Wahl. Es ist effizient, günstig im Unterhalt und zukunftssicher.

Sind Sie unsicher wegen der Reichweite oder fahren Sie häufig sehr lange Strecken? Ein Plug-in-Hybrid, ein PHEV, kann Ihnen den Übergang erleichtern. Achten Sie aber darauf, dass Sie ihn tatsächlich regelmäßig laden - sonst fahren Sie einen teuren, schweren Benziner.

Wasserstoff ist keine praxistaugliche Option für Privatfahrer. Die Infrastruktur schrumpft, die wenigen verfügbaren Autos sind teuer und die Wasserstoffproduktion ist ineffizient und schmutzig. Was vor zehn Jahren noch vielversprechend aussah, hat sich als Sackgasse erwiesen.

Aber die gute Nachricht ist: Die E-Auto-Technologie entwickelt sich rasant weiter. Die Reichweiten steigen, die Preise fallen und das Ladenetz wächst. Was heute vielleicht für Sie noch nicht perfekt passt, kann morgen schon die ideale Lösung sein. Sie brauchen nur den Mut zum Wechsel.

3.2 Elektromobilität im Vergleich zu Wasserstoffantrieb und Biotreibstoffen

Während sich die Elektromobilität durchsetzt, kämpfen andere alternative Antriebe ums Überleben. Ein Blick auf Wasserstoff und Biotreibstoffe zeigt: Nicht jede grüne Technologie ist für jeden Einsatzzweck geeignet.

3.2.1 Biotreibstoffe

An jeder Tankstelle finden Sie E10-Benzin mit 10 % Bioethanol. Das klingt umweltfreundlich, verschleiert aber ein massives Problem: den Flächenverbrauch.

Deutschland verbraucht jährlich etwa 18 Millionen Tonnen Kraftstoff für Pkw. Wollten Sie nur ein Viertel davon durch heimischen Raps ersetzen, bräuchten Sie die gesamte Ackerfläche von Schleswig-Holstein. Für alle Pkw würde die komplette deutsche Landwirtschaftsfläche nicht reichen - bei einer Bevölkerung von 84 Millionen Menschen, die auch essen wollen.

Noch problematischer wird es beim Biodiesel: Ein großer Teil stammt aus Palmöl, das in Indonesien und Malaysia produziert wird. Für die Palmölplantagen werden Regenwälder abgeholzt und Torfmoore trockengelegt. Dabei werden riesige Mengen CO_2 freigesetzt - so viel, dass Palmöl-Biodiesel oft klimaschädlicher ist als fossiler Diesel.

Die Orang-Utans in Borneo können ein Lied davon singen: Ihr Lebensraum wird für unseren »grünen« Kraftstoff zerstört. Indonesien hat durch die massive Abholzung für Palmölplantagen seine CO_2-Emissionen stark erhöht und steht heute unter den zehn größten Emittenten weltweit.

Das führt zu einem ethischen Dilemma: Tank oder Teller? Regenwald oder Klimaschutz? Während deutsche Autofahrer Mais vertanken und Palmöl verbrennen, steigen anderswo die Nahrungsmittelpreise und verschwinden die letzten Urwälder.

Biotreibstoffe der zweiten Generation aus Stroh, Holzresten oder Algen könnten das Problem lösen. Doch nach Jahrzehnten der Forschung sind sie noch immer nicht marktreif. Die wenigen Pilotanlagen produzieren den Kraftstoff zu teuer und in homöopathischen Mengen.

3.2.2 Wasserstoff

Was bei Biotreibstoffen der Flächenverbrauch ist, ist bei Wasserstoff der Energieverbrauch. Die Brennstoffzelle mag emissionsfrei fahren, die Wasserstoffproduktion ist es nicht.

Selbst unter idealen Bedingungen gehen bei der Kette *Strom → Wasserstoff → Strom → Antrieb* über 70 % der ursprünglichen Energie verloren. Das E-Auto braucht für dieselbe

Strecke ein Drittel der Energie. In einer Welt begrenzter (erneuerbarer) Energien ist dies eine Verschwendung.

Die deutschen Wasserstofftankstellen sterben nicht grundlos: Es gibt schlicht keine Kunden mehr. Selbst überzeugte Wasserstoff-Fans melden ihre Fahrzeuge ab, weil die nächste Tankstelle zu weit entfernt ist. Eine Technologie ohne Infrastruktur ist keine einsatzfähige Technologie.

3.2.3 E-Fuels

Eine weitere diskutierte Alternative sollen E-Fuels sein. Das sind synthetische Kraftstoffe aus Strom, Wasser und CO_2. Sie sollen Verbrenner klimaneutral machen, ohne etwas an der gewohnten Tanktechnik zu ändern.

Das klingt verlockend, scheitert aber an der Physik: E-Fuels sind extrem ineffizient. Für dieselbe Strecke braucht ein Verbrenner mit E-Fuels fünfmal mehr Strom als ein Elektroauto. Denn hier liegt das Problem bei den Umwandlungsverlusten: Strom wird per Elektrolyse zu Wasserstoff, dieser reagiert mit CO_2 zu E-Fuel, E-Fuel verbrennt im Motor zu Bewegung – bei jedem Schritt geht Energie verloren.

Die Kosten sind entsprechend hoch: Statt 1,67 € für normales Benzin würden E-Fuels derzeit 4,50 € pro Liter kosten. Selbst optimistische Prognosen sehen E-Fuels erst 2030 bei etwa 3 € pro Liter.

Dazu kommt das Mengenproblem: Während Deutschland täglich 60 Millionen Liter Kraftstoff verbraucht, produziert die größte E-Fuels-Pilotanlage der Welt in Chile gerade 130.000 Liter im Jahr. Bis 2026 sollen es 550 Millionen Liter werden. Das reicht für etwa zehn Tage des deutschen Verbrauchs.

E-Fuels haben ihre Berechtigung – aber nicht im Pkw-Bereich. In großen Flugzeugen, wo Batterien zu schwer werden, können sie möglicherweise fossile Kraftstoffe ersetzen. Für Ihren täglichen Weg zur Arbeit sind sie aber pure Verschwendung: teuer, ineffizient und auf Jahre nicht verfügbar.

3.2.4 Wo diese Alternativen eingesetzt werden könnten

Das heißt nicht, dass Wasserstoff und Biotreibstoffe völlig nutzlos sind. Sie gehören nur nicht in den Pkw.

Wasserstoff kann die Stahlindustrie dekarbonisieren, wo Temperaturen von über 1.000 Grad nötig sind. Brennstoffzellen-Lkw können auf festen Routen fahren, wo strategisch Tankstellen platziert werden können. In Flugzeugen oder vielleicht auch auf Schiffen, wo das Gewicht von Batterien problematisch werden kann, können Wasserstoff und Biotreibstoffe punkten. Biotreibstoffe aus Abfällen und Reststoffen ergeben also durchaus Sinn – für Bereiche, die nicht elektrifizierbar sind.

Abbildung 3.4: Auch Schiffe fahren heute schon elektrisch und haben ihre eigene Ladestation.

3.2.5 Die Effizienz entscheidet

Vor über hundert Jahren, als das erste Auto erfunden wurde, spielte Effizienz keine Rolle. Öl war billig und scheinbar unendlich verfügbar, Wirkungsgrade wurden noch gar nicht berechnet. Damals war es egal, ob ein Motor 90 oder 10 % der Energie verschwendete. Hauptsache, er lief.

Diese Zeiten sind vorbei. In einer Welt knapper Ressourcen und steigender Energiepreise gewinnt immer die Physik: E-Autos wandeln über 90 % der Energie in Bewegung um, Wasserstoffautos bestenfalls 30 %, Biotreibstoff-Verbrenner magere 20 %. E-Fuels schaffen sogar nur 10 bis 15 % Wirkungsgrad. Diese Unterschiede sind nicht durch bessere Technik wegzuoptimieren. Sie sind physikalisch einfach unvermeidbar.

Umweltgedanken spielen dabei zwar durchaus eine Rolle, aber der ultimative Sargnagel für ineffiziente Technologien sind mittlerweile die (Energie-)Kosten. Leider entscheidet nicht das Klima über den Sieger, sondern der Kapitalismus. Unternehmen sind auf Gewinn und Shareholder-Value ausgerichtet, nicht auf Umweltschutz. Wer fünfmal mehr Energie braucht als die Konkurrenz, produziert teurere Produkte und verliert im Markt.

Was vor hundert Jahren noch egal war, entscheidet heute über Leben und Tod einer Technologie. Der Verbraucher wählt das günstigste Auto, das Unternehmen die profitabelste Lösung, der Investor die rentabelste Aktie. Effizienz bedeutet niedrigere Kosten, und niedrigere Kosten bedeuten Markterfolg.

Der elektrische Antrieb setzt sich durch, weil er wirtschaftlich überlegen ist. (Außer wir finden noch etwas Besseres.) Wasserstoff und Biotreibstoffe finden dort Anwendung, wo Batterien scheitern: in der Schwerindustrie, bei Langstrecken-Lkw oder in der Luftfahrt. Keine grüne Technologie löst alle Probleme, aber jede muss sich rechnen. In einer marktwirtschaftlich organisierten Welt überleben nur effiziente Lösungen, unabhängig davon, wie umweltfreundlich sie wirken.

Am Anfang jeder Wertschöpfungskette steht Energie. Energie fördert Rohstoffe aus dem Boden, Energie stellt Waren her und transportiert sie, Energie baut Lebensmittel an und produziert Dünger. Jede Produktionskette in unserer Wirtschaft benötigt Energie. Nur wenn diese günstig verfügbar ist, funktioniert unser System.

Das Verhältnis zwischen eingesetzter und gewonnener Energie entscheidet über die Existenzfähigkeit einer Zivilisation. Müssen Sie 5 Liter Öl aufwenden, um 1 Liter aus dem Boden zu holen, lohnt sich der Aufwand kaum noch. Bei einer Zivilisation unseres Entwicklungsstands darf dieses Verhältnis nicht viel unter 1 zu 10 fallen, sonst kollabiert das System mit der Zeit. Mehr zu diesem Thema finden Sie unter dem Stichwort *EROI* (*Energy Return on Investment*) im Internet, beispielsweise unter: *www.physi.uni-heidelberg.de/~pelte/energie/energie3/data/kap1/eroi.htm*.

3.3 Effizienzvorteile der Elektromobilität

Der entscheidende Unterschied eines Elektromotors liegt im konstant hohen Wirkungsgrad: Er wandelt mehr als 90 % der Energie in Bewegung um.

Ein Verbrennungsmotor zeigt seine beste Leistung nur unter ganz bestimmten Bedingungen: bei mittlerer Drehzahl und hoher, aber nicht maximaler Belastung. Stellen Sie sich vor, Sie fahren zügig bergauf – dann erreichen moderne Benzinmotoren ihren besten Wirkungsgrad von etwa 40 %. Das bedeutet: 40 % des Treibstoffs werden in Bewegung umgesetzt, 60 % verpuffen als Abwärme.

Fahren Sie aber mit 100 km/h auf der Autobahn oder schleichen Sie durch die Stadt, dann arbeitet der Motor weit unter seinen optimalen Bedingungen. Sein Wirkungsgrad bricht dann auf bis zu 10 % zusammen. Von zehn Litern Benzin wandelt er nur einen Liter in Vortrieb um – neun Liter heizen sinnlos die Umgebung auf. Selbst im Leerlauf an der Ampel verbrennt er weiter Sprit, ohne Sie auch nur einen Meter voranzubringen (sofern das Fahrzeug keine Start/Stopp-Automatik hat).

Ein Elektromotor verhält sich völlig anders: Er wandelt bei jeder Geschwindigkeit mehr als 90 % der Energie in Bewegung um. Ob Sie sanft anfahren, gleichmäßig cruisen oder kräftig beschleunigen – die Effizienz bleibt konstant hoch. Dadurch verbraucht ein E-Auto für dieselbe Strecke etwa 50 bis 70 % weniger Energie als ein Verbrenner.

Ihr Motor ist schon effizient. Je effizienter Sie ihn nutzen, desto besser.

Diese hohe Grundeffizienz erklärt auch, warum Ihr Fahrstil beim E-Auto so wichtig für die Reichweite ist: Da der Motor immer effizient arbeitet, wirkt sich jede Verbesserung Ihrer Fahrweise sofort auf den Verbrauch aus. Beim Verbrenner verpufft eine sparsame Fahrweise oft im grundsätzlich schlechten Wirkungsgrad bei niedriger Last. Darum geht es noch ausführlich in Kapitel 14.

Jetzt fragen Sie sich vielleicht: Wie kann es sein, dass Autos mit Verbrennungsmotor so ineffizient sind? Und warum hören Sie das zum ersten Mal?

Die Geschichte erklärt es: Die ersten Autos mit Verbrennungsmotor entstanden vor über hundert Jahren. Damals stellte niemand Fragen zur Effizienz, und den Begriff *Wirkungsgrad* gab es damals noch gar nicht. Eine Maschine lief oder sie lief nicht. Öl gab es reichlich und billig. Die vorherige Dampfmaschine wandelte nur etwa 6 % der Kohleenergie in Bewegung um – dagegen erschien der Benzinmotor mit seinem damaligen Wirkungsgrad von 15 bis 20 % geradezu revolutionär effizient.

Außerdem fuhren die Menschen damals ganz anders: kurze Strecken, niedrige Geschwindigkeiten, wenige Autos auf den Straßen. Ein paar Liter Sprit pro Fahrt fielen kaum ins Gewicht, verglichen mit den Unmengen an Kohle für Dampfmaschinen oder Heizung wurde das sogar als wenig empfunden.

So setzte sich mit der Zeit einfach die Gewohnheit durch. Es war, wie es war, niemand hinterfragte die Effizienz. Erst beim *Ölschock* in den 1970er-Jahren dachten die Menschen wieder über den Verbrauch nach. Plötzlich kostete Benzin das Dreifache, lange Schlangen bildeten sich an den Tankstellen. Da wurde vielen zum ersten Mal bewusst: Unser Auto verschwendet Energie.

Doch inzwischen stecken Milliarden in der Verbrennungsmotor-Industrie. Raffinerien, Tankstellen, Werkstätten – ein ganzes System hängt daran. Diese Tatsache erklärt, warum diese ineffiziente Technik so lange überlebt hat.

Parallel entwickelten sich in den letzten Jahrzehnten immer effizientere Elektromotoren. Ingenieure perfektionierten die Technik für Industriemaschinen und Haushaltsgeräte. Dabei entstanden Motoren mit über 95 % Wirkungsgrad.

Gleichzeitig revolutionierten Lithium-Ionen-Batterien die Energiespeicherung. Diese neuen Akkus speicherten dreimal mehr Energie pro Kilogramm als die schweren Blei-Batterien der ersten E-Auto-Versuche. Plötzlich passten genug Batterien ins Auto, ohne es zum rollenden Panzer zu machen.

Irgendwann war die Zeit reif, und Automobilhersteller griffen die alte Idee des Elektroantriebs wieder auf. Lange blieb es bei Prototypen und handgefertigten Kleinserien, weil die alten Batterietechnologien zu schwer und recht schwach waren.

Bis Tesla beide Durchbrüche kombinierte: effiziente Elektromotoren plus leistungsstarke Lithium-Ionen-Akkus. Diese Kombination machte den Unterschied. Tesla-Fahrzeuge zeigten klar, dass Elektroautos ohne Kompromisse funktionieren können. Sie fahren weit, beschleunigen schnell und bieten den gewohnten Komfort. Tesla bewies, dass Elektromobilität nicht bedeutet, auf etwas zu verzichten, sondern etwas zu gewinnen.

Der Rest entwickelte sich in den letzten Jahren rasant: Heute können Sie zwischen Dutzenden E-Auto-Modellen wählen. Von kleinen Stadtwagen bis zu luxuriösen SUVs ist alles dabei. Länder wie Norwegen fahren bereits mehrheitlich elektrisch, China produziert Millionen von E-Autos jährlich. Was vor zwanzig Jahren noch Science-Fiction war, parkt heute in Ihrer Nachbarschaft.

Die ineffiziente Verbrennungstechnik von gestern weicht der effizienten Elektromobilität von heute. Der Wandel hat begonnen und er ist nicht mehr aufzuhalten.

Kapitel 4
Die Batterie – das Herzstück des Elektroautos

Die Traktionsbatterie ist das Herzstück jedes Elektroautos. Sie ist ungefähr das, was früher der Tank in einem herkömmlichen Fahrzeug mit Verbrennungsmotor war. Der Unterschied: Während bei Verbrennern die Größe des Tanks (und der Verbrauch) über die Reichweite entscheidet, entscheidet beim E-Auto die Batterie sowohl über die Reichweite als auch über die mögliche Motorleistung und die Ladegeschwindigkeit. Und die Traktionsbatterie macht auch viel vom Preis eines E-Autos aus. Für den Kauf bedeutet das: Die Wahl der richtigen Batterietechnologie und -größe beeinflusst Ihr Fahrerlebnis maßgeblich.

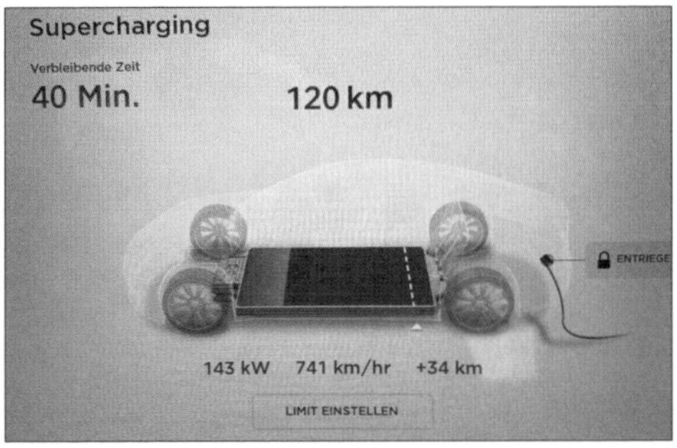

Abbildung 4.1: Ein Tesla beim Laden mit rund 140 kW

Die Entwicklung der Elektroautobatterie war ein jahrzehntelanger Marathon. Erst die Erfindung der Lithium-Ionen-Batterie durch John B. Goodenough, M. Stanley Whittingham und Akira Yoshino (wofür sie 2019 den Nobelpreis erhielten) machte praxistaugliche Elektroautos möglich. Von der ersten Entwicklung in den 1970ern bis zur Marktreife 1991 vergingen über 20 Jahre intensiver Forschung.

Akkumulator vs. wiederaufladbare Batterie

Ich verwende das Wort *Akkumulator* (Akku) in diesem Buch nicht als Bezeichnung für die Traktionsbatterie eines Elektroautos. Stattdessen nutze ich die korrekte Bezeichnung *Batterie* oder *wiederaufladbare Batterie*.

Der *Akkumulator* (früher auch »Sammler« genannt) bezeichnet nur die einzelne Zelle, die mit weiteren Zellen zu einem Akkupack zusammengeschaltet werden kann, was in dieser Gesamtheit dann als wiederaufladbare Batterie bezeichnet wird.

Die Bezeichnung »Akku« ist eine umgangssprachliche Verkürzung und bei der Batterie eines Elektroautos technisch nicht korrekt. Um die Dinge einfach zu halten, verwende ich in diesem Buch also die Wörter *Batterie*, *Traktionsbatterie* oder *Fahrbatterie* und meine damit immer das Gleiche.

4.1 Batterietechnologien und ihre Eigenschaften

Moderne Elektroautos nutzen verschiedene Arten von Lithium-Ionen-Batterien, die sich in ihrer chemischen Zusammensetzung deutlich unterscheiden:

- **NCA:** Nickel-Kobalt-Aluminium
- **NMC:** Nickel-Mangan-Kobalt
- **LFP:** Lithium-Eisen-Phosphat

Jede Batterie-Technologie hat ihre Stärken und Schwächen. Schauen wir uns diese Batterien einmal genauer an.

4.1.1 NCA- und NMC-Batterien: Die Reichweiten-Champions

NCA- und NMC-Zellen bieten eine hohe Energiedichte, was mehr Energie pro Kilogramm bedeutet und sie für Fahrzeuge mit größerer Reichweite und hoher Leistung attraktiv macht. Tesla verwendet diese Technologien in seinen Premium-Modellen Model S und Model X sowie in den Long-Range-Varianten von Model 3 und Y.

Die Vorteile sind beeindruckend: Sie laden schneller als LFP-Zellen und sind aufgrund ihrer hohen Leistung perfekt für Performance-Modelle geeignet. Ein Tesla Model S mit NCA-Batterie erreicht Reichweiten von über 600 km - das entspricht vielen Verbrennern mit vollem Tank.

Doch diese Technologie hat auch ihre Tücken. Diese Batterien sollten idealerweise zwischen 20 % und 90 % geladen werden, um die Lebensdauer zu maximieren. Vollständige Entladung oder dauerhaftes Laden auf 100 % sollte vermieden werden. Außerdem enthalten sie teure und teilweise problematische Rohstoffe wie Kobalt und Nickel.

Energiedichte: Was bedeutet das?

Die *Energiedichte* gibt an, wie viel Energie in einer Batterie pro Gewicht oder Volumen gespeichert werden kann. Sie wird in zwei verschiedenen Einheiten gemessen:

- Die **gewichtsbezogene Energiedichte** (Wattstunden pro Kilogramm, Wh/kg) zeigt, wie viel Energie pro Gewichtseinheit gespeichert wird. Das ist bei Elektroautos besonders wichtig, da jedes zusätzliche Kilogramm mehr Energie beim Beschleunigen kostet.

- Die **volumenbezogene Energiedichte** (Wattstunden pro Liter, Wh/l) zeigt, wie viel Energie in einem bestimmten Raum gespeichert werden kann. Das ist wichtig, wenn der Bauraum begrenzt ist.

4.1.2 LFP-Batterien: Der aufstrebende Favorit

Tesla begann 2021 mit dem Einsatz von $LiFePO_4$-Batterien in den Standard Range-Modellen des Model 3 und Model Y, zunächst in der *Shanghai Gigafactory*, mittlerweile auch in anderen Werken weltweit. Diese Entscheidung war interessant und neu, denn LFP-Batterien galten lange als Technologie zweiter Klasse.

LFP-Zellen sind sicherer, langlebiger und günstiger, haben jedoch eine geringere Energiedichte und sind nicht für Performance-Modelle geeignet. Der große Vorteil ist aber: LFP-Zellen können bis zu 5000 Ladezyklen durchlaufen, was sie zu einer der langlebigsten Batterien auf dem Markt macht.

Ein weiterer entscheidender Pluspunkt ist die Sicherheit. Im Falle eines Unfalls oder einer Beschädigung ist die Wahrscheinlichkeit eines Brandes oder einer Explosion bei LFP-Zellen deutlich geringer. Die thermische Durchgangsgrenze von LFP liegt bei 270 °C, verglichen mit 150 °C bei NCA.

Was für den Alltag besonders praktisch ist: LFP-Batterien können Sie problemlos täglich auf 100 % laden, ohne eine nennenswerte Degradierung befürchten zu müssen. Das vereinfacht die Laderoutine erheblich, denn so brauchen Sie im Alltag keine Ladebegrenzung, um Ihre Batterie zu schonen.

Aktuelle Entwicklungen bei Tesla

Tesla arbeitet kontinuierlich an Verbesserungen: Für 2025 plant das Unternehmen eine neue 62,5-kWh-LFP-Batterie von CATL, die bei gleicher Größe und gleichem Gewicht mehr Reichweite bietet. Ein kürzlich veröffentlichtes Patent zeigt, wie Tesla mit einer gemischten Kathodentechnologie LFP-Batterien optimiert, indem Standard-LFP mit einem kleinen Anteil nickelbasierter Materialien kombiniert wird.

Auch andere Hersteller ziehen nach. BMW, Mercedes und VW planen perspektivisch ebenfalls den Einsatz von LFP-Batterien, um Kosten zu senken und die Nachhaltigkeit zu verbessern.

4.2 Energiedichte und Reichweite

Die Energiedichte ist der Schlüssel zur Reichweite. Moderne Lithium-Ionen-Batterien erreichen bis zu 250 Wattstunden (Wh) pro Kilogramm. Das ist etwa doppelt so viel wie frühere Nickel-Cadmium-Batterien und dreimal mehr als Blei-Säure-Batterien. Bei der volumenbezogenen Energiedichte sind es sogar bis zu 500 Wh pro Liter.

Warum sind beide Werte wichtig? Bei Elektroautos zählt primär das Gewicht, denn jedes zusätzliche Kilogramm kostet Energie beim Beschleunigen. Es ist einfacher, etwas mehr Bauraum in einem E-Auto bereitzustellen, als ein zu hohes Fahrzeuggewicht auszugleichen. In anderen Anwendungen wie Hörgeräten ist hingegen das Volumen entscheidender.

Die Reichweitenunterschiede zwischen den Technologien zeigen sich deutlich: Ein Tesla Model 3 Long Range mit NMC-Batterie schafft über 700 km, während die Basis-Version desselben Fahrzeugs mit LFP-Batterien rund 520 km erreicht.

Interessant ist die Entwicklung beim Verbrauch: Als das Model 3 2017 auf den Markt kam, lag der WLTP-Verbrauch noch bei etwa 15 kWh/100 km. Die erste Long-Range-Version verbrauchte laut ADAC-Test damals rund 21 kWh/100 km. Heute schafft die effizienteste Variante, das Long Range mit Hinterradantrieb, 11 kWh/100 km nach WLTP, also fast 30 Prozent weniger. Selbst das aktuelle Basismodell kommt mit 13 kWh/100 km aus. Diese Verbesserung zeigt, wie viel effizienter moderne Elektroautos in wenigen Jahren geworden sind.

Felgengröße und Reichweite

Größere Felgen sehen sportlich aus, kosten aber Reichweite. Der Wechsel von 19 auf 21 Zoll kann den Verbrauch um 5 bis 15 % erhöhen. Bei manchen Fahrzeugen bedeutet das einen Reichweitenverlust von 50 bis 80 km nach WLTP.

Der Grund: Größere Felgen wiegen mehr und erhöhen das Rotationsträgheitsmoment. Bei jeder Beschleunigung muss der Motor mehr Masse in Bewegung setzen. Hinzu kommt: Größere Felgen erfordern breitere Reifen mit flacherem Querschnitt, was sowohl den Rollwiderstand als auch die Luftverwirbelung erhöht.

Achten Sie bei Elektroautos also auf die Felgenform: Viele Hersteller setzen auf aerodynamisch optimierte, teils geschlossene Designs statt auf die offenen Speichenfelgen von Verbrennern. Diese *Aero-Felgen* verringern Luftverwirbelungen am Rad und können den Verbrauch deutlich senken, selbst bei größerem Durchmesser.

Der Reichweitenunterschied durch Felgen erscheint klein, aber hier zeigt sich wieder: Viele kleine Faktoren addieren sich. Felgen, Reifendruck, Dachgepäckträger, Fahrweise, jedes Detail zählt beim E-Auto mehr als beim Verbrenner, weil der Elektromotor so effizient arbeitet. Wie sehr Ihre Fahrweise und Fahrgewohnheiten die Reichweite beeinflussen, erkläre ich Ihnen ausführlich in Abschnitt 14.1, »Sparsames Fahren steigert die Reichweite«.

Meine Empfehlung: Wählen Sie die kleinstmögliche Felgengröße, die Ihnen optisch noch gefällt. Kleinere Felgen sind günstiger in der Anschaffung und die Reifen kosten bei jedem Wechsel weniger. Und die gewonnenen 30 bis 50 km Reichweite nehmen Sie gerne mit.

4.3 Lebensdauer und Alterung

Die Sorge um die Batterielebensdauer ist eine der größten Hürden beim Elektroautokauf - oft zu Unrecht. Moderne Traktionsbatterien sind erheblich robuster als die Akkus in Smartphones oder Laptops, was mehrere Gründe hat.

4.3.1 Das Batterie-Management-System macht den Unterschied

Moderne Traktionsbatterien werden mit einem ausgeklügelten *Batterie-Management-System* (BMS) geladen, das die Batterie optimal schont. Der Ladestrom und die Temperatur der Zellen werden überwacht, sodass die Batterie immer unter optimalen Bedingungen geladen wird.

Der entscheidende Unterschied zu Consumer-Elektronik ist: Für einen Laptop oder ein Mobiltelefon ist ein Batterie-Management-System mit Thermalmanagement zu aufwendig und zu kostspielig. In einem aktuellen Elektroauto ist dies allerdings der Standard. Ich erkläre das BMS noch genauer in Kapitel 6, »Das Batterie-Management-System (BMS) und das Thermalmanagement«.

4.3.2 Eine clevere Ladestrategie schützt die Batterie

Bei einer Elektroauto-Batterie wird ein Puffer verwendet, der meist irgendwo zwischen 5 und 10 % liegt. Die vom Fahrer verwendbare Kapazität ist somit kleiner als die tatsächlich verbaute Kapazität der Traktionsbatterie. Das bedeutet bei einer Traktionsbatterie mit 10 % Puffer: Wenn Ihr Auto »leer« anzeigt, sind noch etwa 5 % Reserve da. Ist es »voll«, sind tatsächlich nur 95 % geladen. Sie können das auch in den Kategorien »Brutto« und »Netto« denken.

Diese Strategie hat mehrere Vorteile: Sie schont die Batterie schon einmal grundsätzlich vor zu schneller Alterung und führt zu einem schnelleren Laden, da Batterien umso langsamer laden, je voller sie werden. Und eine Degradation der Batterie liegt somit erst einmal außerhalb des genutzten Kapazitätsbereichs, womit sie sich nicht auf die Reichweite auswirkt, wenn diese durch das BMS kompensiert wird.

4.3.3 Aktuelle Studienergebnisse zur Lebensdauer

Die neuesten Forschungsergebnisse sind ermutigend. Eine Stanford-Studie zeigte überraschend, dass Elektroauto-Batterien unter realen Alltagsbedingungen mit Lade- und Ruhephasen langsamer verschleißen als unter konstanten Laborbedingungen. Noch überraschender: Unregelmäßiges Laden und Entladen, das früher als schädlich galt, schont in Wirklichkeit die Batterien. Das bedeutet für Sie: Ihr natürliches Fahrverhalten ist optimal für die Batterie.

Eine weitere umfassende Studie zeigt konkrete Zahlen. Bei einer Untersuchung von über 7.000 Fahrzeugen ergab sich, dass der »State of Health« in den ersten 30.000 km zwar von 100 auf etwa 95 % sinkt, sich dann aber stabilisiert. Bei 100.000 km liegt er dann im Schnitt noch bei etwa 90 %.

Aber denken Sie auch an die Brutto- und Netto-Kapazität einer Batterie. Sie werden wahrscheinlich keinen Reichweitenverlust bemerken, weil der Verlust vom Puffer kompensiert wird.

Garantien geben Sicherheit

Die Hersteller untermauern ihr Vertrauen in die Batterietechnologie mit umfangreichen Garantien. Details zu den Garantiebedingungen verschiedener Hersteller finden Sie in Kapitel 11 und Kapitel 12.

4.4 Batterietypen von heute und morgen

Die Batterietechnologie entwickelt sich rasant weiter. Neben den etablierten Lithium-Ionen-Varianten arbeiten Forscher und Unternehmen an neuen Ansätzen, wie eine Batterie aufgebaut sein kann.

4.4.1 4680-Zellen: Teslas nächste Generation

Tesla entwickelt neue 4680-Zellen, die direkt als tragende Teile der Karosseriestruktur verbaut werden – das sogenannte *Structural battery*-Konzept. Diese Zellen sind größer als die bisherigen und sollen die Produktion vereinfachen.

Allerdings läuft die Entwicklung nicht reibungslos. Mangels ausreichender Zellproduktion werden Fahrzeuge mit 4680-Zellen aktuell nur für den US-Markt produziert. Es ist schwierig, die Herstellung in ausreichend hohen Stückzahlen zu skalieren. Elon Musk stellte sogar ein Ultimatum, dass die Kosten gesenkt und technische Probleme gelöst werden sollen, sonst droht das 4680-Projekt zu scheitern.

4.4.2 Festkörperbatterien: Der große Hoffnungsträger

Die Festkörperbatterie gilt als Heiliger Gral der Batterietechnologie: Alle suchen nach ihr. Sie verspricht höhere Energiedichte, mehr Sicherheit und schnelleres Laden. Doch die Realität ist ernüchternd.

Sieht man sich an, wie lange die Optimierung der Lithium-Ionen-Batterie bis zur vollen Tauglichkeit als Traktionsbatterie gedauert hat, ist mit der Festkörperbatterie in nächster Zukunft wohl nicht zu rechnen. Um vom Labormuster bis zur Serienfertigung zu gelangen, sind im günstigsten Fall fünf bis zehn Jahre nötig.

Noch ist nicht mal belegt, ob die Festkörperbatterie den Anforderungen im Alltagsbetrieb gewachsen ist – es liegen keine umfassenden Tests und keine Langzeiterfahrungen vor.

4.5 Lohnt sich das Warten auf die Wunderbatterie?

Viele potenzielle Elektroautokäufer warten auf die *Wunderbatterie*, die alle Probleme lösen soll. Aber die Antwort ist klar: Nein, das Warten lohnt sich nicht.

In den letzten Jahren wurde schon von Lithium-Metall-, Lithium-Schwefel-, Meerwasser-, Graphit-, Blei-Kohlenstoff-, Metall-Schwefel-, Nano-Röhrchen- und Graphen-Akkus gesprochen. Jeder wurde als »Batterie-Revolution« ausgerufen und stand kurz vor dem Durchbruch.

Die Realität sieht anders aus: Es sind nur Ideen und Laborexperimente. Von diesen ist die *Festkörperbatterie* momentan möglicherweise noch am wahrscheinlichsten, aber auch sie ist derzeit nur ein Experiment.

Die nächsten ein, zwei oder drei E-Autos können Sie ohne Bedenken mit der Batterietechnologie kaufen, die gerade aktuell in dem Fahrzeug steckt. Damit machen Sie bis auf Weiteres nichts falsch. Und eine Garantie bekommen Sie darauf ja auch. Und das wird auch die günstigste Variante sein, denn jede neue Technologie kostet zunächst immer viel Geld und macht ein Produkt teuer.

Abbildung 4.2: Wer damals auf die Wunderbatterie gewartet hätte, hätte lange warten können

Die heutigen Batterien sind bereits so gut, dass sie für den Alltag völlig ausreichen. Ein Tesla Model 3 mit LFP-Batterie für unter 40.000 € hat 490 km Reichweite; das hätte vor noch nicht mal zehn Jahren als Science-Fiction gegolten.

4.6 Recycling und Rohstoffgewinnung

Das Thema Recycling gewinnt enorm an Bedeutung, da die Zahl der Elektroautos exponentiell steigt und die ersten Fahrzeuge inzwischen das Ende ihrer Lebensdauer erreichen.

4.6.1 Aktuelle Recyclingverfahren

Der finnische Energieversorger *Fortum* verwendet ein hydrometallurgisches Verfahren, um Batterien mit über 80 % zu recyceln. Dabei werden Kobalt, Mangan, Nickel und Lithium zurückgewonnen, um diese wieder für neue Batterien zu verwenden.

Auch in Europa haben sich Firmen dem Recycling zugewandt. Die deutsche Firma *Duesenfeld*, nur 13 km vom VW-Werk in Braunschweig entfernt, zerlegt Altbatterien mechanisch und gewinnt dabei bis zu 91% der Materialien zurück.

Second Life: Zweites Leben für Autobatterien

Vor dem Recycling können die Batteriezellen noch für andere Zwecke genutzt werden. Da selbst in einer nicht mehr nutzbaren Elektroauto-Batterie noch gute Zellen enthalten sind, können diese in Pufferspeichern für Ladesäulen oder Photovoltaikanlagen eingesetzt werden.

4.6.2 Neue Gesetzgebung treibt das Recycling voran

Die neue EU-Batterieverordnung, die seit Februar 2024 gilt, verschärft die Recyclinganforderungen erheblich. Ab 2025 müssen Hersteller den CO_2-Ausstoß ihrer Batterien offenlegen, und bis 2031 gelten Mindestquoten für recycelte Materialien.

Die Sammelziele für Altbatterien steigen schrittweise: Gerätebatterien müssen zu 63 % bis 2027 und zu 73 % bis 2030 gesammelt werden. Mit dem neuen deutschen Batteriegesetz sind Einzelhandel, kommunale Sammelstellen und Hersteller verpflichtet, alle Altbatterien kostenfrei zurückzunehmen.

Eine aktuelle Fraunhofer-Analyse zeigt: Die zu erwartende Batterie-Recyclingkapazität in Europa steigt trotz mehrerer stornierter Projekte weiter an. Bis 2030 wird die angekündigte Recyclingkapazität die Menge an alten Batterien, die zum Recycling anfallen, deutlich übersteigen. Europa kann dann mehr Batterien recyceln, als tatsächlich zurückkommen.

4.6.3 Die Rohstoff-Herausforderung

Lithium stammt hauptsächlich aus Salzlaugen unter ausgetrockneten Salzseen zwischen Chile, Bolivien und Argentinien. Beim Abbau wird diese Sole an die Oberfläche gepumpt und in großen Evaporationsbecken durch Sonnenenergie konzentriert.

Wichtig zu wissen: Von der weltweiten Lithiumförderung werden etwa 37 % zur Herstellung von Batterien verwendet, dicht gefolgt vom Einsatz in der Glas- und Keramikindustrie. Lithium ist also nicht nur für Batterien wichtig. Auf das Thema der Lithiumgewinnung gehe ich in Kapitel 21, »Ökobilanz und ethische Aspekte« noch einmal ausführlich ein.

Innovationen beim Recycling

US-Forscher der *University of Wisconsin-Madison* haben ein neues elektrochemisches Verfahren entwickelt, das Lithium kostengünstiger aus LFP-Batterien zurückgewinnen soll als die bisherige Hydrometallurgie. Das Verfahren ist bereits patentiert, und eine Ausgründung soll den Weg in die Praxis ebnen.

4.6.4 Wirtschaftliche Aspekte des Recyclings

Trotz gestiegener Rohstoffpreise lohnt sich das Recycling aus wirtschaftlicher Sicht noch nicht. Es ist weiterhin billiger, Lithium oder Kobalt neu zu fördern. Da die Nachfrage in den nächsten Jahren radikal steigen und die Verfügbarkeit möglicherweise sinken wird, ist hier eine Änderung schnell zu erwarten.

Ein Faktor kommt noch hinzu: Ab 2031 schreibt die EU für neue Batterien einen Mindestanteil von 6 % an recyceltem Lithium vor, 2036 steigt der Wert auf 12 %.

Das Recycling wird sich zu einem wichtigen Wirtschaftszweig entwickeln. Die Kombination aus gesetzlichen Vorgaben, steigenden Rohstoffpreisen und technologischen Durchbrüchen macht das Batterierecycling zunehmend wirtschaftlich attraktiv. Für Sie als Verbraucher bzw. Verbraucherin bedeutet das: Die Umweltbilanz von Elektroautos wird kontinuierlich besser, und die Abhängigkeit von Rohstoffimporten sinkt.

TEIL II
Technik im Detail

Kapitel 5
Antriebstechnik

Nachdem Sie nun die Grundlagen kennen, tauchen wir in die technischen Details ein. In diesem Teil des Buches erkläre ich Ihnen, wie Elektromotoren, Batterien und Ladetechnik im Detail funktionieren.

Die Batterie ist beispielsweise mehr als nur ein Energiespeicher, sie bestimmt als Bindeglied zwischen Motor und Ladetechnik die Leistungsfähigkeit des gesamten Antriebsstrangs. Wie die Zellen verschaltet sind, welche Motortypen zum Einsatz kommen und warum ein E-Auto ohne Schaltgetriebe auskommt, erkläre ich Ihnen in diesem Kapitel.

5.1 Motortypen und Leistungsklassen

Die Batterie bildet das Herzstück jedes Elektrofahrzeugs – sie fungiert als entscheidende Schnittstelle zwischen Elektromotor und Ladetechnik. Die Größe der Traktionsbatterie und die Art der Verschaltung ihrer Zellen bestimmt direkt die Leistungsfähigkeit des gesamten Antriebsstrangs.

5.1.1 Warum E-Autos oft hohe Leistungswerte haben

Wenn Sie die technischen Daten von Elektroautos betrachten, fällt Ihnen vielleicht auf: Selbst kompakte Modelle haben oft beachtliche PS-Zahlen. Ein VW ID.3 bringt in der Basisversion 170 PS mit, ein Tesla Model 3 Standard-Range sogar 283 PS. Woher kommt das?

Abbildung 5.1: Ein Tesla Model 3 in seinem natürlichen Habitat: Kalifornien

Die Antwort liegt in der grundlegenden Physik von Elektromotoren. Anders als Verbrennungsmotoren liefern sie ihr maximales Drehmoment sofort ab dem Stillstand. Während ein Benziner erst hochdrehen muss, um Kraft zu entwickeln, zieht das E-Auto von der ersten Sekunde an kraftvoll los.

Drehmoment und Leistung hängen direkt zusammen. Die Formel lautet:

Leistung = Drehmoment × Drehzahl

Ein Elektromotor muss genug Drehmoment aufbringen, um das Fahrzeug auch bergauf oder mit Anhänger flüssig anfahren zu lassen. Dieses hohe Anfangsdrehmoment liegt konstruktionsbedingt auch bei höheren Drehzahlen weiter an, allerdings oft abgeschwächt.

Rechnen Sie das einmal durch: Angenommen, ein E-Auto benötigt 300 Nm Drehmoment für zügiges Anfahren. Bei einer Motordrehzahl von 5.000 U/min ergibt sich daraus bereits eine Leistung von etwa 157 kW, also 214 PS. Steigt die Drehzahl weiter auf 10.000 U/min, verdoppelt sich die Leistung auf über 400 PS, selbst wenn das Drehmoment konstant bleibt. Und Elektromotoren drehen sich schnell.

Moderne E-Autos nutzen diese Charakteristik geschickt aus: Sie regeln die Leistung elektronisch und passen sie der jeweiligen Fahrsituation an. Beim Anfahren liefert der Motor sein volles Drehmoment, bei hohen Geschwindigkeiten drosselt die Elektronik gezielt, um Batterie und Motor zu schonen.

Das erklärt auch, warum Sie die hohe Leistungszahl im Alltag kaum wahrnehmen: Sie steht vor allem auf dem Papier. In der Praxis fahren Sie die meiste Zeit im mittleren Leistungsbereich: komfortabel, effizient und ohne die permanente Höchstleistung abzurufen.

5.1.2 Die zentrale Rolle der Batterie

Die Konstruktion der Traktionsbatterie entscheidet dabei über jeden Aspekt der Fahrzeugleistung. Die einzelnen Batteriezellen sind in einer durchdachten Reihen- und Parallelschaltung angeordnet, um sowohl die gewünschte Spannung zu erreichen als auch die maximale Stromabgabe zu ermöglichen. Diese Verschaltungslogik bestimmt unmittelbar, welche Stromstärke der Elektromotor abrufen kann. Und der verfügbare Strom bestimmt die mögliche Leistung.

Bei der Reihenschaltung addieren sich die Spannungen der einzelnen Zellen - die meisten modernen Elektrofahrzeuge arbeiten mit Systemspannungen von 400 oder 800 Volt (V). Um diese Spannungsebenen zu erreichen, schalten die Ingenieure Hunderte von Einzelzellen in Serie. Zusätzlich verschalten sie weitere Zellstränge parallel, was die verfügbare Kapazität und den maximal möglichen Entladestrom erhöht.

Diese parallele Verschaltung macht den entscheidenden Unterschied: Je mehr parallele Zellstränge die Batterie enthält, desto mehr Strom kann sie liefern. Ein Elektromotor mit 150 kW Leistung benötigt bei 400 Volt Systemspannung beispielsweise 375 Ampere (A)

Strom. Die Batterie muss diese Strommenge kontinuierlich bereitstellen können – und das funktioniert nur mit einer ausreichenden Anzahl parallel geschalteter Zellen.

5.1.3 Motortypen im technischen Detail

Elektrofahrzeuge nutzen hauptsächlich zwei Motortypen: den *Asynchronmotor* (ASM) und den *permanenterregten Synchronmotor* (PSM). Beide Technologien arbeiten nach unterschiedlichen physikalischen Prinzipien und stellen verschiedene Anforderungen an die Batterie:

1. Der **Asynchronmotor** erzeugt sein Magnetfeld durch Induktion in den Rotorwicklungen. Diese Technologie benötigt zunächst Anlaufstrom für die Magnetisierung, arbeitet danach aber sehr robust und wartungsarm. Asynchronmotoren zeigen ihre Stärken vor allem bei konstanten Drehzahlen und hohen Lasten. Das sind typische Eigenschaften für Autobahnfahrten oder Transportanwendungen.
2. **Permanenterregte Synchronmotoren** verwenden starke Neodym-Magnete im Rotor und reagieren unmittelbar auf Änderungen der Steuerspannung. Diese Motoren erreichen höhere Wirkungsgrade, besonders im Teillastbereich, und liefern spontan ihr maximales Drehmoment. Die präzise Steuerung erfordert allerdings eine leistungsfähige Elektronik und stellt hohe Anforderungen an die Batteriecharakteristik.

5.1.4 Leistungsklassen und ihre Batterieanforderungen

Die Automobilindustrie unterscheidet typischerweise zwischen verschiedenen Leistungsklassen, die jeweils spezifische Batteriekonfigurationen erfordern:

- **Kleinwagenklasse (50–80 kW)**: Diese Fahrzeuge arbeiten meist mit 400-Volt-Systemen und kleineren Batteriekapazitäten zwischen 20–40 kWh. Die Zellverschaltung orientiert sich an den Anforderungen für den Stadtverkehr und moderate Autobahngeschwindigkeiten. Ein typisches System verwendet etwa 96 Zellen in Reihe für die Grundspannung und 4 bis 6 parallele Stränge für die Stromkapazität.
- **Mittelklasse (100 -150 kW)**: Hier kommen Batterien mit 50–75 kWh zum Einsatz, die sowohl höhere Dauerleistungen als auch größere Reichweiten ermöglichen. Die Verschaltung wird komplexer – oft 108 Zellen in Serie mit 6 bis 8 parallelen Strängen. Diese Konfiguration erlaubt Dauerleistungen um 100 kW und Spitzenleistungen bis 150 kW.
- **Hochleistungsklasse (200+ kW)**: Sportwagen und Premium-SUVs benötigen Batteriesysteme mit 75–100+ kWh und hochstromfähige Verschaltungen. Manche Hersteller verwenden bereits 800-Volt-Systeme, um bei gleicher Leistung geringere Ströme zu benötigen. Eine typische 800-Volt-Konfiguration nutzt etwa 192 Zellen in Serie mit 8 bis 12 parallelen Strängen.

5.1.5 Direkter Einfluss auf die Ladetechnik

Die Batterieverschaltung bestimmt aber nicht nur die Motorleistung einerseits, sondern auch die maximale Ladegeschwindigkeit andererseits. Die Anzahl der parallelen Zellstränge legt fest, wie viel Ladestrom die Batterie verkraftet. Ein System mit 6 parallelen Strängen kann typischerweise doppelt so schnell laden wie ein System mit 3 Strängen – vorausgesetzt, die Zellen vertragen die entsprechende C-Rate, d. h. einen entsprechend hohen Strom.

Moderne Schnellladesysteme erreichen bei 400-V-Architekturen Ladeströme von 400 bis 500 A, was Ladeleistungen bis 200 kW ermöglicht. 800-V-Systeme halbieren die Stromstärke bei gleicher Leistung: 350 kW Ladeleistung erfordern nur noch 440 A statt 875 A bei 400 V. Diese geringeren Ströme reduzieren die Verluste in Kabeln und Steckverbindern erheblich.

Die thermischen Eigenschaften der Verschaltung spielen auch eine entscheidende Rolle: Parallele Zellen teilen sich nicht nur den Strom, sondern auch die entstehende Wärme. Eine intelligente Verschaltung mit mehr parallelen Strängen verteilt die thermische Belastung besser und ermöglicht höhere Ladeleistungen ohne Überhitzung.

Was ist die C-Rate?

Die *C-Rate* beschreibt das Verhältnis zwischen Lade- oder Entladestrom und der Batteriekapazität. Das C steht dabei für *Kapazität* (englisch: *Capacity*) der Batterie. Eine C-Rate von 1 C bedeutet: Der Lade- oder Entladestrom entspricht genau der Kapazität der Batterie. Bei einer 60-kWh-Batterie wären das 60 Ampere. Bei 2 C fließen 120 Ampere, bei 0,5 C nur 30 Ampere.

5.1.6 Die Batterie als systemisches Bindeglied

Die Traktionsbatterie als Bindeglied zwischen Motor und Ladeelektronik muss somit gleichzeitig als Energiespeicher für den Fahrbetrieb und als Zwischenpuffer beim Laden funktionieren. Beim Rekuperieren (also bei der Energierückgewinnung während des Bremsens) muss sie große Ströme aufnehmen können, beim Beschleunigen wieder abgeben.

Diese Doppelfunktion erfordert eine ausgewogene Zellchemie: Die Zellen müssen sowohl hohe Entladeströme für sportliche Fahrleistungen als auch hohe Ladeströme für schnelles Laden verkraften. Moderne Lithium-Ionen-Zellen mit Nickel-Kobalt-Aluminium-(NCA-) oder Nickel-Mangan-Kobalt-(NMC-)Kathoden erreichen C-Raten von 2 bis 3 C beim Entladen und 1 bis 2 C beim Laden.

Das Batterie-Management-System (BMS) überwacht dabei kontinuierlich den Zustand jeder einzelnen Zelle und optimiert die Leistungsverteilung. Bei Temperaturen unter 5 °C reduziert es automatisch die verfügbare Leistung, um Lithium-Plating zu vermeiden. Bei Temperaturen über 55 °C aktiviert es die Kühlung und begrenzt bei Bedarf die Lade- oder Entladeleistung.

Litihum-Plating

Lithium-Plating entsteht, wenn sich beim Laden Lithium-Ionen als Metall auf der Anode ablagern, statt in die Graphitstruktur einzudringen. Das passiert vor allem bei niedrigen Temperaturen oder zu schnellem Laden. Die Folgen: Die Akkukapazität sinkt dauerhaft. Zudem bilden sich nadelartige Strukturen (Dendriten), die den Separator durchdringen und einen Kurzschluss auslösen können.

5.1.7 Wechselwirkungen im Gesamtsystem

Die Leistungscharakteristik einer Batterie verändert sich auch mit dem Ladestand. Eine fast leere Batterie kann oft höhere Ladeströme aufnehmen als eine bereits zu 80 % gefüllte. Und durch die Verschaltungslogik kann dies wiederum berücksichtigt werden: Systeme mit mehr parallelen Zellen zeigen weniger Leistungsabfall bei hohen Ladezuständen.

Auch die Temperaturabhängigkeit der Zellchemie wirkt sich direkt auf Motor- und Ladeleistung aus. Kalte Batterien liefern weniger Strom und laden langsamer. Das Thermalmanagement-System muss die Batterie dann erst auf Betriebstemperatur bringen, bevor Höchstleistungen möglich werden.

Diese enge Verzahnung zwischen Batteriezellenverschaltung, Motorleistung und Ladetechnik erklärt, warum Elektrofahrzeuge als aufeinander abgestimmte Gesamtsysteme entwickelt werden müssen. Die Batterie bestimmt als zentrales Element die Möglichkeiten und Grenzen des gesamten Antriebsstrangs.

5.2 Ein-, Zwei- und Mehrmotorenkonzepte

Ein Motor, zwei Motoren oder vier? Diese Entscheidung prägt das Fahrverhalten eines Elektrofahrzeugs grundlegend. Die Anzahl der Motoren beeinflusst Effizienz, Beschleunigung, Traktion und Fahrdynamik.

5.2.1 Einmotorenkonzepte – klassisch und effizient

Die meisten Elektrofahrzeuge setzen auf einen einzelnen Elektromotor, der typischerweise die Vorderräder antreibt. Diese Konfiguration bietet optimale Effizienz, da nur ein Motor die gesamte Antriebsenergie an der Vorderachse bereitstellt und keine Verluste durch eine Kraftübertragung zur anderen Achse entsteht.

Bei einem Wagen mit Frontantrieb sitzt der Motor meist integriert mit einem Reduktionsgetriebe in der vorderen Fahrzeugeinheit. Diese Anordnung nutzt den vom Verbrenner bekannten und verfügbaren Bauraum optimal aus und hält das Antriebssystem kompakt. Fahrzeuge wie der Volkswagen ID.3 oder der Hyundai Ioniq zeigen, dass Frontantrieb bei

Elektrofahrzeugen sehr gut funktioniert – die geregelte Kraftentfaltung des Elektromotors vermeidet die typischen Nachteile wie Antriebsschlupf bei starker Beschleunigung. Wenn Sie mal im Winter auf Schnee und Eis anfahren, werden Sie den Unterschied sofort bemerken.

Der Heckantrieb mit einem Motor hat andere Vorteile. Die Gewichtsverteilung wird ausgewogener: Die Batterie ist ja meist im Fahrzeugboden zwischen den Achsen positioniert, ein großer Teil der sonstigen Technik ist im vorderen Teil des Fahrzeugs untergebracht und der Motor befindet sich an der Hinterachse. Das alles sorgt für eine gute Traktion beim Beschleunigen und macht engere Wendekreise möglich, da die Vorderräder nur lenken müssen.

5.2.2 Zweimotorenkonzepte – Allrad mit Intelligenz

Zwei Motoren ermöglichen einen permanenten Allradantrieb. Im Gegensatz zu mechanischen Allradsystemen kann das Fahrzeug die Kraftverteilung zwischen Vorder- und Hinterachse allerdings elektronisch und damit nahezu verzögerungsfrei regeln.

Bei der typischen Konfiguration platziert der Hersteller je einen Motor an Vorder- und Hinterachse. Jeder Motor arbeitet mit seinem eigenen Wechselrichter, sodass beide unabhängig voneinander angesteuert werden können. Diese Flexibilität eröffnet neue Fahrdynamikkonzepte: Bei normaler Fahrt kann das System nur einen Motor nutzen und den anderen komplett abschalten, um Energie zu sparen. Bei Bedarf schaltet es beide zu.

Die Kraftverteilung lässt sich je nach Fahrsituation optimieren: Auf trockener Fahrbahn mit konstantem Tempo reicht oft der hintere Motor. Bei rutschigen Bedingungen verteilt das System die Kraft optimal zwischen beiden Achsen. Beim Beschleunigen kann der Wagen so die Traktion maximieren und beim Kurvenfahren die Fahrstabilität verbessern.

5.2.3 Drei- und Mehrmotorenkonzepte – maximale Performance

Hochleistungsfahrzeuge setzen zunehmend auf drei oder vier Motoren. Der Mercedes EQS mit drei Motoren kombiniert einen Vorderachsmotor mit zwei separaten Hinterachsmotoren. Diese Konfiguration ermöglicht *Torque Vectoring*, so wird die individuelle Kraftverteilung zwischen linkem und rechtem Hinterrad genannt.

Viermotor-Systeme mit je einem Motor pro Rad bieten theoretisch maximale Kontrolle. Jedes Rad kann individuell angesteuert werden, was wiederum völlig neue Fahrdynamikkonzepte möglich macht. Allerdings steigt die Komplexität erheblich: Vier Motoren benötigen vier Wechselrichter, die koordiniert arbeiten müssen. Diese Variante wurde schon mehrfach mit Nabenmotoren ausprobiert; mir ist allerdings kein Fahrzeug bekannt, das diese Technik in Serie einsetzt.

5.2.4 Radnabenantriebe - Zukunftstechnologie mit Hürden

Radnabenmotoren platzieren kleine Elektromotoren direkt in den Rädern. Dieses Konzept maximiert den Innenraum, da keine zentrale Antriebseinheit benötigt wird. Theoretisch macht es auch die präziseste Kraftverteilung möglich, da jedes Rad individuell kontrolliert werden kann.

Praktische Herausforderungen bremsen jedoch die Verbreitung: Die ungefederten Massen steigen erheblich, was den Fahrkomfort verschlechtert. Die Motoren in den Rädern sind Schmutz, Wasser und mechanischen Belastungen ausgesetzt. Die Kühlung bei der Fahrt und die Wartung werden schwieriger.

Einige Prototypen und Spezialfahrzeuge verwenden bereits Radnabenmotoren, für Serienfahrzeuge haben sie sich noch nicht durchgesetzt.

5.2.5 Antriebssteuerung und Systemintegration

Die Ansteuerung mehrerer Motoren erfordert eine ausgefuchste Steuerelektronik. Jeder Motor benötigt seinen eigenen Wechselrichter (*Inverter*), der die Gleichspannung der Batterie in dreiphasigen Wechselstrom für den Motor umwandelt. Die zentrale Steuereinheit koordiniert alle Wechselrichter und berechnet die optimale Kraftverteilung.

Moderne Systeme arbeiten mit Millisekunden-Reaktionszeiten: Rutscht ein Rad, kann das System innerhalb von 10 bis 20 Millisekunden gegensteuern - schneller als jedes mechanische System. Die Integration ins Fahrdynamiksystem ermöglicht Funktionen wie elektronische Differenzialsperren oder aktive Kurvenstabilisierung.

Die Rekuperation (Energierückgewinnung) profitiert besonders von Mehrmotorensystemen. Beim Bremsen können alle Motoren als Generatoren arbeiten und Energie in die Batterie zurückspeisen. Die Bremskraftverteilung lässt sich so optimal regeln, ohne dass die mechanischen Bremsen eingreifen müssen, wenn ein Rad sich aufgrund des Untergrunds anders beim Bremsen verhält als die anderen.

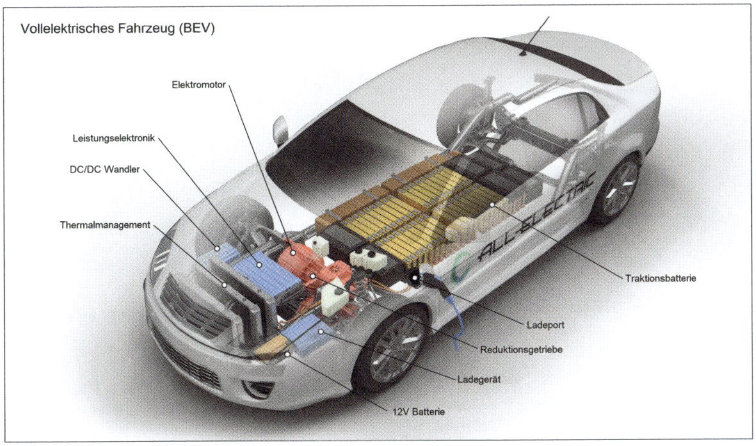

Abbildung 5.2: Beispielhafter Aufbau eines vollelektrischen Fahrzeugs.

5.2.6 Herstellerspezifische Ansätze

Tesla setzt bei seinen Performance-Modellen konsequent auf Zweimotoren-Allrad mit einem kleineren Vorderachsmotor für Effizienz und einem größeren Hinterachsmotor für Performance. Audi nutzt bei seinen E-Tron-Modellen eine ähnliche Philosophie, optimiert aber stärker auf Komfort.

BMW geht mit dem iX einen anderen Weg und verwendet zwei unterschiedlich ausgelegte Motoren: Der vordere arbeitet ohne seltene Erden und fokussiert sich auf Effizienz, der hintere nutzt Permanentmagnete für hohe Leistung. Mercedes-AMG entwickelt für seine Performance-Elektrofahrzeuge Drei- und Viermotorensysteme mit bis zu 1000 kW Gesamtleistung.

Chinesische Hersteller wie BYD oder Nio experimentieren mit verschiedensten Konfigurationen, da sie weniger durch bestehende Antriebskonzepte geprägt sind. Einige chinesische Hersteller nutzen untereinander bereits standardisierte Motormodule, die sich flexibel kombinieren lassen.

Diese Vielfalt zeigt: Elektromotoren eröffnen völlig neue Freiheitsgrade im Antriebsstrangdesign. Die optimale Konfiguration hängt von den Prioritäten ab, die der Hersteller setzt: Effizienz, Performance, Kosten oder Fahrdynamik.

5.3 Getriebe bei Elektrofahrzeugen

Die meisten Elektrofahrzeuge kommen ohne klassisches Schaltgetriebe aus, ein einzelnes *Reduktionsgetriebe* (auch *Untersetzungsgetriebe* genannt) übersetzt die hohe Drehzahl des Elektromotors auf die niedrigere Raddrehzahl. Das ist ein fundamentaler Unterschied zu Fahrzeugen mit einem Verbrennungsmotor.

5.3.1 Warum Elektromotoren meist ohne Schaltgetriebe auskommen

Elektromotoren liefern ihr maximales Drehmoment vom Stillstand an und halten es über einen weiten Drehzahlbereich konstant. Ein moderner Elektromotor erreicht Drehzahlen von 15.000 bis 20.000 U/min, während Autoräder bei Autobahngeschwindigkeit nur etwa 1.000 bis 1.500 U/min erreichen. Diese große Spreizung lässt sich mit einer festen Übersetzung von etwa 8:1 bis 12:1 elegant abdecken. Ein Schaltgetriebe wäre überflüssig, würde nur Gewicht, Kosten und Verschleiß bedeuten. Das einstufige Reduktionsgetriebe reicht völlig aus.

Im Gegensatz dazu haben Verbrennungsmotoren ein sehr schmales Drehmomentband. Sie müssen über ein mehrgängiges Getriebe in verschiedenen Drehzahlbereichen arbeiten, um sowohl Anfahrt als auch Höchstgeschwindigkeit zu ermöglichen. Elektromotoren umgehen dieses Problem durch ihre gleichmäßige Kraftentfaltung über einen großen Drehzahlbereich.

Es gibt Ausnahmen

Im Porsche Taycan ist ein Zweiganggetriebe an der Hinterachse verbaut, laut Prospekt für die typische Sportwagenphilosophie: »brutale Beschleunigungen aus dem Stand«. Warum dann andere Hersteller auch bei Fahrzeugen, die besser beschleunigen, ohne Zweiganggetriebe auskommen, wird wohl ein Geheimnis bleiben.

5.3.2 Konstruktion und Funktion von Reduktionsgetrieben

Das Reduktionsgetriebe in einem Elektrofahrzeug ist als *1-Gang-Getriebe* mit fester Übersetzung ausgeführt. Es ist einfacher aufgebaut als ein Schaltgetriebe und besteht meist aus einem Stirnradgetriebe mit zwei bis drei Zahnradsätzen oder einem Planetengetriebe.

Stirnradgetriebe verwenden Zahnräder in Reihe, um die gewünschte Untersetzung zu erreichen. Diese Bauart ist kostengünstig, robust und wartungsarm. Das kleine Antriebsritzel am Motor treibt ein größeres Zwischenrad an, das wiederum ein noch größeres Antriebsrad bewegt. Jede Stufe multipliziert das Drehmoment und reduziert die Drehzahl.

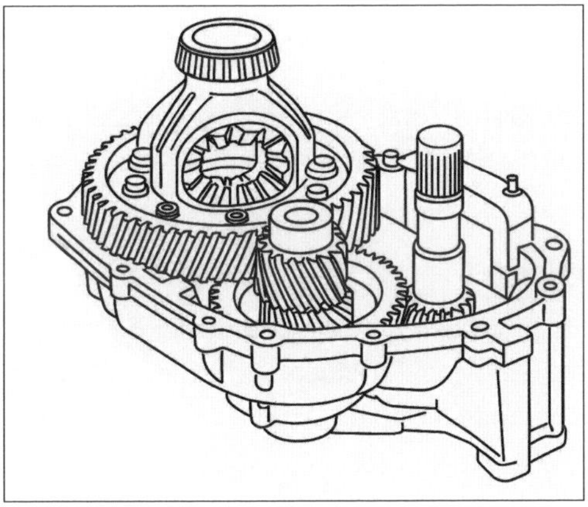

Abbildung 5.3: Ein Gang reicht: schemenhafte Darstellung eines 1-Gang-Getriebes.

Planetengetriebe nutzen ein zentrales Sonnenrad, mehrere Planetenräder und einen äußeren Zahnkranz. Diese Bauweise ist kompakter und läuft ruhiger, kostet aber mehr. Viele Premium-Elektrofahrzeuge setzen auf Planetengetriebe, da sie weniger Vibrationen übertragen und leiser arbeiten.

Die Besonderheit der Rückwärtsfahrt

Bei Verbrennungsmotoren benötigt die Rückwärtsfahrt einen separaten Gang im Getriebe, da der Motor nur in eine Richtung drehen kann. Elektromotoren können ihre Drehrichtung elektronisch umkehren – ein simpler Softwarebefehl vertauscht die Phasenfolge im Wechselrichter.

Diese Eigenschaft vereinfacht das Getriebe erheblich. Es braucht keine mechanischen Komponenten für den Rückwärtsgang, keine Synchronringe oder Kupplungen. Das spart Gewicht, Bauraum und Kosten. Gleichzeitig kann das Fahrzeug rückwärts genauso schnell fahren wie vorwärts, was in der Realität allerdings aus Sicherheitsgründen elektronisch begrenzt wird.

5.3.3 Sonderfälle: Mehrganggetriebe bei Elektrofahrzeugen

Obwohl die meisten Elektrofahrzeuge mit einem Gang auskommen, experimentieren einige Hersteller mit Mehrganggetrieben. Die Logik dahinter: Im ersten Gang hat der Motor maximales Drehmoment für starke Beschleunigung. Der zweite Gang reduziert die Motordrehzahl bei hohen Geschwindigkeiten und verbessert so die Effizienz. Bei 200 km/h würde ein Eingang-Getriebe den Motor an seine Drehzahlgrenze bringen, während ein zweiter Gang noch Reserven lässt.

Die Vorteile sind jedoch umstritten: Das zusätzliche Getriebe bringt Gewicht, Komplexität und Kosten mit sich. Die Effizienzgewinne bei hohen Geschwindigkeiten müssen diese Nachteile rechtfertigen, und irgendwie scheinen wenige Hersteller von diesem Effizienzgewinn überzeugt zu sein, weil ein komplexeres Getriebe auch gleichzeitig wieder zu einem bauartbedingten Effizienzverlust führt. Bisher setzt also kaum ein Hersteller auf Mehrganggetriebe - der Trend geht eindeutig zur Einfachheit.

5.3.4 Integrierte Bauweise und Packaging

Moderne Elektrofahrzeuge integrieren Motor, Getriebe und Wechselrichter oft in einer kompakten Einheit. Diese *Drive Unit* lässt sich als Modul fertigen und einfach ins Fahrzeug einbauen. Die Integration spart Bauraum und reduziert die Anzahl der Schnittstellen.

Bei einem Vorderradantrieb sitzt die Drive Unit meist quer zur Fahrtrichtung zwischen den Vorderrädern. Antriebswellen verbinden das Getriebe mit den Rädern, ähnlich wie bei frontgetriebenen Verbrennern. Bei einem Heckantrieb kann die Unit längs oder quer montiert werden, je nach Fahrzeuglayout.

Die Kühlung der Drive Unit erfolgt meist über das Thermalmanagement-System des Fahrzeugs. Motor, Getriebe und Wechselrichter teilen sich einen Kühlkreislauf, was die Komplexität reduziert.

5.3.5 Schmierung und Wartung

Reduktionsgetriebe in Elektrofahrzeugen benötigen deutlich weniger Wartung als Schaltgetriebe in Verbrennern. Sie arbeiten immer im optimalen Drehzahlbereich, ohne Schaltvorgänge oder Kupplungsverschleiß. Das Getriebeöl altert langsamer, da es keinen Verbrennungsrückständen ausgesetzt ist.

Viele Hersteller versprechen wartungsfreie Getriebe über die gesamte Fahrzeuglebensdauer. Das Öl ist oft für die ganze Lebensdauer befüllt und muss theoretisch nie gewechselt werden. In der Praxis empfehlen einige Werkstätten dennoch gelegentliche Ölwechsel nach 100.000 bis 200.000 km, besonders bei intensiver Nutzung.

Auch die Lagerung der Getriebezahnräder ist auf lange Lebensdauer ausgelegt. Da keine Schaltvorgänge stattfinden, entstehen weniger Verschleiß und Abrieb. Die konstante Belastung ist für die Zahnräder weniger schädlich als die wechselnden Kräfte in Schaltgetrieben.

5.3.6 Akustik und NVH-Optimierung

Elektromotoren und ihre Getriebe erzeugen charakteristische Geräusche, die sich von Verbrennungsmotoren unterscheiden. Das hochfrequente Surren des Motors und das Zahnradgeräusch des Getriebes sind oft deutlich hörbar, da keine Verbrennungsgeräusche, diese ständigen Explosionen des Dinosafts, sie überdecken.

Noise, Vibration, Harshness (NVH)

NVH ist ein Begriff aus der Fahrzeug- und Maschinenentwicklung zur Beschreibung und Bewertung von Geräuschen (Noise), Schwingungen (Vibration) und Rauigkeit bzw. Unkomfort (Harshness), die von einem Produkt ausgehen und das Komfort- und Qualitätsempfinden beeinflussen.

Die Optimierung der Akustik wird daher immer wichtiger. Hersteller verwenden spezielle Verzahnungsgeometrien, um Geräusche zu reduzieren. Schrägverzahnungen laufen ruhiger als Geradverzahnungen, kosten aber mehr. Hochwertige Lagerungen und Dämpfungsmaßnahmen reduzieren die Übertragung von Vibrationen in die Karosserie.

Einige Fahrzeuge verwenden künstliche Geräusche, um das charakteristische E-Motor-Surren zu überdecken. Andere Hersteller arbeiten daran, das natürliche Motorgeräusch angenehmer zu gestalten, damit es sportlich und hochwertig klingt, nicht störend oder billig. Allerdings sind meiner Meinung nach diese Tongeneratoren, die in manchen E-Auto-Sportwagen verbaut werden, einfach nur peinlich.

5.3.7 Zukünftige Entwicklungen

Die Getriebetechnik für Elektrofahrzeuge entwickelt sich also weiter, auch wenn die Grundprinzipien die gleichen bleiben. Neue Materialien ermöglichen leichtere und effizientere Getriebe. Spezielle Beschichtungen reduzieren Reibung und Verschleiß. Einige Hersteller experimentieren auch mit stufenlosen Getrieben (CVT, Continuously Variable Transmission) für Elektrofahrzeuge, um die Effizienz weiter zu optimieren. Andere untersuchen

Mehrmotorensysteme, bei denen verschiedene Motoren für verschiedene Geschwindigkeitsbereiche zuständig sind, also eine Art »elektronisches Getriebe«. Die Zukunft wird zeigen, was sinnvoll ist und sich durchsetzen kann.

5.4 Thermalmanagement und Wärmepumpe

Das *Thermalmanagement* in Elektrofahrzeugen erfüllt mehrere kritische Funktionen: Es kühlt die Batterie und Leistungselektronik, temperiert den Innenraum und optimiert die Systemleistung. Anders als bei Verbrennungsmotoren steht somit keine »kostenlose« Abwärme für die Heizung zur Verfügung - diese Wärme muss gezielt erzeugt oder durch intelligente Systeme bereitgestellt werden.

Wir werden in Kapitel 6 das Thermalmanagement und das Batterie-Management-System jeweils noch einmal im Verbund mit den anderen Systemen im E-Auto betrachten, aber hier möchte ich Ihnen zuerst eine isolierte Beschreibung der Funktionsweise geben, damit Sie die Hauptfunktionen dieser Systeme besser verstehen. Ein paar Dinge werden Ihnen schon bekannt vorkommen, andere sind neu. Wir gehen vom Einfachen zum Komplizierten, ich bitte um Geduld.

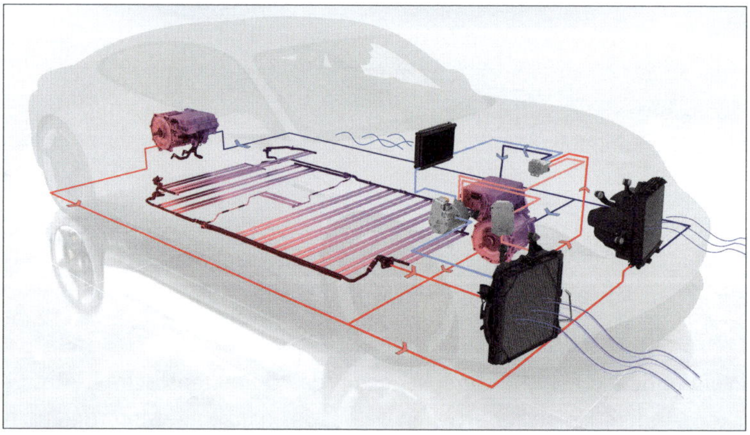

Abbildung 5.4: Prinzipdarstellung der Kühlkreisläufe des Thermalmanagements in einem E-Auto

5.4.1 Die Herausforderungen der Temperaturkontrolle

Lithium-Ionen-Batterien werden vom Thermalmanagement in einem optimalen Temperaturbereich gehalten. Außerhalb dieses Bereichs sinkt die verfügbare Leistung und die Lebensdauer der Zellen wird verringert.

Die *Leistungselektronik* - Wechselrichter, DC/DC-Wandler und Ladeelektronik - erzeugt erhebliche Verlustwärme, besonders bei hohen Leistungen. Ein 300-kW-Schnellladungsvorgang kann mehrere Kilowatt Abwärme im System produzieren. Diese Wärme muss kontinuierlich abgeführt werden, um Überhitzung und Leistungsreduzierung zu vermeiden.

Gleichzeitig benötigen die Fahrzeuginsassen bei kalten Außentemperaturen Wärme - aber jede Kilowattstunde für die Heizung reduziert die Reichweite direkt. Bei -10 °C kann der Heizungsbedarf den Energieverbrauch des Fahrzeugs deutlich erhöhen und die Reichweite spürbar verringern.

Auf der einen Seite möchte man also Wärme manchmal unbedingt loswerden, auf der anderen Seite kann man sie aber möglicherweise hier und da auch gut gebrauchen. Wie bekommt man die Wärme nun am besten von »hier nach da«? Darum kümmert sich das Thermalmanagement mithilfe der Kühlkreisläufe und ein paar ausgefuchsten Ideen, sodass keine Wärme - und damit die so geschätzte Energie in einem E-Auto - verloren geht, wenn sie gebraucht wird.

5.4.2 Kühlsysteme für Batterie und Leistungselektronik

Moderne Elektrofahrzeuge verwenden meist flüssigkeitsgekühlte Thermalmanagement-Systeme. Die Batteriezellen sind in Kühlplatten eingebettet oder von Kühlschläuchen umgeben. Eine Wasserglykolmischung zirkuliert durch diese Kühlelemente und transportiert die Wärme zu einem Kühler.

Frühere E-Autos hatten häufig luftgekühlte Traktionsbatterien. Das muss nicht schlechter sein, insbesondere bei kleineren Traktionsbatterien. In den meisten Fällen wird dann zur Temperierung die Luft aus dem Innenraum genutzt. Wenn sich der Mensch wohlfühlt, fühlt sich auch die Batterie wohl.

5.4.3 Wärmepumpentechnologie - Effizienz durch Physik

Dann dachte man irgendwann über den Einsatz von *Wärmepumpen* im E-Auto nach. Wärmepumpen arbeiten nach dem umgekehrten Kühlschrankprinzip: Sie entziehen der Umgebung Wärme und »pumpen« sie auf ein höheres Temperaturniveau. Selbst bei eisiger Außenluft enthält diese noch nutzbare Energie. So kann eine Wärmepumpe aus 1 kW elektrischer Energie 2 bis 4 kW Heizleistung erzeugen. Damit gehören sie in einem E-Auto zu dem besten Hilfsmittel, um bei kühleren Temperaturen immer noch ein sparsames und effizientes E-Auto zu fahren.

Die ersten Tesla Model 3 hatten diese Technik nicht. In Kalifornien waren diese Autos äußerst sparsam unterwegs und jeder lobte ihre Effizienz. Doch in Deutschland und vor allem in Skandinavien war das nicht so. Die Temperaturen konnten zu kühl werden, als dass das Thermalmanagement ohne die Hilfe einer Wärmepumpe auch im Herbst und Winter effizient laufen konnte. Tesla rüstete dann nach, und meines Wissens gibt es heute kein aktuelles Tesla-Model (zumindest nicht in kühleren Ländern), das Sie ohne Wärmepumpe kaufen können. Der Marktführer möchte sich schließlich nicht von seinem Thron stoßen lassen.

Und genau das ist nun die Sache, auf die Sie achten müssen, egal ob Sie ein gebrauchtes oder neues E-Auto kaufen: Sie möchten eine Wärmepumpe in Ihrem E-Auto haben. Sonst ist der Wagen nur im Sommer sparsam.

5.4.4 Multiquellen-Wärmequellen für maximale Effizienz

Fortschrittliche Systeme nutzen somit mehrere Wärmequellen gleichzeitig. Die Umgebungsluft liefert auch bei Minusgraden Energie, die Abwärme von Motor und Leistungselektronik steht während der Fahrt zur Verfügung, und sogar die Batterie selbst kann als Wärmequelle dienen.

Ein typisches Multiquellen-System schaltet dann automatisch dazwischen um: Bei milden Temperaturen nutzt es die Außenluft, bei extremer Kälte zapft es die Abwärme der Elektronik an. Während des Schnellladens kann es sogar die überschüssige Batteriewärme für die Innenraumheizung nutzen - ein elegantes Beispiel für Systemsynergien.

Die Steuerlogik berücksichtigt dabei den Gesamtwirkungsgrad: Manchmal ist es effizienter, die Batterie elektrisch zu heizen und die entstehende Abwärme für den Innenraum zu nutzen, als eine separate Heizung zu betreiben. Diese Optimierungen können den Energieverbrauch für die Klimatisierung um 30 bis 50 % reduzieren.

5.4.5 Thermisches Preconditioning - Vorbereitung ist alles

Intelligente Thermalmanagement-Systeme beginnen auch bereits vor Fahrtantritt mit der Temperaturkonditionierung. Während das Fahrzeug beispielsweise noch am Ladekabel hängt, können sie die Batterie und den Innenraum auf optimale Temperaturen bringen und dabei überwiegend externen Strom nutzen. Dieses Vorgehen nennt man *thermisches Preconditioning*.

Diese *Vorkonditionierung* bringt mehrere Vorteile: Die Batterie erreicht sofort ihre optimale Betriebstemperatur und kann volle Leistung liefern. Der Innenraum ist bereits temperiert, sodass weniger Energie aus der Batterie für die initiale Aufheizung benötigt wird.

Auch bei geplanten Schnellladestopps kann das System die Batterie bereits unterwegs auf die optimale Ladetemperatur bringen. Moderne Fahrzeuge lernen die Gewohnheiten ihrer Nutzer: Wenn Sie täglich um 7:30 Uhr zur Arbeit fahren, startet das Preconditioning automatisch (oder vom Fahrer mit einem Timer programmiert) um 7:00 Uhr.

5.4.6 Rapidgate und Coldgate - die Grenzen der Physik

Trotz ausgeklügelter Thermalmanagement-Systeme können extreme Bedingungen die Leistungsfähigkeit begrenzen:

- *Rapidgate*: Mit dem Begriff Rapidgate bezeichnet man das Phänomen, dass aufeinanderfolgende Schnellladungen die Batterie überhitzen und zu reduzierten Ladegeschwindigkeiten führen. Die ersten Nissan Leaf waren dafür bekannt.

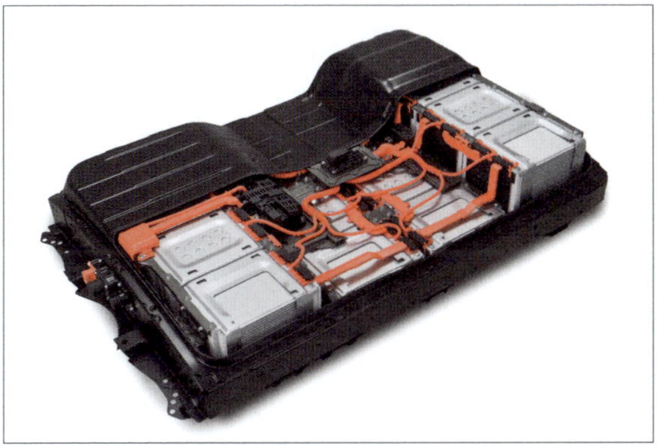

Abbildung 5.5: Offene Darstellung des Batteriemoduls eines Nissan Leaf, wie es im Unterboden des Fahrzeugs verbaut ist

Was passiert? Bei Temperaturen über 55 °C schützt das Batterie-Management-System die Zellen durch Leistungsreduzierung. Moderne Systeme mit aktivem Thermalmanagement können diese Grenze hinauszögern, aber nicht vollständig vermeiden – irgendwann tritt die Leistungsreduzierung immer ein. Die Physik setzt letztendlich die Grenzen. Aber ob man in der Realität solch einen speziellen Fall bei einer normalen Nutzung des E-Autos noch provozieren kann, ist die Frage. Von aktuellen E-Autos habe ich nichts mehr in der Richtung gehört. Möglicherweise haben alle Hersteller das Problem mittlerweile in dem Griff bekommen.

- *Coldgate* tritt bei tiefen Temperaturen auf: Unter 5 °C verlangsamen sich die chemischen Prozesse in den Batteriezellen, wodurch sowohl die Lade- als auch die Entladeleistung sinken. Das System muss die Batterie erst aufheizen, bevor volle Leistung verfügbar ist. Das kann vorkommen, wenn ein E-Auto im Winter länger stand oder beim Fahren in extrem kalten Temperaturen auskühlt. Da in heutige Batterien immer eine Heizung verbaut ist und das Thermalmanagement die Batterie recht schnell auf Temperatur bringen kann, tritt ein »Coldgate« höchstens noch in den ersten Minuten am Schnelllader auf. Aber keine Angst, nichts kann passieren, das Batterie-Management-System kümmert sich darum.

5.4.7 Zukunftsmusik: Effizienzoptimierung durch intelligente Steuerung und weitere Innovationen

Die Hersteller investieren derzeit viel Zeit, um das Thermalmanagement smarter zu machen. Je besser sich das Auto auf die Umgebung einstellen kann, desto effizienter ist es. Toll wäre natürlich, wenn das Auto »hellseherische Fähigkeiten« hätte und vorhersagen könnte, was von ihm verlangt wird. Dies soll durch eine datengetriebene Analyse erreicht werden. Ständig werden Fahrmuster, Wetterdaten und Routeninformationen analysiert, um Energieflüsse zu optimieren. Wenn eine längere Autobahnfahrt bevorsteht, kann so die Batterie präventiv gekühlt werden, vor einem Schnellladestopp wird sie auf die optimale Ladetemperatur vorgeheizt.

Machine-Learning-Algorithmen verbessern diese Vorhersagen kontinuierlich. Sie lernen aus dem Nutzerverhalten und optimieren die Systemeinstellungen für maximale Effizienz. Ein System, das weiß, dass Sie montags immer dieselbe Strecke fahren, kann sich bereits sonntags darauf vorbereiten. Die Integration mit der Infrastruktur eröffnet weitere Möglichkeiten: Wenn der Schnelllader dem Fahrzeug meldet, dass er in 15 Minuten verfügbar ist, kann das Thermalmanagement die Batterie exakt zu diesem Zeitpunkt auf optimale Ladetemperatur bringen.

Nun, das hört sich alles gut an, oder? Diese Intelligenz ist aber nicht in jedem E-Auto vorhanden, sondern nur in den hochpreisigen Modellen. Braucht man das unbedingt? Nun, ich fahre seit 8 Jahren ein E-Auto ohne hellseherische Fähigkeiten und mir hat bislang nichts gefehlt. Vielleicht irgendwann mal im nächsten E-Auto.

Die nächste Generation von Thermalmanagement-Systemen wird noch effizienter und intelligenter. Neue Kältemittel wie R1234yf oder CO_2 (R744) bieten bessere Umweltverträglichkeit bei gleichzeitig höherer Effizienz. Thermoelektrische Elemente können dann lokal sehr präzise heizen oder kühlen.

Innovative Konzepte wie *thermal batteries* speichern überschüssige Wärme für eine spätere Nutzung. *Phasenwechselmaterialien* (PCM) können große Wärmemengen bei konstanter Temperatur absorbieren oder abgeben. Solche Systeme könnten die thermische Trägheit von Elektrofahrzeugen erheblich verbessern.

Die Integration von Solarzellen auf dem Fahrzeugdach kann zusätzliche Energie für das Thermalmanagement liefern. Besonders für das Preconditioning geparkter Fahrzeuge bietet Solarenergie eine elegante Lösung: Das Fahrzeug kann sich selbst auf Betriebstemperatur halten, ohne externe Energie zu benötigen. Aber das ist viel Zukunftsmusik. Es bleibt abzuwarten, was davon seinen Weg in den Markt finden wird.

5.5 Angemessener Verbrauch in kWh/100 km

Der Energieverbrauch von Elektrofahrzeugen wird in Kilowattstunden pro 100 km (kWh/100 km) angegeben – analog zum Liter-pro-100-km-Verbrauch bei Verbrennern. Diese Kennzahl ermöglicht den direkten Vergleich von Effizienz und Betriebskosten verschiedener Elektrofahrzeuge.

Abbildung 5.6: Das Cockpit eines Audi e-Tron

5.5.1 Was gilt als sparsamer Verbrauch?

Ein modernes Elektrofahrzeug gilt als effizient, wenn es bei gemischter Fahrweise unter 20 kWh/100 km verbraucht. Die sparsamsten Serien-Elektrofahrzeuge erreichen Werte zwischen 12 und 16 kWh/100 km. Der Hyundai Ioniq Electric der ersten Generation schafft unter optimalen Bedingungen sogar unter 12 kWh/100 km, während das Tesla Model 3 Standard Range Plus etwa 14 bis 15 kWh/100 km benötigt.

Fahrzeuge mit Verbrauchswerten über 20 kWh/100 km gelten als weniger effizient, bieten dafür aber meist mehr Platz, Leistung oder Komfortausstattung. Große SUVs wie der Audi e-tron oder der BMW iX verbrauchen typischerweise 22 bis 28 kWh/100 km, während sportliche Fahrzeuge wie der Porsche Taycan Turbo S mehr als 30 kWh/100 km benötigen können.

Was verbrauchen E-Autos real und was ist Hypermilling?

Sie können auf der Website *www.spritmonitor.de* den Real-Verbrauch der aktuell gefahrenen E-Autos recherchieren. Geben Sie bei der Auswahl für die Fahrzeugart **PKW** und bei Kraftstoffart **Elektrifiziert** an. Wenn Sie sich dann das Ergebnis anzeigen lassen, erhalten Sie eine aufsteigende Liste der gefundenen E-Autos, beginnend mit den sparsamsten Verbräuchen beim Hypermilling. Sie können aber auch gleich gezielt nach Ihrem Traummodell suchen und dessen Verbräuche recherchieren.

Hypermiling bedeutet beim E-Auto eine extrem vorausschauende Fahrweise: konstante Geschwindigkeiten, sanftes Beschleunigen, maximales Ausrollen und geschickte Nutzung der Rekuperation. Manche Fahrer kommen dabei auf beeindruckend niedrige Verbrauchswerte.

5.5.2 Faktoren, die den Verbrauch beeinflussen

Der *Luftwiderstand* steigt quadratisch mit der Geschwindigkeit und dominiert den Verbrauch bei hohen Geschwindigkeiten. Bei 50 km/h spielt er bei einem windschnittigen Fahrzeug kaum eine Rolle, bei 130 km/h kann er jedoch einen deutlich überwiegenden Anteil (typisch Größengrößenordnung 60% und mehr) am Energiebedarf haben, je nach Fahrzeugtyp. Deshalb verbrauchen Elektrofahrzeuge auf der Autobahn deutlich mehr als im Stadtverkehr - ein umgekehrtes Verhalten zu Verbrennern, die in der Stadt mit dem Stop-and-Go zu kämpfen haben.

Das Fahrzeuggewicht beeinflusst dabei den Verbrauch besonders beim Beschleunigen und an Steigungen. Allerdings kann das System beim Bremsen und Bergabfahren Energie zurückgewinnen, wodurch dies dann wieder teilweise kompensiert wird.

Der Rollwiderstand der Reifen trägt auch konstant zum Verbrauch bei, unabhängig von der Geschwindigkeit. Spezielle Reifen mit niedrigem Rollwiderstand können den Verbrauch um 1 bis 2 kWh/100 km senken. Solche Effizienzreifen für E-Autos verursachten früher oft Abstriche beim Grip und Fahrkomfort, aber mittlerweile stehen sie den alten Verbrenner-Reifen in nichts mehr nach. Inzwischen steigen sogar einige Fahrer von Verbrennern auf diese Reifen um, denn sie können mit ihnen etwas Sprit sparen.

5.5.3 Klimatisierung als Verbrauchsfaktor

Die Klimatisierung beeinflusst den Energieverbrauch erheblich, besonders bei extremen Außentemperaturen. Was bedeutet dies in der Realität?

Der Einsatz der Heizung für den Innenraum erfordert im Winter zusätzliche 5 bis 7 kWh/100 km (ohne Wärmepumpe) Mit Wärmepumpe sind es nur 2 bis 4 kWh/100 km. Die Auswirkung auf die Reichweite beträgt somit im Winter (ohne Wärmepumpe) etwa 25 bis 35 % Reichweitenverlust und mit Wärmepumpe nur ~15 bis 25 % Reichweitenverlust. Eine Sitzheizung benötigt (pro Sitz) allerdings nur 0,1 bis 0,2 kWh/100 km zusätzliche Energie und macht sich bei der Reichweite nicht bemerkbar.

Lange Beine und kurze Sitze

Wenn Sie ein groß gewachsener Mensch sind, haben Sie wahrscheinlich lange Beine und die Unterseiten Ihrer Oberschenkel werden bei einem normal dimensionierten Autositz nicht auf der Sitzfläche aufliegen. Eine Sitzheizung ist dann für Sie wahrscheinlich nicht so angenehm warm. Achten Sie beim Probesitzen deshalb auf eine für Sie passend dimensionierte Sitzfläche.

Im Sommer benötigt der Einsatz einer Klimaanlage zusätzliche 2 bis 4 kWh/100 km. Somit haben Sie im Sommer, bei extremer Hitze einen Reichweitenverlust von ~10 bis 15 %. Wie in Abschnitt 5.4.5 beschrieben, kann die Vorkonditionierung des Fahrzeugs während des

Ladevorgangs den Verbrauch deutlich senken, da die Energie vom Netz statt aus der Fahrbatterie kommt. So kann der Innenraum schon auf Temperatur gebracht werden, ohne dass die dafür nötige elektrische Energie aus der Traktionsbatterie entnommen werden muss. Die Temperatur dann zu halten, benötigt weniger Energie, als sie erst einmal zu erreichen.

Wie Sie aber auch bemerkt haben werden, erklärt sich hier, warum so viele E-Autos eine Lenkrad- und Sitzheizung haben. Wenn Sie diese Heizungen im Winter einsetzen, kann der Innenraum weniger geheizt werden, ohne dass es sich für den Menschen darin kühl anfühlt. So verhindern Sie einen spürbaren Reichweitenverlust bei kalten Temperaturen durch das Heizen des Fahrzeuginnenraums. Allerdings sollte dieser Ansatz nicht missverstanden werden: Eine Sitz- oder Lenkradheizung kann eine vollwertige Innenraumheizung nicht ersetzen. Bei niedrigen Temperaturen ist eine ausreichende Beheizung des Innenraums weiterhin notwendig – sowohl aus Komfort- als auch aus Sicherheitsgründen (z. B. Beschlagfreiheit der Scheiben).

Die physikalischen Hintergründe und praktische Winter-Strategien erkläre ich in Abschnitt 15.2 ausführlich. Tipps zur effizienten Fahrweise finden Sie in Kapitel 14.

5.5.4 Realverbrauch vs. Normverbrauch

Zuerst ist es wichtig zu wissen, dass die offiziellen *WLTP-Verbrauchswerte*, die bei den Fahrzeugdaten angegeben werden, oft 10 bis 20 % von den Realverbräuchen abweichen. Denn der standardisierte Testzyklus bildet die Realität nur bedingt ab: Autobahn- und Stadtanteile, Wetter, Klimatisierungsbedarf und individuelle Fahrstile unterscheiden sich erheblich vom Prüfzyklus.

Was ist WLTP?

WLTP ist ein Messverfahren, mit dem offiziell Reichweite und Verbrauch von Autos bestimmt werden. Die Abkürzung steht für *Worldwide Harmonized Light Vehicles Test Procedure* (weltweit einheitliches Testverfahren für Pkw und leichte Nutzfahrzeuge). Dabei fährt das Auto auf einem Prüfstand einen festgelegten Fahrzyklus mit Stadt-, Landstraßen- und Autobahnanteilen. Aus diesem Test ergeben sich:

- beim E-Auto: offizielle Reichweite und Stromverbrauch
- beim Verbrenner: Kraftstoffverbrauch und CO_2-Ausstoß

Wichtig für Sie: WLTP-Werte sind Vergleichswerte. Im Alltag liegen Reichweite und Verbrauch je nach Fahrstil, Wetter und Strecke oft unter bzw. über den WLTP-Angaben.

Realistische Verbrauchswerte lassen sich durch Fahrzeugforen, dokumentierte Realverbräuche (*www.spritmonitor.de*) oder Apps wie »A Better Routeplanner« ermitteln.

Haben E-Autos solch einen hohen Winterverbrauch?

Bevor Sie nun die Hände über dem Kopf zusammenschlagen, wenn ich von so etwas wie 30 % Mehrverbrauch im Winter schreibe: Ich meine damit einen skandinavischen Winter! Mit -10 °C und Schneematsch auf den Straßen und ohne Wärmepumpe. Ich rede nicht von einem typischen Winter in der deutschen Rheinebene.

5.6 E-Autos im Nahverkehr

Die meisten Autofahrer nutzen ihr Auto für den Nahverkehr. Die durchschnittlich zurückgelegte Strecke liegt bei unter 40 km am Tag. Nur wenige Tage im Jahr fahren sie weitere Strecken – beispielsweise in den Urlaub oder zu Verwandten. Neben dem Pendeln zur Arbeit legen sie meist nur kleine Fahrten zum Bäcker, zum Supermarkt, zur Schule oder zum Hobby zurück.

Ein reines E-Auto hat hier einen entscheidenden Vorteil gegenüber einem Hybrid oder einem Fahrzeug mit Verbrennungsmotor: Es kennt keine *Kaltstartphase*. Ein Verbrenner erreicht bei einer Strecke von unter zehn Kilometern nie seine Betriebstemperatur.

Viele Fahrzeuge schalten die Abgasreinigung komplett ab, wenn sich die Außentemperatur nicht in einem bestimmten Temperaturfenster befindet – das wissen wir seit dem *Dieselskandal* um VW. Im Winter verzichteten sie früher auf die Abgasreinigung; heute geschieht das laut Tests immer noch bei vielen Modellen. Gerichte stuften diese Abschaltung bei kalten oder heißen Temperaturen als illegal ein, die Hersteller rüsteten danach die Fahrzeuge auf den Straßen allerdings nicht nach. Das Problem fährt somit weiterhin millionenfach auf unseren Straßen herum. Jahre später fanden Prüfer bei neu produzierten Fahrzeugen weiterhin Modelle, die die Abgasreinigung aussetzen und ein Temperaturfenster nutzen. Es herrscht ein fortlaufender Kampf zwischen den geltenden Gesetzen und der Automobilindustrie, die diese Gesetze nicht vollumfänglich umsetzt.

Die Nutzung eines Fahrzeugs mit Verbrennungsmotor, der noch nicht seine Betriebstemperatur erreicht hat, führt auch zu Problemen innerhalb des Motors: Die Schmierfähigkeit des Öls sinkt und die Einspritzanlage lässt den Motor mit einem fetteren Gemisch laufen, was zu höherem Verbrauch führt. Bei Dieselfahrzeugen bilden sich in dieser Phase vermehrt Rußpartikel, die den Katalysator zusetzen. Diese müssen mit Zusatzmitteln wie AdBlue und erhöhter Abgastemperatur abgebaut werden. Dieses sogenannte »Freibrennen« findet bei allen Dieselfahrzeugen statt, funktioniert aber nur bei längeren Strecken, am besten auf der Autobahn. Bei überwiegenden Kurzstreckenfahrten bleibt es aus, was zum Zusetzen des Katalysators führt und nach einiger Zeit eine teure Reparatur in der Werkstatt verursachen kann.

5.6.1 Die Kaltstartphase bei einem Fahrzeug mit Verbrennungsmotor

Seit dem Abgasskandal wissen wir: Kein Katalysator arbeitet in der Kaltlaufphase. An der Universität von Kalifornien fanden Forscher heraus, dass beim Kaltstart in den ersten 30 Sekunden mehr Schadstoffe freigesetzt werden als während einer 500 km langen Fahrt bei Betriebstemperatur. Beim Kaltstart von Benzinern steigt der Ausstoß von Kohlenmonoxid und Kohlenwasserstoffen auf bis zu 10.000-mal höhere Werte als im normalen Fahrbetrieb. Bei Kurzstreckenfahrten findet also ein enormer Schadstoffausstoß statt.

5.6.2 Die Kaltstartphase bei einem E-Auto

Ein Kaltstart beim E-Auto verläuft anders. Zwar steigt auch bei diesen Fahrzeugen der Energiebedarf bei niedriger Außentemperatur, dies liegt aber größtenteils an der Heizung zur Erwärmung des Innenraums und der Temperierung der Traktionsbatterie. Diese zusätzliche Temperierung der Traktionsbatterie erfolgt allerdings nur bei extrem niedrigen Außentemperaturen ab -10 °C. Manche Fahrzeuge erwärmen dabei die Traktionsbatterie mit einem Heizelement, andere mit der warmen Luft aus dem Fahrzeuginnenraum. Eine wohltemperierte Traktionsbatterie ermöglicht höhere Ladeströme an einem Schnelllader und schont die Zellen. Die Entladeströme profitieren ebenfalls davon, wenn auch weniger stark als die Ladeströme.

Mit einer kalten Traktionsbatterie sollten Sie in den ersten Minuten nicht mit »Vollstrom« beschleunigen. Bei normaler Fahrweise passiert nichts Negatives – im Gegenteil: Die Entladeströme tragen zur Erwärmung der Batteriezellen bei und so erreicht eine Traktionsbatterie bei normaler Fahrweise schnell ihren Temperatur-Wohlfühlbereich.

Im normalen Alltag eines Elektrofahrzeugs mit täglicher Nutzung und gelegentlicher Ladung kühlt eine dicht gepackte Traktionsbatterie selten so weit aus, dass eine Erwärmung durch ein Heizelement oder eine besondere Vorsicht beim Beschleunigen nötig wird.

Aber, um es noch mal klar zu sagen: Ein E-Auto stößt in keiner Phase schädliche Stoffe aus!

5.6.3 Die Kaltstartphase bei Hybrid-Fahrzeugen

Für Kurzstrecken bieten Hybrid-Fahrzeuge eine weitere Möglichkeit, um lokal emissionsfrei zu fahren. Mit elektrischen Reichweiten, die die Kurzstrecke abdecken, lässt sich die für den Verbrennungsmotor schädliche Kaltstartphase vermeiden. Wichtig dabei: Der Wagen muss im EV-Modus, also rein elektrisch, gefahren werden können, das automatische Starten des Verbrennungsmotors muss sich unterbinden lassen. Sonst verschärft sich die Problematik: Während konventionelle Autos meist einmal pro Fahrt kalt starten, erleben Hybride diese kritische Phase deutlich häufiger. Der Grund liegt im Wechselspiel zwischen Elektro- und Verbrennungsmotor.

Ein typisches Szenario verdeutlicht das Problem: Sie fahren elektrisch durch die Stadt, der Verbrennungsmotor bleibt aus. Auf einem schnell zu fahrenden Abschnitt schaltet das System auf den Benzin- oder Dieselmotor um. Der Elektromotor schaltet sich ab, der Verbrenner übernimmt allein die Arbeit. (Anders als oft angenommen, läuft beim Plug-in-Hybrid in den meisten Fahrsituationen entweder der Elektromotor oder der Verbrenner, nicht beide gleichzeitig.) Der Verbrenner startet dabei sofort unter hoher Last und bei hohen Drehzahlen. Der Motor erlebt einen Kaltstart unter extremen Bedingungen, ganz anders als das gemächliche Anspringen im Leerlauf bei herkömmlichen Fahrzeugen.

Diese Situation wiederholt sich bei Hybriden mehrfach pro Fahrt. Im Stop-and-Go-Verkehr und bei langsamer Fahrt kühlt der Motor in den elektrischen Phasen ab, jeder erneute Start bedeutet erhöhte Schadstoffemissionen.

Aber auch hier steckt der Teufel wieder im Detail, denn je nach Art des Hybrid-Fahrzeugs zeigt sich dieses Problem unterschiedlich stark:

- Bei *Mildhybriden* bleibt das Kaltstartproblem überschaubar, da der Verbrennungsmotor kontinuierlich läuft und der Elektromotor ihn nur unterstützt.
- Bei *Vollhybriden* verschärft sich die Situation: Sie fahren kurze Strecken bis 50 km/h rein elektrisch, bevor der Motor wieder anspringt. Das führt zu häufigeren Kaltstarts als bei konventionellen Fahrzeugen.
- *Plug-in-Hybride* verstärken die Problematik dramatisch. Mit ihrer großen Batterie fahren sie 40 bis 100 km rein elektrisch. Sie fahren elektrisch durch die Stadt und über Landstraßen, der Verbrennungsmotor bleibt komplett aus. Auf schnell zu fahrenden Streckenabschnitten schaltet das System auf den völlig ausgekühlten Benzin- oder Dieselmotor um – sofort unter hoher Last und bei hohen Drehzahlen. Der Motor erlebt einen extremen Kaltstart.

Das Problem verschärft sich durch die Unvorhersagbarkeit der Motor-Starts. Während Sie bei einem konventionellen Auto den Motor bewusst starten und sanft warmfahren können, entscheidet bei Hybriden die Elektronik spontan über den Motorstart. Diese häufigen Kaltstarts unter Last führen zu merklich höheren Emissionswerten, als bei der Typprüfung gemessen werden, denn dort laufen die Tests unter kontrollierten Bedingungen mit vorgewärmten Systemen ab. Die Realität auf der Straße sieht jedoch anders aus: Jeder Kaltstart bedeutet minutenlang erhöhte Schadstofffreisetzung, auch bei modernsten Euro-6-Fahrzeugen.

5.7 400 V vs. 800 V und neue 1-kV-Systeme

Die Systemspannung eines Elektrofahrzeugs bestimmt, wie effizient es Energie übertragen, laden und nutzen kann. Während die erste Generation der Ladetechnik mit 400 V startete, setzen moderne Hochleistungsfahrzeuge auf die 800-V-Ladetechnik. Die nächste Stufe der technischen Entwicklung bei der Ladetechnik setzt sogar auf 1000 V.

5.7.1 Die Physik hinter den Spannungsebenen

Bei gleicher Leistung halbiert eine Verdoppelung der Spannung den benötigten Strom. Ein hoher Strom erzeugt Wärme und damit steigen die Verluste in Kabeln und Steckverbindungen. Ein 100-kW-Ladevorgang benötigt bei 400 V etwa 250 A, bei 800 V jedoch nur 125 A. Da diese Verluste quadratisch mit dem Strom steigen ($P = I^2 \times R$), reduziert die Halbierung des Stroms die Verluste auf ein Viertel.

Diese physikalische Gesetzmäßigkeit erklärt, warum höhere Spannungen besonders beim Schnellladen Vorteile bringen: 350 kW Ladeleistung erfordern bei 400 V stolze 875 A – ein Strom, der extreme Anforderungen an Kabel, Stecker und Kühlung stellt. Bei 800 V sinkt der Strom auf handhabbare 440 A.

Die Batteriearchitektur muss zur Systemspannung passen: 400-V-Systeme verwenden typischerweise 96 bis 108 Zellen in Reihenschaltung (bei 3,7 V Nennspannung pro Zelle), 800-V-Systeme benötigen die doppelte Anzahl – etwa 192 bis 216 Zellen. Diese höhere Zellzahl erfordert dann aber auch komplexere Batterie-Management-Systeme. Alles hat seinen Preis.

5.7.2 Vorteile von 800-V-Systemen

Höhere Systemspannungen ermöglichen kompaktere und leichtere Komponenten für den Strom: Kabel können dünner ausgeführt werden, Steckverbinder kleiner dimensioniert werden. Das, was Sie am Kabel des Schnellladers beobachten können, setzt sich im Fahrzeug fort. Ein 800-V-Ladekabel für 350 kW ist deutlich handlicher als das entsprechende 400-V-Pendant für gleiche Leistung.

Die Effizienz des gesamten Antriebsstrangs verbessert sich: Wechselrichter arbeiten bei höheren Spannungen effizienter, da die Schaltfrequenzen optimiert werden können. Die Motoren können kompakter gebaut werden, da sie bei gleicher Leistung weniger Strom führen müssen.

Beim Laden zeigen 800-V-Systeme ihre Stärken besonders deutlich: Sie können die volle Leistung moderner 350-kW-Schnelllader nutzen, während 400-V-Fahrzeuge meist bei 150 bis 200 kW limitiert sind. Die kürzeren Ladezeiten kompensieren oft kleinere Batteriekapazitäten.

5.7.3 Die 400-V-Realität und ihre Berechtigung

Trotz der theoretischen Vorteile von 800-V-Systemen dominieren 400-V-Systeme noch immer den Markt. Sie nutzen etablierte und kostengünstige Komponenten aus der Industrie. Die meisten Halbleiter, Kondensatoren und Sicherheitselemente sind für 400 V optimiert und in großen Stückzahlen verfügbar.

Für viele Anwendungsfälle reichen 400-V-Systeme völlig aus: Ein Kompaktwagen mit 150 kW Motorleistung und 150 kW Ladeleistung arbeitet auch mit 400 V effizient. Die Nachteile werden erst bei sehr hohen Leistungen wirklich spürbar.

Die Ladeinfrastruktur ist auch noch überwiegend auf 400 V ausgelegt: Viele ältere Schnelllader liefern maximal 500 V Ausgangsspannung und können 800-V-Fahrzeuge nicht optimal laden. Diese Kompatibilitätsprobleme lösen sich erst mit der Zeit und dem Ausbau neuerer Ladeinfrastruktur.

5.7.4 Herausforderungen der 800-V-Technologie

Höhere Spannungen verschärfen die Sicherheitsanforderungen erheblich. Die Isolationsüberwachung wird komplexer, Sicherheitsabstände müssen vergrößert werden. Wartungsarbeiten erfordern speziell geschultes Personal und aufwendigere Schutzmaßnahmen.

Die Kosten steigen überproportional: Hochvolt-taugliche Komponenten sind teurer, ihre Fertigung ist aufwendiger. Besonders die Batterie wird kostspieliger, da mehr Zellen präziser überwacht und balanciert werden müssen. Diese Mehrkosten rechnen sich nur bei Fahrzeugen der oberen Preisklassen.

Die *elektromagnetische Verträglichkeit* (EMV) wird bei 800 V anspruchsvoller: Die höheren Spannungen und Schaltfrequenzen können Störungen verursachen. Die Abschirmung und die Filterung der Elektronik müssen aufwendiger ausgeführt werden.

Deshalb wird der Ausbau der Ladeinfrastruktur auf 800-V-Lader wahrscheinlich immer hinterherhinken. Ich nehme an, der Wandel hin zu 800 V wird wirklich erst dann voranschreiten, wenn die Mehrheit der E-Autos diese Ladetechnik unterstützt.

5.7.5 Technische Umsetzung von 800-V-Systemen

Der Porsche Taycan war das erste Serienfahrzeug mit 800-V-Architektur (kurz darauf folgte Hyundai). Seine Batterie verwendet 33 Module mit je 12 Zellen, insgesamt also 396 Zellen in Reihe für eine Systemspannung von etwa 800 V. Diese Konfiguration ermöglicht Ladeleistungen bis 270 kW.

Für 800-V-Fahrzeugarchitekturen mussten Teile der Leistungselektronik neu ausgelegt werden. In diesem Spannungsbereich bieten Halbleiter auf Siliziumkarbidbasis (SiC) deutliche Vorteile gegenüber klassischen Silizium-IGBTs, da letztere höhere Schalt- und Leitungsverluste aufweisen. SiC-MOSFETs ermöglichen effizienteres und schnelleres Schalten und sind deshalb in modernen 800-V-Systemen weit verbreitet, auch wenn sie derzeit noch spürbar teurer sind als vergleichbare Siliziumbauelemente.

Das Bordnetz erfordert spezielle DC/DC-Wandler: Das 12-V-System für Licht, Steuergeräte und Komfortfunktionen muss von der 800-V-Hochvoltebene gespeist werden. Diese

Wandler müssen große Spannungssprünge effizient bewältigen. Alles ist eine Herausforderung für heutige Elektronik, wenn es um solch eine hohe Spannung geht.

5.7.6 1000-V-Systeme: Der nächste Evolutionsschritt

Die Hersteller kommerzieller Nutzfahrzeuge experimentieren bereits mit 1000-V-Systemen, da bei Nutzfahrzeugen die Vorteile die Mehrkosten rechtfertigen. Lkws mit mehr als 1000 kW Ladeleistung würden bei 400 V untragbare 2500+ A benötigen – bei 1000 V sind es »nur« 1000 A.

Abbildung 5.7: Man muss kein Mandarin sprechen, um zu verstehen, was für BYD der nächste große Meilenstein sein soll. (Screenshot aus dem Livestream der BYD-Pressekonferenz vom 19. März 2025)

Auch für Premium-Pkws werden 1000-V-Systeme interessant: Sie ermöglichen Ladeleistungen von 500+ kW und könnten Ladezeiten auf unter 10 Minuten reduzieren. Allerdings steigen die technischen Herausforderungen nochmals deutlich an.

1000 V und die Normung

Die Normung hinkt der Entwicklung (wie immer) hinterher: Während CCS-Stecker theoretisch 1000 V verkraften, sind die meisten Ladesäulen nicht dafür ausgelegt. Neue Ladestandards wie das chinesische ChaoJi-System zielen direkt auf 1000+ V ab. Es wird sich zeigen, was sich in Zukunft durchsetzt.

5.7.7 Systemkompatibilität und Übergangstechnologien

Ich habe nun schon viel über die Systemspannungen und Ladetechnik geschrieben. Aber wie sieht es mit der Abwärtskompatibilität aus? Die gute Nachricht ist: 800-V-Fahrzeuge können auch an 400-V-Ladern laden, allerdings mit reduzierter Leistung. Interne Wandler oder Schaltungen teilen das Batteriesystem dann temporär in zwei 400-V-Hälften auf.

Bidirektionale Systeme werden aber auch deutlich komplexer: *Vehicle-to-Grid* (V2G) oder *Vehicle-to-Home* (V2H) erfordern aufwendigere Wechselrichter für 800-V-Systeme. Die Spannungen müssen ja zueinander passen, wenn Sie elektrische Energie transferieren wollen.

Zukünftig könnten *adaptive Spannungssysteme* in den Fahrzeugen beide Welten verbinden: Je nach Notwendigkeit oder Anwendung schalten diese die Systemspannung zwischen 400 V und 800 V um: 400 V für Effizienz im normalen Betrieb, 800 V für maximale Ladeleistung. Aber auch das ist noch Zukunftsmusik, warten wir also ab.

5.7.8 Marktausblick und Herstellerstrategien

Tesla bleibt bei seiner bewährten 400-V-Architektur und optimiert stattdessen die Batteriechemie und das Thermalmanagement für höhere Ladegeschwindigkeiten. Die deutschen Premium-Hersteller setzen verstärkt auf 800 V für ihre Flaggschiffe.

Koreanische und chinesische Hersteller entwickeln parallel beide Technologien: 400 V für Volumenmodelle, 800 V für Premium-Segmente. Bei der Entwicklung der Elektronik dafür kann man Gemeinsamkeiten nutzen und so die Entwicklungskosten senken.

Die Entscheidung zwischen 400 V und 800 V hängt somit meist vom Anwendungsprofil ab: Für Stadtfahrzeuge und moderate Reichweiten reicht 400 V, für Langstrecken-Luxusfahrzeuge und Nutzfahrzeuge sind 800 V vorteilhaft. Die Technologie wird sich sicherlich je nach Nutzungsart und mit der Zeit in den Fahrzeugen entsprechend verteilen.

Kapitel 6
Das Batterie-Management-System (BMS) und das Thermalmanagement

In diesem Kapitel gehe ich tiefer in die technischen Details und spreche ausführlicher über den Systemverbund, der bei einem E-Auto im Hintergrund wirkt. Um dieses Zusammenspiel besser zu verstehen, betrachten wir die Komponenten aus einem anderen Blickwinkel. Wenn Ihnen die bisherigen Erklärungen zur Technik schon zu viel waren, überspringen Sie einfach dieses Kapitel und lesen Sie in Kapitel 7, »Ladetechnik und -infrastruktur«, weiter, oder gehen Sie direkt zu TEIL III des Buches, der mit Kapitel 9, »Marktüberblick nach Fahrzeugklassen«, beginnt.

Die *Traktionsbatterie* ist das Herzstück jedes Elektroautos, das haben wir schon ausführlich besprochen. Und sie funktioniert nur dann optimal, wenn zwei unsichtbare Helfer im Hintergrund perfekt zusammenarbeiten: das *Batterie-Management-System* (BMS) und das *Thermalmanagement*. Diese beiden Systeme entscheiden darüber, wie schnell Sie laden können, wie weit Sie kommen und wie lange die Batterie Ihres Elektroautos hält. Auch das haben wir schon in Abschnitt 5.4 besprochen. Es gibt aber noch ein paar Details in dieser Technik, die erklären, warum Elektroautos heute so alltagstauglich geworden sind.

6.1 Warum die Temperaturkontrolle bei Elektroautos so wichtig ist

Lithium-Ionen-Batterien sind empfindliche Gebilde. Sie arbeiten optimal in einem engen Temperaturbereich zwischen 15 und 35 °C. Außerhalb dieser Wohlfühlzone sinkt nicht nur die verfügbare Leistung, sondern auch die Lebensdauer der Zellen. Bei Kälte unter 0 °C verlangsamen sich die elektrochemischen Prozesse stark. Bei Temperaturen über 55 °C drohen irreversible Schäden an den Zellen.

Anders als bei Verbrennungsmotoren steht bei Elektroautos kaum »kostenlose« Abwärme für die Heizung zur Verfügung. Abwärme entsteht beim Fahren durch den Motor und die Leistungselektronik sowie beim Schnellladen durch die Ladeelektronik. Diese Wärme kann das System zum Heizen nutzen, wenn diese irgendwo benötigt wird, ansonsten muss sie abgeführt werden.

Bei kalten Außentemperaturen benötigen Sie als Insasse Wärme, da ist es dann einfach und effizient, die sowieso erzeugte Wärme zum Heizen des Innenraums zu nutzen. Im Sommer sieht die Sache anders aus. Das Thermalmanagement muss also einen Spagat schaffen: die

Batterie in ihrer Wohlfühlzone halten, die Leistungselektronik kühlen und gleichzeitig Sie als Fahrer komfortabel temperieren - und das alles möglichst energieeffizient.

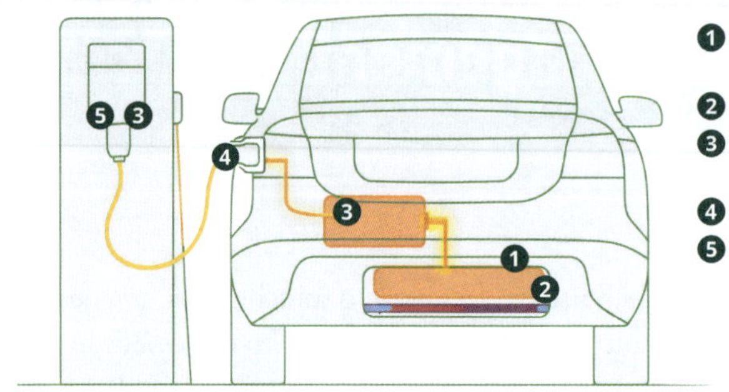

Abbildung 6.1: Auch beim Laden am Schnelllader wird die gesamte Kette an mehreren Stellen überwacht.

6.2 Das Batterie-Management-System - die Schaltzentrale der Batterie

Das BMS unterscheidet moderne Elektroautos fundamental von simplen Akkugeräten. Während Smartphone-Akkus ohne ausgeklügelte Überwachung auskommen müssen, verfügt jede E-Auto-Batterie über ein hochentwickeltes BMS, das jeden elektrochemischen Prozess präzise steuert.

6.2.1 Zellüberwachung auf drei Ebenen

Die Überwachung erfolgt auf drei Ebenen:

- Das *Individual-Monitoring* überwacht jede einzelne Batteriezelle hinsichtlich Spannung, Temperatur und Innenwiderstand. In einer typischen E-Auto-Batterie sitzen zwischen 200 und 400 einzelne Zellen, und jede von ihnen wird permanent kontrolliert.
- Die *Modul-Überwachung* fasst mehrere Zellen zu Gruppen zusammen und gleicht Unterschiede zwischen den Modulen aus.
- Das *System-Management* koordiniert das Zusammenspiel aller Module mit dem Rest des Fahrzeugs.

Diese dreifache Überwachung erkennt Probleme, bevor sie kritisch werden. Zeigt eine Zelle erhöhten Innenwiderstand, registriert das BMS dies sofort. Steigt die Temperatur in einem Modul ungewöhnlich schnell, aktiviert das System die Kühlung, bevor Schaden entsteht.

6.2.2 Cell Balancing sorgt für ausgeglichene Zellen

Cell Balancing verhindert, dass einzelne Zellen überlastet werden und sorgt dafür, dass alle Zellen auf demselben Spannungsniveau arbeiten. Es gibt zwei grundlegende Ansätze:

1. *Passives Balancing* entlädt stärkere Zellen über Widerstände, bis alle Zellen dasselbe (niedrigere) Spannungsniveau erreichen. Die überschüssige Energie der volleren Zellen wird dabei in Wärme umgewandelt und geht verloren. Diese Methode ist einfach und kostengünstig, verschwendet aber Energie.
2. *Aktives Balancing* verschiebt Energie von volleren zu leereren Zellen und hebt so alle Zellen auf ein gleiches (höheres) Spannungsniveau. Die Energie bleibt im System erhalten statt als Wärme verloren zu gehen. Dieser Ansatz ist komplexer und teurer, aber deutlich effizienter.

Der Unterschied in der Praxis: Passives Balancing gleicht die Zellen durch Entladen an, aktives Balancing durch Umladen. Bei passivem Balancing verlieren Sie nutzbare Energie, bei aktivem Balancing bleibt sie der Batterie erhalten.

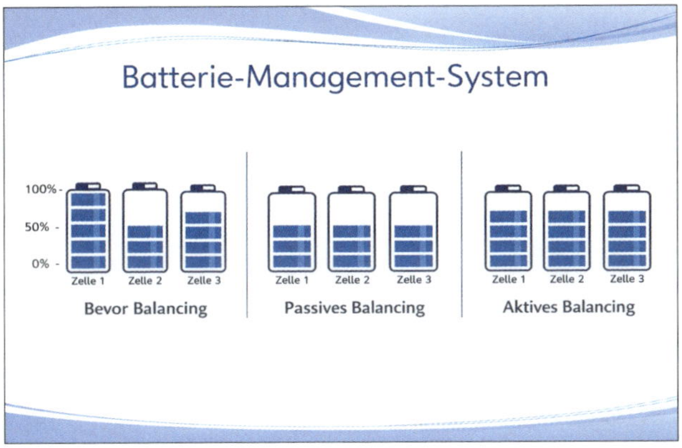

Abbildung 6.2: Batterie-Management: aktives und passives Balancing

Warum ist das wichtig? Stellen Sie sich eine Kette vor, bei der jedes Glied eine Batteriezelle darstellt. Die Kette ist nur so stark wie ihr schwächstes Glied. Ist eine Zelle schwächer als die anderen, begrenzt sie die Leistung der gesamten Batterie. Cell Balancing sorgt dafür, dass alle Zellen gleichmäßig altern und arbeiten.

6.2.3 State of Charge und State of Health

Das BMS berechnet zwei wichtige Kenngrößen: *State of Charge* (SoC) und *State of Health (SoH)*. Der SoC gibt an, wie voll die Batterie aktuell ist, vergleichbar mit der Tankanzeige beim Verbrenner. Der SoH beschreibt den Gesundheitszustand der Batterie im Vergleich zum Neuzustand. Eine neue Batterie hat 100 % SoH, nach mehreren Jahren und vielen Ladezyklen sinkt dieser Wert langsam.

Moderne BMS verwenden *Coulomb Tracking* zur präzisen Bilanzierung. Das System verfolgt exakt, wie viel Energie hinein- und herausfließt, und erkennt so schleichende Veränderungen in der Batteriechemie.

Was ist Coulomb Tracking?

Coulomb Tracking zählt die Elektronen, die in die Batterie hinein- und aus ihr hinausfließen. Das Batterie-Management-System führt präzise Buch über jede Ladung, die bewegt wird - wie ein Bankkonto für Energie.

Aus dieser permanenten Bilanzierung berechnet das System zwei wichtige Werte:

- **State of Charge (SoC):** Das ist der aktuelle Ladestand Ihrer Batterie.
- **State of Health (SoH):** Das ist der Gesundheitszustand im Vergleich zum Neuzustand.

Anders als bei reiner Spannungsmessung erkennt Coulomb Tracking schleichende Veränderungen in der Batteriechemie recht zuverlässig.

6.2.4 Sicherheitsstrategien mit mehrfacher Redundanz

Das BMS implementiert Sicherheitsstrategien durch mehrfache Redundanz. Erreichen Spannung, Strom oder Temperatur kritische Werte, trennt das System die Batterie automatisch vom Antrieb.

Bei extremen Gefahrensituationen aktiviert das BMS *Pyrofuses*. Das sind explosive Sicherungen, die die Hochvoltverbindungen physisch durchtrennen. Diese Notabschaltung erfolgt etwa bei schweren Unfällen mit Beschädigung des Batteriegehäuses oder bei drohendem thermischem Durchgehen einer Zelle.

6.3 Thermalmanagement-Systeme im Detail

Das Thermalmanagement umfasst alle Systeme, die Temperaturen im Fahrzeug regeln. Dazu gehören Kühlkreisläufe für Batterie und Leistungselektronik, Heizsysteme für kalte Tage und Wärmepumpen für effiziente Klimatisierung.

6.3.1 Flüssigkeitsgekühlte Systeme - der Standard bei modernen E-Autos

Moderne Elektrofahrzeuge verwenden meist flüssigkeitsgekühlte Thermalmanagement-Systeme. Die Batteriezellen sind in Kühlplatten eingebettet oder von Kühlschläuchen umgeben. Eine Wasser-Glykol-Mischung zirkuliert durch diese Kühlelemente und transportiert die Wärme zu einem Kühler. Diese Lösung ähnelt der Motorkühlung beim Verbrenner, ist aber deutlich komplexer, da sie sowohl kühlen als auch heizen können muss.

Das System arbeitet mit separaten Kühlkreisläufen: Ein *Niedertemperaturkreis* (NT) kühlt die Batterie bei relativ niedrigen Temperaturen, ein *Hochtemperaturkreis* (HT) führt die Abwärme von Motor und Leistungselektronik ab. Diese Trennung ermöglicht optimale Betriebstemperaturen für verschiedene Komponenten. Der Elektromotor verträgt höhere Temperaturen als die empfindlichen Batteriezellen, deshalb braucht jedes System seinen eigenen Kreislauf.

Bei extremen Bedingungen koppelt das System beide Kreisläufe. Die Abwärme der Leistungselektronik heizt die kalte Batterie vor oder die kühle Batterie entlastet überhitzte Elektronik. Diese Flexibilität maximiert die Systemeffizienz und nutzt Energie optimal.

6.3.2 Temperatursensoren - die Augen des Systems

Temperatursensoren an strategischen Punkten messen kontinuierlich die Zelltemperatur. Eine typische E-Auto-Batterie hat zwischen 20 und 50 Temperatursensoren, verteilt über alle Module. Diese Sensoren erfassen nicht nur die Durchschnittstemperatur, sondern auch lokale Hotspots, also Bereiche in der Batterie, die wärmer werden als der Rest.

Das BMS wertet diese Daten in Echtzeit aus. Steigt die Temperatur in einem Bereich zu schnell, aktiviert es die Kühlung gezielt für dieses Modul. Moderne Systeme können die Kühlleistung sogar zonenweise anpassen. Dann erhält ein Modul mehr Kühlung, ein anderes weniger.

6.3.3 Wärmepumpen - Effizienz durch clevere Physik

Wärmepumpen entziehen der Umgebung Wärme und »pumpen« sie auf ein höheres Temperaturniveau. Selbst eisige Außenluft enthält noch nutzbare Energie. Eine Wärmepumpe erzeugt aus einem Kilowatt elektrischer Energie zwei bis vier Kilowatt Heizleistung - ein enormer Effizienzgewinn gegenüber einer einfachen elektrischen Heizung.

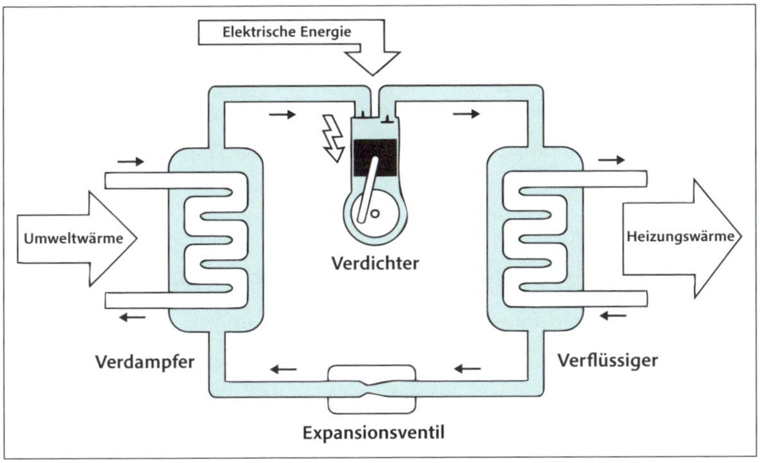

Abbildung 6.3: Das Funktionsschema einer Wärmepumpe

Das System besteht aus vier Hauptkomponenten: Der *Verdampfer* entzieht der Umgebung Wärme, der *Kompressor* erhöht Druck und Temperatur, der *Verflüssiger* gibt Wärme an den Innenraum ab, und das *Expansionsventil* reduziert den Druck für den Kreislauf. Als Kältemittel kommen meist *R134a* oder das umweltfreundlichere *R1234yf* zum Einsatz.

Fortschrittliche Multiquellen-Wärmepumpen nutzen mehrere Wärmequellen gleichzeitig. Die Umgebungsluft liefert auch bei Minusgraden Energie, die Abwärme von Motor und Leistungselektronik steht während der Fahrt zur Verfügung, und sogar die Batterie selbst dient bei Übertemperatur als Wärmequelle. Bei milden Temperaturen nutzt das System die Außenluft, bei extremer Kälte zapft es die Abwärme der Elektronik an. Während des Schnellladens nutzt es die überschüssige Batteriewärme für die Innenraumheizung.

Die Steuerlogik berücksichtigt dabei den Gesamtwirkungsgrad. Manchmal ist es effizienter, die Batterie elektrisch zu heizen und die entstehende Abwärme für den Innenraum zu nutzen, als eine separate Heizung zu betreiben. Diese Optimierungen reduzieren den Energieverbrauch für die Klimatisierung um 30 % oder mehr.

6.4 Das Zusammenspiel - wie BMS und Thermalmanagement kooperieren

BMS und Thermalmanagement sind untrennbar miteinander verbunden. Das BMS misst permanent die Temperaturen aller Zellen und gibt diese Daten an das Thermalmanagement weiter. Dieses entscheidet dann, ob gekühlt, geheizt oder die Temperatur gehalten werden muss.

6.4.1 Der Regelkreis in Echtzeit

Der Prozess läuft in Millisekunden ab. Das BMS erfasst die Zelltemperaturen, vergleicht sie mit Sollwerten und sendet Befehle an das Thermalmanagement. Dieses aktiviert Pumpen, öffnet Ventile und steuert Kühler oder Heizungen. Die neuen Temperaturen fließen zurück ans BMS, und der Kreislauf beginnt von vorn. Dieser kontinuierliche Regelkreis hält die Batterie in ihrer optimalen Betriebstemperatur, egal ob Sie im Stau stehen, auf der Autobahn rasen oder schnellladen.

6.4.2 Schnellladen und Thermalmanagement - ein kritischer Tanz

Beim Schnellladen zeigt sich die Bedeutung des Thermalmanagements besonders deutlich. Die hohen Ladeströme erzeugen Wärme in den Zellen. Steigt die Temperatur über 45 Grad Celsius, reduziert das BMS die Ladeleistung automatisch, um die Zellen zu schützen. Eine gut vorgeheizte Batterie lädt schneller, da sie die Energie effizienter aufnehmen kann.

Auch hier greift die Vorkonditionierung der Traktionsbatterie. Wenn das Navigationssystem einen Ladestopp plant, gibt es Fahrzeuge, die überprüfen, ob die Traktionsbatterie die optimale Temperatur für eine dortige Schnellladung hat. Wenn nicht, berechnet das Fahrzeug, wann Sie ankommen, und heizt die Batterie rechtzeitig auf die optimale Ladetemperatur vor. So kommen Sie mit einer perfekt temperierten Batterie an der Ladesäule an und erreichen von Anfang an die maximale Ladeleistung, um so schnell wie möglich wieder weiterfahren zu können. Allerdings können das nicht alle E-Autos, das ist ein Merkmal der hochpreisigen Modelle.

Ansonsten gilt für jedes E-Auto: Während des Ladevorgangs überwacht das BMS die Temperaturen aller Zellen. Steigt die Temperatur in einem Modul zu stark, aktiviert es gezielt die Kühlung für diesen Bereich. So hält das System die gesamte Batterie im optimalen Bereich und ermöglicht schnelles Laden ohne Schaden.

6.5 Praxisbeispiele - was passiert wirklich?

Das war viel Theorie zur Technik. Wie sieht es in der Praxis aus, wenn Sie unterwegs sind?

6.5.1 Ein Wintermorgen bei -10 °C

Sie starten morgens zu einer längeren Fahrt. Die Batterie hat sich über Nacht abgekühlt und ihre Temperatur liegt bei -5 °C. Das BMS erkennt diese niedrige Temperatur und begrenzt sofort die verfügbare Leistung. Sie spüren das an reduzierter Beschleunigung. Gleichzeitig aktiviert das Thermalmanagement die Batterieheizung.

Während der Fahrt erzeugen die Zellen durch das Entladen Eigenwärme. Das Thermalmanagement nutzt diese Wärme geschickt: Anstatt sie abzuführen, hält es die Wärme in der Batterie, um diese schneller aufzuwärmen. Zusätzlich nutzt es die Abwärme der Leistungselektronik. Nach etwa 15 bis 20 Minuten Fahrt erreicht die Batterie 15 °C und die volle Leistung steht wieder zur Verfügung.

6.5.2 Sommerliche Autobahn bei 35 °C Außentemperatur

Sie fahren im Hochsommer mit 130 Stundenkilometern auf der Autobahn. Die hohe Dauerleistung und die warme Außentemperatur heizen die Batterie auf. Das BMS überwacht die steigenden Temperaturen. Bei 40 °C aktiviert es die Kühlung. Die Kühlflüssigkeit zirkuliert verstärkt durch die Batteriemodule und führt die Wärme ab.

Gleichzeitig kühlt die Klimaanlage den Innenraum. Das Thermalmanagement koordiniert beide Systeme: Erst wird der Innenraum auf die gewünschte Temperatur gebracht, dann erhöht es die Kühlleistung für die Batterie. Diese Priorisierung spart Energie und hält Sie trotzdem komfortabel.

6.5.3 Rapidgate - mehrfaches Schnellladen hintereinander

Sie befinden sich auf einer langen Urlaubsreise und laden dreimal hintereinander an Schnellladern. Beim ersten Stopp erreichen Sie noch die volle Ladeleistung von 150 kW. Beim zweiten Stopp merken Sie: Die Ladeleistung beginnt nun bei 120 kW. Beim dritten Stopp sind es nur noch 80 kW.

Was ist passiert? Die Batterie hat sich durch die wiederholten Schnellladungen auf über 45 °C aufgeheizt. Das BMS schützt die Zellen, indem es die Ladeleistung reduziert. Das Thermalmanagement kühlt zwar, kommt aber gegen die massive Wärmeentwicklung nicht an. Dieses Phänomen nennt man *Rapidgate*.

Moderne Systeme mit leistungsfähigem Thermalmanagement verzögern diesen Effekt erheblich. Fahrzeuge mit großzügig dimensionierten Kühlsystemen können auch beim dritten Schnellladen noch hohe Leistungen erreichen.

6.5.4 Coldgate im Winter

Es ist Januar, Sie machen Urlaub in Skandinavien bei -15 °C. Sie fahren morgens zur Schnellladesäule. Die Batterie ist eiskalt. Wenn Sie das Ladekabel anschließen, zeigt das Display nur 25 kW Ladeleistung statt der üblichen 100 kW.

Das BMS schützt die Zellen vor *Lithium-Plating*, einem Prozess, der bei zu schnellem Laden kalter Zellen auftritt und die Batterie nachhaltig schädigt. Stattdessen heizt das Thermalmanagement die Batterie während des Ladevorgangs langsam auf. Nach etwa zehn Minuten erreicht sie 15 °C, die Ladeleistung steigt auf 60 kW. Nach 20 Minuten sind 25 °C erreicht. Nun lädt das Auto wieder mit voller Leistung.

6.6 Unterschiede zwischen Herstellern

Verschiedene Hersteller setzen unterschiedliche Prioritäten beim Thermalmanagement:

- Tesla optimiert für maximale Schnellladefähigkeit und verbaut großzügig dimensionierte Kühlsysteme. Tesla-Fahrzeuge können mehrfach hintereinander schnellladen, ohne dass es zu nennenswerte Leistungseinbußen kommt.
- Volkswagen legt beim ID.3 und ID.4 Wert auf Effizienz und Kosten. Die Kühlsysteme sind für den normalen Gebrauch ausreichend dimensioniert, stoßen aber bei extremen Anforderungen an ihre Grenzen.
- Hyundai und Kia nutzen bei ihren 800-Volt-Modellen wie Ioniq 5 und EV6 innovative Kühlkonzepte, die extrem schnelles Laden ermöglichen.
- BMW integriert das Thermalmanagement eng in das Gesamt-Energie-Management. Die Systeme arbeiten vorausschauend und nutzen Navigationsdaten, um sich optimal vorzubereiten.

- Mercedes setzt beim EQS auf Luxus und Komfort. Das Thermalmanagement priorisiert die Innenraumklimatisierung, ohne die Batterie zu vernachlässigen.

Was bedeutet das für Sie hinter dem Lenkrad?

Das Zusammenspiel von BMS und Thermalmanagement findet permanent im Hintergrund statt. Sie nehmen es meist nur indirekt wahr und erkennen sein Wirken an der verfügbaren Leistung, der Ladegeschwindigkeit oder der Reichweite. Verstehen Sie die Grundprinzipien, können Sie Ihr Fahrzeug optimal nutzen:

- Aktivieren Sie im Winter nach Möglichkeit die Vorkonditionierung. Dann laden Sie schneller und kommen mit voller Leistung los.
- Planen Sie bei Hitze längere Pausen zwischen Schnellladungen ein, schonen Sie die Batterie.
- Verlassen Sie sich auf die Systeme: Diese schützen die Batterie zuverlässig, auch wenn Sie einmal an die Grenzen gehen.

Wenn Sie Ihr Auto mit der Zeit kennenlernen, können Sie einschätzen, welches Verhalten am Schnelllader an diesem speziellen Tag bei der gegebenen Witterung und Temperatur zu beobachten sein wird. Aber ob Sie durch spezielle Maßnahmen, wie langsameres Fahren oder dergleichen, wirklich Einfluss auf die Batterietemperatur nehmen können, hängt stark von Ihrem Fahrzeug, der Art des Temperaturmanagements und dem Verhalten des BMS ab. Kurz gesagt: Sie werden es mit der Zeit merken, ob Sie unterstützend helfen können oder ob Sie sich einfach auf das Auto verlassen müssen.

Die Technik entwickelt sich zudem rasant weiter. Zukünftige Systeme werden noch intelligenter, noch effizienter und noch unsichtbarer für Sie als Nutzer sein. Jeglicher Tipp, den ich hier gebe, wird schnell obsolet werden. Doch die Grundprinzipien bleiben: Eine Batterie braucht die richtige Temperatur, und BMS sowie Thermalmanagement sorgen gemeinsam dafür, dass diese stimmt, jeden Tag, bei jeder Fahrt, bei jedem Ladevorgang. Sie müssen und brauchen sich im Normalfall um nichts weiter kümmern.

Kapitel 7
Ladetechnik und -infrastruktur

Laden funktioniert anders als Tanken - und genau darin liegt der Vorteil. Sie brauchen keine Umwege zur Tankstelle mehr, denn Ihr Auto lädt über Nacht zu Hause auf. Unterwegs finden Sie Ladesäulen an Supermärkten, Restaurants und Raststätten.

In diesem Kapitel erkläre ich Ihnen die verschiedenen Steckertypen, zeige, wie Bezahlung und Abrechnung ablaufen, und gebe Ihnen einen Überblick über die Ladeinfrastruktur in Deutschland und Europa. Nach der Lektüre wissen Sie genau, wie Sie Ihr E-Auto aufladen - egal ob zu Hause oder auf Reisen.

7.1 Ladestandards und Steckertypen (CCS, Typ2 usw.)

Die Welt der Ladestecker gleicht einem internationalen Puzzle, bei dem sich langsam ein klares Bild abzeichnet. In Europa dominiert das CCS-System (*Combined Charging System*), das sich aus dem bewährten Typ2-Stecker für Wechselstrom entwickelt hat. Der *Typ2-Stecker* stammt ursprünglich von der deutschen Firma Mennekes und unterstützt dreiphasigen Wechselstrom bis 63 A, was Ladeleistungen bis 43 kW ermöglicht.

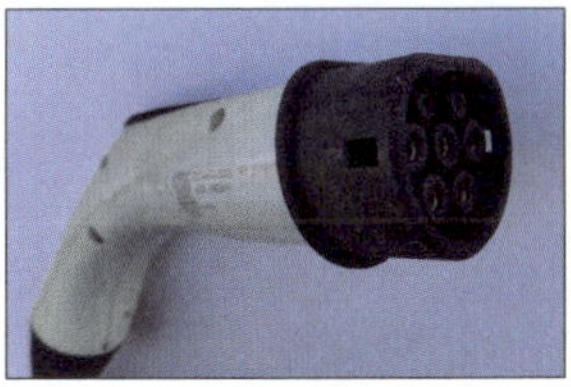

Abbildung 7.1: Ein Typ2-Ladestecker für AC

Der *CCS-Stecker* erweitert die Technik des Typ2-Steckers geschickt: Er behält alle Kontakte des Typ2-Steckers für die Kommunikation zwischen Fahrzeug und Ladesäule bei und fügt zwei zusätzliche Gleichstromkontakte hinzu.

Abbildung 7.2: Der CCS-Stecker für DC. Gut sichtbar sind die beiden Gleichstromkontakte unten.

Diese clevere Lösung ermöglicht Ladeleistungen bis 350 kW an einer einzigen Buchse. Die elektromechanische Verriegelung sorgt dafür, dass der Stecker während des Ladevorgangs nicht entfernt werden kann - ein Sicherheitsmerkmal, das verhindert, dass Sie mit eingestecktem Kabel losfahren.

Der *CHAdeMO*-Standard aus Japan verschwindet zunehmend aus dem deutschen Ladenetz. Zwar finden sich die charakteristischen zehnpoligen Stecker noch an einigen älteren japanischen Fahrzeugen wie dem Nissan Leaf, doch selbst Nissan und Toyota statten ihre neuen Modelle mit CCS aus. Die deutsche Ladesäulenverordnung schreibt seit 2017 für Gleichstrom-Ladesäulen nur CCS vor. Ladesäulenbetreiber verzichten deshalb bei neuen Schnellladern zunehmend auf CHAdeMO. Bestehende Säulen mit diesem Anschluss bleiben zwar vorerst in Betrieb, aber Sie finden CHAdeMO heute immer seltener.

Abbildung 7.3: Ein CHAdeMO-Ladestecker

Sollte man heute noch ein E-Auto mit ChadeMO kaufen?

Falls Sie ein gebrauchtes E-Auto mit CHAdeMO kaufen möchten: Ich würde das nicht empfehlen, wenn Sie vermehrt Schnelllader nutzen möchten. Falls Sie aber nur daheim an der Wallbox laden möchten und den Wagen nur lokal nutzen, kann solch ein E-Auto ein Schnäppchen sein!

Die berühmten »Triple-Charger« in Deutschland - Säulen mit allen drei Steckertypen - sind ein Überbleibsel der Anfangszeit. Durch neue Verordnungen zur Abrechnung und Eichung bei Schnellladesäulen sind diese kaum noch zu finden.

Abbildung 7.4: Ein alter Triple-Charger mit CCS-, CHAdeMO- und Typ2-Stecker

Auch in Nordamerika verändert sich gerade was beim Schnellladen: Tesla öffnete 2022 seinen bislang proprietären Ladestecker und führte ihn unter dem Namen *North American Charging Standard* (NACS) ein. Bis Juli 2023 kündigten Ford, General Motors, Mercedes-Benz, Nissan, Polestar, Rivian und Volvo an, ab 2025 auf NACS umzustellen. Diese Entscheidung basiert nicht nur auf technischen Vorzügen – der NACS-Stecker ist kompakter und leichter als der CCS-Stecker –, sondern vor allem auf der überlegenen Verfügbarkeit der Tesla-Supercharger. Bereits heute machen Tesla-Ladepunkte etwa 60 % aller Schnellladestationen in Nordamerika aus. In Deutschland bietet Tesla an einigen Säulen seiner Schnellladestationen CCS an, um offen für andere Fahrzeuge zu sein.

7.2 AC- und DC-Laden im Vergleich

Der fundamentale Unterschied zwischen Wechselstromladen (AC-Laden) und Gleichstromladen (DC-Laden) bestimmt Ihr tägliches Ladeverhalten mehr, als Sie vielleicht ahnen.

Beim AC-Laden wandelt der im Fahrzeug verbaute Onboard-Charger den Wechselstrom in Gleichstrom um – ein Prozess, der Zeit braucht und durch die Leistung des fahrzeuginternen Ladegeräts begrenzt wird. Typische AC-Lader schaffen 11 oder 22 kW, wobei die tatsächliche Leistung von der Anzahl der Phasen abhängt, die Ihr Fahrzeug verarbeiten kann.

Ein einphasiger Lader begrenzt Sie selbst bei perfekter Infrastruktur und einwandfreiem Ladekabel auf etwa 7 kW, während ein dreiphasiger Lader die vollen 22 kW einer typischen AC-Ladesäule nutzen kann. Diese Unterscheidung erklärt, warum manche Elektroautos an derselben Säule deutlich schneller laden als andere.

Abbildung 7.5: Die Ladebuchse einer AC-Ladesäule. Hier wird das selbst mitzuführende AC-Ladekabel eingesteckt.

Das Auto lädt nicht mit voller Geschwindigkeit an einer AC-Säule?

Wenn Ihr Auto nicht so lädt, wie Sie es erwarten, kann das am Ladekabel liegen. An einer AC-Ladesäule nutzt man in der Regel sein eigenes Ladekabel. Die günstigeren Varianten sind nicht für 11 kW ausgelegt und dann lädt das E-Auto nur mit etwa 7 kW. Wenn also entgegen allen Annahmen das Laden an AC-Säulen nicht so schnell funktioniert wie erwartet, überprüfen Sie die technischen Spezifikationen Ihres Ladekabels.

Beim DC-Laden umgehen Sie diese Beschränkung vollständig: Die Ladesäule übernimmt die Umwandlung von Wechsel- in Gleichstrom und speist die Energie quasi direkt in die Batterie ein. Das Batterie-Management-System des Fahrzeugs kommuniziert dabei präzise mit der Säule und bestimmt Spannung und Stromstärke. Moderne DC-Säulen erreichen Leistungen von 50 bis 350 kW, wobei die tatsächliche Ladegeschwindigkeit von der Batterietechnologie und dem Ladestand abhängt.

AC-Laden geht auch an einer Steckdose

Es ist auch möglich, ein E-Auto an einer normalen Schuko-Steckdose zu laden. Der Ladestrom ist dabei auf 3,6 kW begrenzt und das Fahrzeug muss mit einem »mobilen Lader«, umgangssprachlich »Ladeziegel« genannt, mit der Steckdose verbunden werden.

Abbildung 7.6: Ein sogenannter »Ladeziegel«, wie er zum Laden an einer normalen Steckdose verwendet wird.

Die Physik setzt hier die Grenzen: Bei niedrigen Batterieständen können Sie meist die maximale Leistung abrufen, während sich die Ladeleistung bei etwa 80 % Ladestand deutlich reduziert. Dieser Ladekurvenverlauf schützt die Batterie und erklärt, warum erfahrene E-Auto-Fahrer selten vollständig laden, sondern nur so viel, wie für die nächste Etappe nötig ist. Besprochen haben wir das schon in Abschnitt 6.4.2, »Schnellladen und Thermalmanagement – ein kritischer Tanz«.

7.3 Schnellladetechnologien

Die Schnellladetechnologie entwickelte sich rasant von den ersten 50-kW-Säulen zu Systemen, die HPC genannt werden. *High Power Charging* (HPC) mit 350 kW gilt heute als Standard für neue Schnellladeparks, doch auch hier zeichnet sich schon wieder die nächste Generation ab:

- Tesla führt mit seinen *V4-Superchargern* vor, wohin die Reise geht: Die Säulen unterstützen bereits 1000 V und 615 A laut Typschild, auch wenn die dahinterliegende Ladetechnik bis Ende 2024 noch auf der bewährten V3-Technologie basierte. Ab 2025 bringen neue *Cabinets* (die eigentliche Ladetechnik befindet sich in separaten Schaltschränken) die volle Leistung: bis zu 500 kW für Pkw und über 1 Megawatt für Nutzfahrzeuge.
- BYD demonstrierte im März 2025 mit dem *Megawatt Flash Charger* die technische Machbarkeit: 1360 kW über zwei Ladekabel, jeweils 500 A bei 1000 V. Solche Leistungen erfordern flüssigkeitsgekühlte Kabel, die bereits heute bei Strömen über 200 A zum Einsatz kommen.
- Die 800-Volt-Architektur in modernen Elektroautos bereitet den Weg für diese Leistungssprünge vor. Während 400-Volt-Systeme bei 500 A theoretisch 200 kW erreichen, schaffen 800-Volt-Fahrzeuge bei gleicher Stromstärke 400 kW. Fahrzeuge wie der Porsche Taycan, der Audi e-Tron, mehrere Modelle von Hyundai, Mercedes EQ, Volvo, BYD und Xpeng demonstrieren heute diese Spitzenleistungen beim Laden.

7.4 Das öffentliche Ladenetz in Deutschland und Europa

Deutschland verfügte Ende 2025 über mehr als 180.000 öffentlich zugängliche AC- und DC-Ladepunkte, doch die Verteilung bleibt ungleichmäßig. Während Autobahnkorridore gut ausgebaut sind, herrscht in ländlichen Gebieten noch Nachholbedarf. Die Bundesregierung fördert den Ausbau durch verschiedene Programme: Unternehmen erhalten Zuschüsse für öffentliche Ladepunkte, private Wallboxen werden auch durch regionale Programme bezuschusst.

Was bedeutet »öffentlich zugänglich« genau?

Ein Ladepunkt gilt als öffentlich zugänglich, wenn jeder ihn ohne besondere Berechtigung nutzen kann. Das schließt Ladesäulen auf Supermarktparkplätzen, an Tankstellen oder in öffentlichen Parkhäusern ein. Sie zahlen dort per App, Karte oder direkt am Gerät.

Nicht öffentliche Ladepunkte, oft sind »Destination Charger« damit gemeint, stehen dagegen nur bestimmten Personengruppen offen: Mitarbeitern auf Firmenparkplätzen, Hotelgästen oder Bewohnern eines Wohnkomplexes. Auch Ihre private Wallbox in der eigenen Garage fällt in diese Kategorie. Diese Ladepunkte tauchen meist nicht in offiziellen Statistiken auf, obwohl sie einen großen Teil der Ladeinfrastruktur ausmachen.

Der rechtliche Status hängt nicht davon ab, ob Sie für den Strom bezahlen müssen. Auch kostenlose Ladepunkte beim Einkaufszentrum zählen als öffentlich, solange der Zugang für alle offen steht. Wichtig: Regelungen der Bundesregierung betreffen ausschließlich öffentlich zugängliche Ladepunkte. Das gilt für technische Standards ebenso wie für die Pflicht zur Preisauszeichnung.

Europaweit entstehen transnationale Ladenetze wie *Ionity*, die Schnelllader mit 350 kW entlang der Hauptverkehrsachsen errichtet. *Fastned* verfolgt in den Niederlanden und Deutschland einen ähnlichen Ansatz mit seinen charakteristischen gelben Ladesäulen. Tesla öffnet sukzessive sein *Supercharger*-Netz für andere Marken – zunächst über die Tesla-App, später direkt an den Säulen.

Abbildung 7.7: Eine typische Fastned-Schnellladestation

Die Europäische Union treibt die Harmonisierung voran: Alle neuen Ladesäulen müssen seit April 2024 mit mindestens einem CCS-Anschluss ausgerüstet sein. Bis 2030 sollen entlang des *Trans-European Transport Network* (TEN-T) alle 60 km Schnellladestationen verfügbar sein. Diese Vorgaben schaffen die Grundlage für grenzüberschreitende Elektromobilität.

Besonders interessant entwickelt sich die Ladeinfrastruktur in urbanen Gebieten: Städte wie München, Hamburg und Berlin installieren AC-Ladesäulen mit 11 oder 22 kW systematisch auf Parkplätzen von Supermärkten und Einkaufszentren. Diese *Destination Charger* ermöglichen das bequeme Laden während alltäglicher Erledigungen.

7.5 Payment und Abrechnung an Ladesäulen

Das Bezahlen an Ladesäulen entwickelte sich von einem Flickenteppich verschiedener Systeme zu standardisierten Lösungen. RFID-Karten dominieren noch immer das Geschehen, wobei sich große Anbieter wie *Maingau*, *EnBW mobility+*, *Shell Recharge* und *Plugsurfing* etabliert haben. Diese Karten funktionieren meist in Ladeverbünden. Das sind Zusammenschlüsse verschiedener Betreiber, die ihren Kunden gegenseitig Zugang gewähren.

Die monatliche Abrechnung per Lastschriftverfahren bringt Planungssicherheit: Anders als beim Kraftstoff unterliegen Ladepreise kaum Schwankungen. Ladesäulenanbieter sichern sich langfristige Stromverträge und geben stabile Preise an ihre Kunden weiter. Ein wichtiger Unterschied zum Verbrenner: Autobahnladesäulen kosten meist nicht mehr als städtische Säulen.

Smartphone-Apps gewinnen an Bedeutung und bieten oft dieselben Funktionen wie physische Ladekarten. Der Vorteil: Sie zeigen Verfügbarkeit und Preise in Echtzeit an. Viele moderne Fahrzeuge integrieren diese Informationen direkt ins Navigationssystem und planen Ladestopps automatisch ein.

Eine neue Dimension eröffnet das kontaktlose Bezahlen direkt an der Säule: Moderne HPC-Lader verfügen über Kreditkartenleser und Displays für spontane Nutzer. Diese *Ad-hoc-Bezahlung* kostet meist mehr als Tarife für Stammkunden, bietet aber maximale Flexibilität.

7.6 Plug & Charge vs. Ad-hoc-Laden

Plug & Charge verbesserte den Ladevorgang durch eine vollständige Automatisierung: Sie stecken das Kabel ein, die Authentifizierung und Abrechnung läuft im Hintergrund über die verschlüsselte Kommunikation zwischen Fahrzeug und Ladesäule. Tesla praktiziert dieses System seit Jahren an Superchargern, und inzwischen unterstützen auch andere Hersteller den ISO-15118-Standard für Plug & Charge.

Diese Technik basiert auf digitalen Zertifikaten, die im Fahrzeug hinterlegt sind. Die Zertifikate enthalten Ihre Kundennummer und Zahlungsdaten, bleiben aber verschlüsselt und damit sicher vor Manipulation. Bei der Kommunikation zwischen Auto und Ladesäule tauschen beide Seiten Zertifikate aus und prüfen deren Gültigkeit – ein Prozess, der in Sekundenbruchteilen abläuft.

Fastned bietet mit *Autocharge* eine Vorstufe von Plug & Charge: Nach einmaliger Registrierung erkennt die Säule Ihr Fahrzeug automatisch und startet den Ladevorgang. Tesla perfektioniert dieses Konzept durch die Integration in die Fahrzeug-Software: Das Navigationssystem plant nicht nur den optimalen Ladestop, sondern reserviert bei Bedarf sogar Ladeplätze vor.

Abbildung 7.8: Eine Fastned-Ladestation in den Niederlanden – auch nachts gut beleuchtet und sicher

Das Ad-hoc-Laden bleibt als Fallback-Option trotzdem wichtig, besonders für Gelegenheitsnutzer oder bei technischen Problemen mit automatischen Systemen. Die Preise liegen meist deutlich über Vertragstarifen, dafür benötigen Sie keine Voranmeldung oder monatliche Grundgebühr.

Die Zukunft gehört hybriden Systemen: Stammkunden profitieren von Plug & Charge-Komfort und günstigen Vertragspreisen, während Gelegenheitsnutzer per Kreditkarte oder Smartphone-App spontan laden können. Moderne Ladesäulen unterstützen bereits alle diese Bezahlmethoden parallel und Sie wählen automatisch die für Sie günstigste Option.

Kapitel 8

Intelligente Systeme

Elektroautos unterscheiden sich von Verbrennern nicht nur durch ihren Antrieb, sondern entwickeln sich zu hochintegrierten Computersystemen auf Rädern. Die intelligenten Systeme moderner E-Fahrzeuge überwachen jede Zelle der Batterie, gewinnen Energie beim Bremsen zurück, aktualisieren sich über Nacht mit neuer Software und unterstützen den Fahrer bis hin zur teilweisen autonomen Fahrt und parken automatisch ein. Diese Technologien arbeiten nahtlos zusammen und zeigen, wie die Zukunft der Mobilität aussieht.

8.1 Vernetzung und Software-Updates

Over-the-Air-Updates (OTA) haben Elektroautos zu Fahrzeugen gemacht, die ohne einen Werkstattbesuch Funktionsupdates und Problembehebungen bekommen können. Tesla hatte diese Technologie bereits 2012 eingeführt und kann heute nahezu alle Fahrzeugfunktionen fernaktualisieren – von der Batterie-Management-Software bis zu neuen Autopilot-Features. Andere Hersteller ziehen nach: BMW, Mercedes, Volkswagen und Ford integrieren umfassende OTA-Kapazitäten in ihre neuesten Modelle.

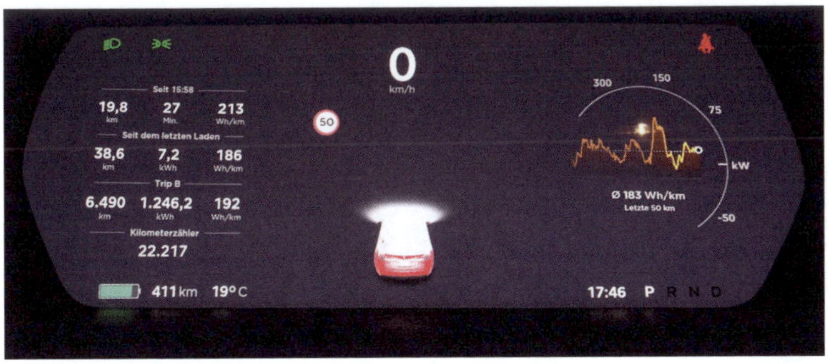

Abbildung 8.1: Das Dashboard eines Tesla Model S

Die Update-Architektur ist streng organisiert:

- Ein zentraler Computer – oft *Gateway* genannt – koordiniert alle Fahrzeugsysteme und lädt Updates aus der Cloud.
- Kritische Sicherheitssysteme wie Bremsen oder Airbags erhalten Updates nur über verschlüsselte Kanäle mit kryptografischen Signaturen.

- Non-Safety-Funktionen wie das Infotainment- oder das Navigationssystem aktualisieren sich häufiger und weniger restriktiv.

Die Datenübertragung erfolgt über LTE/5G-Modems, die permanent mit den Herstellerservern kommunizieren. Tesla-Fahrzeuge laden beispielsweise kontinuierlich Telemetriedaten hoch, und zwar zu:

- Batteriezustand
- Fahrverhalten
- Sensorinformationen
- Fehlercodes

Diese Daten fließen in *Machine-Learning-Algorithmen* ein, die neue Software-Versionen optimieren und Probleme frühzeitig identifizieren. Tesla analysiert Millionen von Fahrdaten, um Ausfallmuster zu erkennen und rechtzeitig Ersatzteile bereitzustellen.

Software Defined Vehicles (SDV) repräsentieren die nächste Evolutionsstufe. Dabei werden Hardwarefunktionen zunehmend durch Software ersetzt. Ein Beispiel: Tesla aktivierte 2019 per Update eine Anhängerkupplung-Funktion im Model X, deren Hardware bereits seit Produktionsbeginn verbaut war. Ähnlich schaltet Mercedes kostenpflichtige Features wie Hinterachslenkung oder erweiterte Fahrassistenz per Software frei.

Die Vernetzung ermöglicht auch eine vorausschauende Wartungsplanung. Sensoren überwachen kontinuierlich Verschleißteile und melden anomale Werte an die Hersteller-Cloud, woraufhin ein Werkstattbesuch geplant werden kann.

Abbildung 8.2: Das Infotainment-System eines Audi e-Tron

8.2 Autonomes Fahren und Assistenzsysteme

Das autonome Fahren entwickelt sich stufenweise von einfachen Assistenten hin zum vollständig selbstfahrenden Auto. Die *Society of Automotive Engineers* (SAE) definiert sechs Automatisierungsgrade von Level 0 bis 5, die den Übergang von manueller zu vollständig autonomer Fahrt beschreiben.

- **Level 0** - keine Automatisierung
- **Level 1 (Assistiert)** umfasst einzelne Fahrerassistenzsysteme, die entweder bei der Längs- oder Querführung helfen. *Adaptive Cruise Control* (ACC) regelt automatisch Geschwindigkeit und Abstand zum vorausfahrenden Fahrzeug. *Lane Keep Assist* (LKA) korrigiert sanft die Spurposition. Der Fahrer behält die vollständige Verantwortung und muss permanent aufmerksam bleiben. Diese Systeme sind heute in nahezu allen Fahrzeugklassen verfügbar.
- **Level 2 (Teilautomatisiert)** kombiniert Längs- und Querführung. Das Fahrzeug kann die Spur halten, den Abstand regeln und sogar selbstständig die Spur wechseln. *Tesla Autopilot*, *BMW Driving Assistant* und *Mercedes-Benz Drive Pilot* (im Level-2-Modus) repräsentieren diese Stufe. Der Fahrer muss das System kontinuierlich überwachen und kann jederzeit die Kontrolle übernehmen. Rechtlich bleibt er für alle Verkehrsverstöße verantwortlich.
- **Level 3 (Hochautomatisiert)** markiert den entscheidenden Paradigmenwechsel: Unter definierten Bedingungen übernimmt das Fahrzeug die Verantwortung. *Mercedes Drive Pilot* funktioniert bei Geschwindigkeiten bis 95 km/h auf Autobahnen und in Stausituationen. Der Fahrer darf sich anderen Tätigkeiten widmen - telefonieren, lesen oder Nachrichten schreiben. Bei kritischen Situationen fordert das System den Fahrer auf, binnen weniger Sekunden die Kontrolle zu übernehmen. BMW erhielt 2024 als weltweit erster Hersteller die Zulassung für Level-2- und Level-3-Funktionen in einem Fahrzeug.
- **Level 4 (Vollautomatisiert)** ermöglicht die autonome Fahrt in definierten Betriebsbereichen ohne menschliche Überwachung. Das Fahrzeug kann alle Fahrsituationen in seinem Einsatzgebiet selbstständig bewältigen und bei Problemen sicher anhalten. ZF erhielt 2025 als erster Zulieferer die deutsche Zulassung für Level-4-Tests auf allen Straßen bis 100 km/h. Mercedes testet *Automated Valet Parking* (AVP) im Level-4-Bereich: Fahrzeuge parken völlig autonom in speziell ausgerüsteten Parkhäusern.
- **Level 5 (Autonom)** repräsentiert die vollständige Automatisierung ohne Einschränkungen. Fahrzeuge bewältigen alle Verkehrssituationen selbstständig und benötigen weder Lenkrad noch Pedale. Die Insassen werden zu reinen Passagieren. Experten erwarten Level-5-Fahrzeuge nicht vor 2040, da die technischen und rechtlichen Herausforderungen noch erheblich sind.

8.3 Sensoren

Die Sensortechnologie ist das Rückgrat all dieser automatischen Systeme. Kameras erfassen Verkehrszeichen, Fahrbahnmarkierungen und andere Verkehrsteilnehmer. Radar-Sensoren messen Abstände und Geschwindigkeiten auch bei schlechten Wetterbedingungen. LiDAR-Systeme erstellen hochpräzise 3D-Umgebungsmodelle. Die Mercedes S-Klasse verwendet über 30 Sensoren für Level-3-Funktionen, der BMW iX verfügt über ähnlich komplexe Sensorik.

Die künstliche Intelligenz (KI) verarbeitet diese Sensordaten in Echtzeit. Neuronale Netzwerke erkennen Objekte, klassifizieren Verkehrssituationen und treffen Fahrentscheidungen. Tesla trainiert seine KI mit Milliarden Fahrkilometern aus der eigenen Fahrzeugflotte. Viele Hersteller kooperieren mit Technologieunternehmen, um diese fortschrittlichen Technologien in die Autos zu bekommen.

Aktuelle Herausforderungen betreffen *Edge Cases*. Das sind seltene Verkehrssituationen, die extrem schwierig sind und die in Trainingsdaten unterrepräsentiert sind: Baustellen, Unfallstellen oder ungewöhnliche Witterungsbedingungen fordern die KI-Systeme heraus. Wie soll das Fahrzeug beim autonomen Fahren auf Glatteis reagieren? Oder wenn starker Regenfall die Sicht des Fahrers behindert, aber das Fahrzeug noch ohne Probleme »sehen« kann? Auch *ethische Dilemmata* können entstehen: Nach welchen Kriterien soll ein autonomes System Kollisionen bewerten und Ausweichmanöver planen, wenn ein Unfall nicht mehr zu vermeiden ist und nur zwischen einer unterschiedlichen Anzahl von verletzten Menschen gewählt werden kann?

Die rechtlichen Rahmenbedingungen entwickeln sich parallel zur Technik. Deutschland schuf 2021 weltweit erstmals ein Gesetz für autonome Fahrzeuge bis Level 4 im Regelbetrieb. Die EU-Typgenehmigung für Level-3-Systeme existiert seit 2022. Versicherungsfragen bleiben trotzdem noch ungeklärt: Wer haftet bei Unfällen autonomer Fahrzeuge? Der Hersteller, die Betreiber oder die Versicherung?

Sie verstehen jetzt die Technik im Detail. Nun stellt sich die praktische Frage: Welches E-Auto passt zu Ihnen? Dieser Frage wollen wir in den folgenden Kapiteln nachgehen. Nach der Auswahl eines passenden E-Autos führe ich Sie anschließend durch den Kaufprozess.

TEIL III
Kaufberatung

Kapitel 9
Marktüberblick nach Fahrzeugklassen

Der deutsche Elektroautomarkt bietet mittlerweile für jeden Bedarf das passende Fahrzeug. Ob Sie einen wendigen Stadtflitzer, eine geräumige Familienlimousine oder einen robusten Transporter suchen, die Auswahl elektrischer Fahrzeuge deckt heute alle Fahrzeugklassen ab. Jede Bauform bringt spezifische Vor- und Nachteile mit sich, die bei der Kaufentscheidung berücksichtigt werden sollten.

Vernunft beim E-Auto-Kauf

Ein Elektroauto muss nicht für jeden Extremfall gerüstet sein. Ein sparsames Fahrzeug mit maximal 20 kWh Verbrauch pro 100 km reicht für die allermeisten Fahrten völlig aus. Brauchen Sie wirklich ein Fahrzeug, das mit Tempo 180 auf der Autobahn 1400 km bis ans Schwarze Meer fahren kann – und das in einem Rutsch ohne Pinkelpause?

Effizienz und Praxistauglichkeit ist der Schlüssel. Fahrpausen sind sinnvoll – für Sie und für das Fahrzeug. Wenn aus Fahrpausen Ladepausen werden, entspannt das die Reise und schont den Geldbeutel. Sparsame Elektroautos fahren mit deutlich unter 20 kWh pro 100 km durch den Alltag. Das halbiert mindestens die Fahrtkosten gegenüber einem Verbrenner.

Bei der Fahrzeugauswahl zählen die tatsächlichen Bedürfnisse, nicht die theoretischen Extremfälle. Ein effizientes E-Auto mit angemessener Reichweite deckt 95 % aller Fahrten problemlos ab. Für die restlichen 5 % gibt es Schnellladestationen – und die Gelegenheit für eine entspannte Kaffeepause.

Die Realität zeigt: Wer vorausschauend fährt und regelmäßige Pausen einlegt, kommt mit einem sparsamen Elektroauto entspannt und günstig an sein Ziel.

9.1 Vollelektrisch oder Hybrid?

Auf der Suche nach einem neuen Fahrzeug werden Sie sich sicher zuerst die Frage stellen, ob es ein vollelektrisches Auto sein soll oder ein Hybrid. Verstärkt wird diese Überlegung durch die seit einiger Zeit verstärkt auf YouTube und in Automobilmedien auftretende Behauptung, dass Hybridfahrzeuge das Rennen gegen Elektroautos gewinnen würden. Oder auch durch Titel wie »*I thought Electric Cars were the Future*«.

Die Zahlen zeigen tatsächlich einen Verkaufsboom bei Hybriden, aber dahinter steckt mehr: Die Realität ist komplexer. Die *Verkaufszahlen* für elektrifizierte Fahrzeuge unterscheiden sich nämlich zwischen den Weltregionen:

Region/ Land	BEV-Anteil	PHEV-Anteil	Vollhybrid (HEV)	Gesamt elektrifiziert	Trend	Kommentar
China	25 %	23 %	-	48 %	↑ stark steigend	Der PHEV-Anteil wächst besonders stark.
Norwegen	89 %	3 %	5 %	97 %	↑ BEV dominiert	Der Markt ist nahezu vollständig elektrifiziert.
Schweden	42 %	19 %	-	61 %	→ stabil	Markt gesättigt, hohe Förderung
Dänemark	35 %	10 %	22 %	67 %	↑ steigend	Schätzung basierend auf EEA-Daten
Niederlande	35 %	3 %	17 %	55 %	↑ steigend	Elektrifizierung wächst stark.
Deutschland	14 %	8 %	6 %	28 %	↓ nach Förder-Ende	Rückgang bei PHEV nach Subventionsende
Frankreich	18 %	-	43 %	61 %	↑ Hybrid-Boom	HEV stark, BEV legt langsam zu.
UK	20 %	8 %	-	28 %	→ stabil	PHEV stabil, BEV moderat wachsend
USA	8 %	-	12 %	20 %	↑ Hybrid-Boom	HEV stark dank Toyota, Ford, Honda
Europa gesamt	16 %	9 %	31 %	56 %	→ Hybride stark	Kontinentweiter Trend zu PHEV und BEV

Tabelle 9.1: Die Zahlen zeigen ein differenziertes Bild weltweit. (Quellenbasis: EEA, ACEA, IEA und nationale Zulassungsstatistiken 2024–2025)

Wie Sie sehen können, erzählen diese Zahlen keine Geschichte, in der die Hybridfahrzeuge »gewinnen«. In Norwegen sind Hybride praktisch tot, in den USA boomen sie, in China funktionieren sie anders als in Europa. Um zu verstehen, was dies bedeutet, müssen wir uns die Hintergründe anschauen.

9.1.1 China: Hybride sind dort E-Autos mit Notfall-Motor

Die chinesischen Plug-in-Hybride unterscheiden sich grundlegend von europäischen Modellen. Während ein PHEV in Deutschland typischerweise 50 bis 80 km elektrische Reichweite schafft, fahren chinesische Modelle mit 100 bis 150 km fast dreimal so weit. Diese sogenannten *Extended-Range-EVs* (EREVs) nutzen den Verbrenner nur als Reichweitenverlängerer und werden im Alltag wie reine E-Autos gefahren. Chinesische PHEV-Fahrer legen 70 bis 80 % ihrer Strecken elektrisch zurück, weil sie täglich laden und die Batterie für Pendelstrecken ausreicht. Das erklärt, warum BYD 60 % seiner Fahrzeuge als PHEVs verkauft. Sie funktionieren dort wie E-Autos, kosten aber weniger als reine Batteriefahrzeuge.

China verkaufte 2024 insgesamt 11 Millionen elektrifizierte Fahrzeuge, das sind 48 % aller Neuwagen. Der PHEV-Anteil im Straßenverkehr wuchs rasant: von 15 % (2020) auf 30 % (2024). BYD dominiert den Markt mit 34 % Marktanteil, Tesla liegt bei nur 6 %. Die chinesischen »Hybride« sind technisch und im Nutzungsverhalten näher am E-Auto als am europäischen Plug-in-Hybrid.

9.1.2 USA: Infrastruktur-Angst treibt die Verkäufe

In den USA stiegen Hybrid-Verkäufe 2024 um 37 %, nachdem sie 2023 bereits um 53 % gewachsen waren. Zusammen erreichten 2024 alle elektrifizierten Fahrzeuge (E-Autos plus Hybride) erstmals 20 % Marktanteil, davon 1,9 Millionen Hybride und 1,3 Millionen reine E-Autos. Der Grund liegt nicht in der Technologie, sondern in der Geografie: weite Distanzen, dünn besiedelte Regionen und eine Ladeinfrastruktur, die außerhalb der Küstenstädte schwach ausgebaut ist. Viele Amerikaner trauen E-Autos die Langstrecke nicht zu und wählen den Hybrid als vermeintlich sichere Alternative. Der reine E-Auto-Anteil liegt in den USA interessanterweise bei nur 8 %, weit hinter China (25 %) und sogar hinter Deutschland (14 %). Der Hybrid-Boom ist also kein Qualitätsmerkmal der Technologie, sondern Ausdruck fehlender Infrastruktur und großer Entfernungen.

9.1.3 Nordeuropa: E-Autos dominieren

Norwegen erreichte 2024 einen E-Auto-Anteil von 89 %, ein Weltrekord. Plug-in-Hybride brachen dort nach Steuererhöhungen dramatisch ein: von 7,9 % (2023) auf 2,7 % (2024). Nach weiteren Steuererhöhungen im April 2025 liegt der PHEV-Anteil nun unter 1 %. Die Zahlen sprechen für sich: Im Juni 2025 waren 97 % aller Neuzulassungen in Norwegen reine E-Autos. Nur 152 Plug-in-Hybride wurden verkauft, das ist ein Rückgang von 84 %

gegenüber dem Vorjahr. Tesla Model Y führt die Verkaufscharts an, gefolgt von europäischen E-Autos wie dem VW ID.4 und Volvo EX30.

Auch Schweden (42 % BEV, 19 % PHEV) und Dänemark (67 % elektrifiziert) zeigen: Bei guter Infrastruktur, konsequenter Förderung und dichter Ladeinfrastruktur setzen sich reine E-Autos durch. Der Hybrid spielt dort nur noch eine Randrolle für Vielfahrer ohne feste Lademöglichkeit.

9.1.4 Deutschland und Frankreich: Förder-Ende und Rezession bremsen

Nach dem abrupten Ende der Kaufprämie im Dezember 2023 brachen die E-Auto-Verkäufe in Deutschland ein: von 18 % (2023) auf 14 % (2024). Der Markt erholt sich 2025 nur langsam vom Wegfall der Förderung. Die VW ID-Familie verkaufte 2024 sogar 3 % weniger als im Vorjahr. Mercedes reduzierte E-Auto-Verkäufe um 23 %. Der Grund: Fehlende Planungssicherheit und die weggebrochene Förderung machten E-Autos über Nacht teurer. Seit Januar 2026 stehen in Deutschland wieder staatliche Fördermittel zur Verfügung, die mittelfristig neue Impulse für den Markt setzen könnten.

In Frankreich zeigt sich ein ähnliches Bild: 2024 sanken die Gesamtzulassungen um 3,2 % auf 1,72 Millionen Fahrzeuge. Der Hybrid-Anteil explodierte auf 43 % (von 34 % in 2023), während E-Autos bei 18 % stagnierten. Benziner schrumpften auf 30 %, Diesel auf nur noch 7 %. Die beiden französischen Traditionsmarken Citroën und Peugeot gehören seit der Fusion 2021 zum internationalen Stellantis-Konzern (zusammen mit Fiat, Opel, Jeep und Alfa Romeo). Sie sind also nicht mehr rein französisch. Stellantis verlor 2024 in Frankreich 7 % (453.000 Zulassungen) und Renault 2,7 % (425.000 Zulassungen). Zusammen kontrollieren beide Konzerne noch 51 % des französischen Marktes, aber der Marktanteil schrumpft kontinuierlich.

9.1.5 Europa in der Rezession: Alle Hersteller leiden

Die Verkaufszahlen müssen im Kontext der Wirtschaftskrise gesehen werden. Alle großen Automobilhersteller verzeichneten 2024/2025 massive Rückgänge:

- **Porsche:** Verkäufe in China minus 28 %, weltweit nur 1.845 Taycan verkauft
- **Audi:** minus 12 % weltweit (1,67 Millionen Fahrzeuge)
- **Mercedes:** minus 3 % Gesamtabsatz, E-Autos minus 23 %
- **BMW:** minus 2,3 %, obwohl E-Autos um 13,5 % wuchsen
- **VW-Konzern:** minus 2,3 % weltweit auf 9,03 Millionen Fahrzeuge
- **Stellantis:** minus 15 % Absatz, Gewinn minus 70 %
- **Volvo:** minus 12 % im zweiten Quartal 2025

Der Automarkt schrumpfte in vielen europäischen Ländern insgesamt. Deutschland, Frankreich und Belgien verzeichneten sinkende Neuzulassungen. Die Rezession trifft alle Antriebsarten, nicht nur E-Autos. Verbraucher kaufen generell weniger Neuwagen, weil die Finanzierungskosten hoch sind und wirtschaftliche Unsicherheit herrscht.

9.1.6 Das Gesamtbild: Infrastruktur schlägt Technologie

Die Behauptung »Hybride gewinnen« greift also zu kurz. Die globalen Zahlen zeigen ein klares Muster:

- In Märkten mit guter Infrastruktur (Norwegen, Teile Chinas) dominieren E-Autos.
- In Märkten mit schwacher Infrastruktur (USA, ländliche Regionen) wachsen Hybride.
- In Märkten mit gestrichenen Förderungen (Deutschland, Frankreich) sinken beide Kategorien.
- In wirtschaftlich schwachen Zeiten kaufen Menschen generell weniger Neuwagen.

Die Technologie ist nicht das Problem, die Rahmenbedingungen entscheiden. Förderung, (Lade-)Infrastruktur, Wirtschaftslage und politische Planbarkeit beeinflussen die Verkaufszahlen weit stärker als die Qualität der Fahrzeuge. Das zeigt ein einfaches Gedankenexperiment besonders deutlich.

9.1.7 Das Gedankenexperiment: Wenn die Infrastruktur anders wäre

Stellen Sie sich vor, die Infrastruktur wäre umgekehrt: Tankstellen wären dünn gesät und unzuverlässig: Nur alle 50 km finden Sie eine Tankstelle. Dort stoßen Sie auf unterschiedliche Zapfpistolen für verschiedene Marken, und es gibt kein einheitliches Bezahlsystem. Ladesäulen dagegen stünden überall: an jedem Supermarkt, jedem Parkhaus, jeder Ein- und Ausfallstraße, jedem Rasthof. Jeder Hausbesitzer hätte einen Ladeanschluss in der Garage, jeder Arbeitgeber Ladeplätze auf dem Firmenparkplatz.

In diesem Szenario würden die YouTube-Videos lauten: »*The BEVs are winning!*« Hybride würden als komplizierte Übergangstechnologie gelten: zwei Antriebe, doppelte Wartung, unnötiges Gewicht von 150 kg zusätzlich. Niemand würde verstehen, warum man einen Benzintank und einen Verbrennungsmotor mitschleppen sollte, wenn man überall binnen Minuten laden kann.

Genau das bringt die entscheidende Erkenntnis: Die Verkaufszahlen spiegeln nicht die Qualität der Technologie wider, sondern die Qualität der Infrastruktur. In Norwegen, wo 46 Ladepunkte pro 1.000 Fahrzeuge verfügbar sind und jeder Neubau Lademöglichkeiten haben muss, fahren 89 % E-Autos. In den USA, wo die Ladeinfrastruktur außerhalb der Küstenstädte dünn ist, boomen Hybride.

Die Technik ist somit nicht das Problem, sondern die Rahmenbedingungen entscheiden.

9.2 Kleinwagen

Elektrische Kleinwagen haben sich zu den idealen Stadtfahrzeugen entwickelt. Sie vereinen die Wendigkeit kompakter Abmessungen mit der Ruhe und Effizienz des Elektroantriebs. Modelle wie der *Renault ZOE* oder der *VW ID.3* zeigen, dass kleine Elektroautos keineswegs schlecht ausgestattet sein müssen. Die kompakten Abmessungen erleichtern das Parken in der Stadt erheblich, während der elektrische Antrieb im Stop-and-Go-Verkehr seine Stärken ausspielen kann.

Der größte Vorteil elektrischer Kleinwagen liegt in ihrer Effizienz bei Kurzstrecken. Während Verbrennungsmotoren bei Fahrten unter zehn Kilometern nicht ihre Betriebstemperatur erreichen und dadurch hohe Emissionen verursachen, läuft der Elektromotor vom ersten Meter an optimal.

Die Reichweite moderner elektrischer Kleinwagen bewegt sich im Alltag zwischen 250 und 350 km. Das reicht für die meisten Fahrten vollkommen aus, da man normalerweise an über 80 % der Tage im Jahr weniger als 40 km fährt. Neben dem Pendeln zur Arbeit decken sie die kleinen Fahrten zum Supermarkt, Baumarkt, Bäcker oder zur Schule problemlos ab.

Ein weiterer Pluspunkt: Viele Hersteller nutzen den wegfallenden Motorraum clever aus. Beim VW ID.3 oder Renault ZOE fließt der gewonnene Platz in ein großzügigeres Raumgefühl im Innenraum, ohne die Außenmaße zu vergrößern. Diese Fahrzeuge bieten trotz kompakter Abmessungen den Komfort eines größeren Wagens.

Die Ladezeiten sind bei kleineren Batterien entsprechend kürzer. An einer 11-kW-Wallbox lädt ein elektrischer Kleinwagen sehr schnell vollständig auf. Für den Stadtverkehr ist das vollkommen optimal, da das Auto am Stellplatz geladen werden kann und morgens immer voll geladen zur Verfügung steht.

9.3 Limousinen und Kombis

Elektrische Limousinen und Kombis richten sich an Fahrer, die Wert auf Komfort, Reichweite und Platz legen. Fahrzeuge wie das *Tesla Model S* oder der *BMW iX3* zeigen, dass Elektroantrieb und Luxus sich keineswegs ausschließen. Diese Fahrzeugklasse profitiert besonders von den charakteristischen Eigenschaften des Elektroantriebs: maximales Drehmoment vom Stillstand und nahezu geräuschloser Betrieb schaffen ein entspanntes Fahrerlebnis auf Langstrecken. Der Motor vibriert nicht, das Auto nickt nicht beim Schalten, Sie hören Ihre Musik ohne störendes Motorbrummen. Gerade im zähen Stadtverkehr oder bei Stop-and-Go auf der Autobahn zeigt sich der Komfortvorteil deutlich.

Die größeren Batterien ermöglichen Reichweiten von 400 bis 700 km im Alltag. Damit eignen sich diese Fahrzeuge auch für längere Strecken und Urlaubsreisen. Ein Tesla – je nach Modell – schafft in der Praxis rund 500 bis 700 km. Diese Werte liegen deutlich über dem, was die meisten Fahrer täglich benötigen.

Elektrische Kombis bieten zusätzlich den praktischen Nutzen eines großen Laderaums. Hier zeigt sich ein interessantes Phänomen: Einige Hersteller statten ihre Elektromodelle mit einem *Frunk* aus, einem zusätzlichen Kofferraum unter der Fronthaube. Tesla machte diese Lösung populär, mittlerweile haben auch andere Hersteller wie beispielsweise Hyundai beim *Ioniq 5*, Dacia beim *Spring* und Mercedes beim *GLC* diese Idee aufgegriffen. So entstehen getrennte Stauräume für Alltags- und Reiseutensilien.

Abbildung 9.1: Der Frunk eines Ioniq 5 im geöffneten Zustand.

Das größere Platzangebot machen Limousinen und Kombis zu komfortablen Langstreckenfahrzeugen. Gleichzeitig profitieren sie von den niedrigeren Wartungskosten des Elektroantriebs.

9.4 SUVs und Crossover

Crossover und kleine SUVs haben einen klaren Vorteil: Sie sind kompakt genug, um sich leicht einparken zu lassen, bieten aber trotzdem eine erhöhte Sitzposition. Modelle wie der *Hyundai Kona Electric*, der *MG ZS EV* oder der *BYD Atto3* oder *BYD Tang* zeigen, wie sich eine bequeme Einstiegshöhe mit handlichen Außenmaßen kombinieren lässt. Sie passen in normale Parklücken, bieten komfortables Einsteigen und einen guten Überblick im Stadtverkehr.

Abbildung 9.2: Der BYD Tang ist ein 7-Sitzer. Im BYD Tang ist reichlich Platz für eine große Familie und Gepäck.

Mit Alltagsreichweiten von rund 350 bis 400 km eignen sich diese kompakten Elektro-SUVs ideal für Stadt, Umland und Wochenendausflüge. Die höhere Sitzposition erleichtert das Ein- und Aussteigen - besonders praktisch mit älteren Mitfahrern oder kleinen Kindern. Auch der Kofferraum fällt meist deutlich größer aus als bei Kleinwagen.

Große elektrische SUVs ab etwa fünf Metern Länge bringen zusätzliche Stärken mit. Fahrzeuge wie der *Kia EV9* oder der angekündigte *Hyundai Ioniq 9* ziehen schwere Anhänger, der EV9 etwa bis zu 2.500 kg. Wer regelmäßig einen Wohnwagen oder Pferdeanhänger bewegt, findet hier die passende Basis. Allerdings reduziert ein Anhänger die Reichweite spürbar, daher sollten Sie Ladestopps sorgfältig einplanen.

Auch die chinesischen Hersteller mischen kräftig mit. Der SAIC-Konzern verkauft inzwischen rund 100.000 Elektro-SUVs pro Jahr, vor allem den beliebten MG ZS EV. Inzwischen gibt es elektrische SUVs in nahezu allen Preisklassen: vom günstigen Einstiegsmodell bis zur luxuriösen Oberklasse.

9.5 Transporter

Elektrische Transporter haben sich zu einer echten Alternative für Gewerbetreibende entwickelt. Besonders für Lieferdienste, Handwerker und städtische Logistik bieten sie überzeugende Vorteile. Die Kombination aus niedrigen Betriebskosten, lokaler Emissionsfreiheit und der Möglichkeit, auch in Umweltzonen zu fahren, macht sie für viele Unternehmen interessant.

Abbildung 9.3: Den Kia PV5 gibt es in der Passagier- und Transporterversion.

Der DKW-Schnelllaster aus den 1950er-Jahren war bereits ein Wegbereiter für praktische elektrische Nutzfahrzeuge. Moderne elektrische Transporter knüpfen an diese Tradition an und bieten heute Reichweiten, die für die meisten gewerblichen Anwendungen ausreichen. Ein elektrischer Lieferwagen schafft typischerweise bis zu 300 km, was für die Mehrzahl der Auslieferfertouren genügt.

Für gewerblich genutzte Elektrolieferfahrzeuge gibt es besondere Förderungen. Von 2020 bis 2030 besteht die Möglichkeit einer Sonderabschreibung: Bei der Anschaffung neuer, rein elektrisch betriebener Lieferfahrzeuge können einmalig 50 % der Anschaffungskosten abgeschrieben werden. Das macht diese Fahrzeuge für Unternehmen besonders attraktiv.

Abbildung 9.4: Der Innenraum eines Nissan e-NV200-Transporters

Die Wartungskosten elektrischer Transporter liegen deutlich unter denen vergleichbarer Diesel-Fahrzeuge. Es entfallen Ölwechsel, Katalysatorreinigungen und viele andere wartungsintensive Komponenten. Gleichzeitig sind die Energiekosten pro Kilometer erheblich niedriger als bei Dieselkraftstoff.

9.6 Vor- und Nachteile verschiedener Bauformen

Lassen Sie mich kurz auf die generellen Vor- und Nachteile der unterschiedlichen Bauformen eingehen:

- Kleinwagen: Ihre Vorteile liegen in der Wendigkeit, den niedrigen Anschaffungs- und Betriebskosten sowie in ihrer Eignung für Kurzstrecken. Ihre Nachteile sind die begrenzte Reichweite und der eingeschränkte Platz für Passagiere und Gepäck. Für Singlehaushalte oder als Zweitwagen sind sie ideal, für Familien mit regelmäßigen Langstrecken eher weniger geeignet.
- Limousinen und Kombis: Sie punkten mit hohem Komfort, großer Reichweite und viel Platz. Ihre Nachteile sind höhere Anschaffungskosten und ein größerer Wendekreis in der Stadt. Diese Bauform eignet sich für Vielfahrer und Familien, die Wert auf Komfort legen.

Abbildung 9.5: Ein E-Auto als Limousine, hier ein Hyundai Ioniq der ersten Generation

- Crossover/SUVs: Ihre Vorteile liegen in der erhöhten Sitzposition, dem guten Platzangebot und der Möglichkeit, Anhänger zu ziehen. Nachteile sind der höhere Energieverbrauch durch den Luftwiderstand und die höheren Anschaffungskosten. SUVs eignen sich für Familien und Fahrer, die gelegentlich Anhänger ziehen müssen.
- Transporter: Elektrische Transporter erhalten Zufahrt in Umweltzonen und staatliche Förderungen. Nachteilig sind die noch begrenzte Modellauswahl und die eingeschränkte Reichweite bei voller Beladung. Sie eignen sich aber für Gewerbetreibende mit planbaren, kürzeren Routen.

9.7 Welches Auto passt zu meinem Nutzungsprofil?

Die Wahl des richtigen Elektroautos hängt entscheidend von Ihrem individuellen Fahrprofil ab. Eine ehrliche Analyse Ihrer tatsächlichen Fahrgewohnheiten hilft bei der optimalen Auswahl:

- **Stadtfahrer und Pendler mit täglichen Strecken unter 50 km** fahren mit einem elektrischen Kleinwagen am besten. Die niedrigen Betriebskosten, die einfache Parkplatzsuche und die Ruhe im Stadtverkehr machen diese Fahrzeuge zu idealen Begleitern. Ein E-Auto mit einer Batteriekapazität von bis zu 40 oder 50 kWh reicht vollkommen aus. Wer täglich längere Strecken pendelt, sollte zu einer größeren Batterie tendieren.
- **Familien** benötigen vor allem Platz und Flexibilität. Ein elektrischer Kombi oder SUV hat genügend Raum für Kindersitze, Kinderwagen und Urlaubsgepäck. Die größeren Batterien ermöglichen auch spontane Wochenendausflüge ohne Reichweitenangst.
- **Vielfahrer mit mehr als 30.000 km im Jahr** profitieren besonders von den niedrigen Energiekosten des Elektroantriebs. Bei einer solchen Laufleistung kann der Wechsel von einem Mittelklasse-Fahrzeug mit Verbrennungsmotor zu einem vergleichbaren E-Auto mit einer Einsparung von rund 200 € pro Monat einhergehen. Hier empfiehlt sich eine große Batterie mit 60 kWh oder mehr und ein Fahrzeug mit guter Schnellladefähigkeit.
- **Gewerbetreibende** sollten ihre Routen genau analysieren. Bei planbaren Strecken unter 200 km täglich ist ein elektrischer Transporter oft die wirtschaftlichere Lösung. Die Sonderabschreibung und niedrigen Wartungskosten amortisieren die höhere Anschaffung schnell.
- **Gelegenheitsfahrer mit weniger als 10.000 km im Jahr** sparen zwar weniger bei den Energiekosten, profitieren aber von der Wartungsarmut und der Möglichkeit, immer vollgeladen zu starten. Ein kleineres Modell mit einer Batterie zwischen 30 und 50 kWh reicht hier völlig aus.

Abbildung 9.6: Die Spannweite bei E-Autos ist groß! Links ein Tesla, rechts ein Twizzy.

9.7.1 Entscheidungshilfe: Welches Profil passt zu mir?

Noch unsicher? Diese Fragen helfen bei der Einordnung:

Tägliche Kilometer:

- ☐ unter 50 km? → Stadt-Pendler-Modelle
- ☐ 50–150 km? → Familien-Fahrzeuge
- ☐ über 150 km? → Langstrecken-Effizienz-Champions

Anzahl der Mitfahrer:

- ☐ 1–2 Personen? → Kompaktklasse
- ☐ 3–4 Personen? → Familien-SUVs
- ☐ 5+ Personen? → Großraum-SUVs mit sieben Sitzen

Budget:

- ☐ bis 30.000 €? → Stadt-Pendler oder Gebrauchtwagen
- ☐ 30.000–50.000 €? → Familien-Fahrzeuge, Vielfahrer
- ☐ über 50.000 €? → Premium-Langstrecke, Technik-Enthusiasten

Besondere Anforderungen:

- ☐ Anhängerkupplung? → EV9, Ioniq 9, EQB
- ☐ maximaler Laderaum? → Transporter-Modelle
- ☐ höchste Effizienz? → Ioniq 6, Model 3
- ☐ modernste Technik? → Tesla, Nio, BMW

Tesla ändert ständig

Tesla aktualisiert seine Fahrzeuge häufig und meist ohne große Ankündigung. Batteriegrößen, Reichweiten und Leistungsdaten ändern sich laufend, zudem nennt Tesla auf seiner Website oft nur ungefähre Werte wie »etwa 78 kWh« oder »bis zu 460 PS«. Exakte Angaben sind daher schwierig.

Die Daten in diesem Buch sind sorgfältig recherchiert, können aber schon nach kurzer Zeit überholt sein. Nutzen Sie sie deshalb zur Einordnung der Tesla-Modelle im Vergleich zu anderen Elektroautos. Für konkrete Kaufentscheidungen prüfen Sie die aktuellen technischen Daten direkt auf der Tesla-Website mit tagesaktuellen Angaben zu Reichweite, Leistung und Preis.

Kapitel 10
Das richtige E-Auto für Ihren Bedarf

Die Zeiten, in denen Sie beim E-Auto-Kauf zwischen drei Modellen wählen konnten, sind lange vorbei. Der Markt bietet über 100 verschiedene Elektroautos, vom 20.000-€-Kleinwagen bis zur Luxuslimousine für sechsstellige Beträge. Auf der Fastned-Website habe ich 76 verschiedene E-Autos gezählt, deren verschiedene Modell-Varianten am Fastned-Ladenetz geladen hatten. Diese Vielfalt bringt Vorteile, macht die Auswahl aber auch komplizierter.

Welches E-Auto passt zu Ihnen? Wir haben in Abschnitt 9.7 schon über Nutzungsprofile gesprochen. Verwenden wir diese nun, um das am besten für Sie passende E-Auto zu finden. In diesem Kapitel stelle ich Ihnen konkrete Fahrzeuge für unterschiedliche Lebenslagen vor. Statt abstrakter Fahrzeugklassen orientiere ich mich an den Nutzungsprofilen. So finden Sie schneller das Auto, das wirklich zu Ihnen passt, mit konkreten Modellnamen, die Sie beim Händler nennen können.

Es gibt noch so viel mehr E-Autos!

Ich habe hier im Buch nicht alle Fahrzeuge aufgeführt, die erhältlich sind. Es gibt noch viel mehr Neufahrzeuge und Gebrauchtfahrzeuge, die infrage kommen könnten. Nutzen Sie die hier im Buch gelisteten Fahrzeuge also auch als Startpunkt für weitere eigene Recherchen. Der Markt verändert sich schnell, es wäre sinnlos zu versuchen, hier im Buch eine auf Jahre hinaus gültige Liste aufstellen zu wollen.

10.1 Ihr Weg zum richtigen E-Auto

Das perfekte E-Auto existiert nicht, aber das perfekte Auto für Ihre Bedürfnisse schon. Stellen Sie sich drei Fragen:

1. **Was brauche ich wirklich?** Die Frage lautet nicht: »Was brauche ich vielleicht einmal im Jahr?«
2. **Wo kann ich laden?** Wenn Sie zu Hause oder beim Arbeitgeber laden können, sind 95 % der Probleme schon gelöst.
3. **Was kann ich ausgeben?** Achten Sie auf die *Total Cost of Ownership* (TCO), nicht nur auf den Kaufpreis.

Wenn Sie täglich unter 50 km fahren und zu Hause oder auf der Arbeit laden können, reicht ein günstiger Kompakter. Wenn Sie 200 km pendeln, brauchen Sie Reichweite und schnelles Laden. Wenn Sie fünf Kinder haben, brauchen Sie Platz, keine Sportwagen-Beschleunigung.

Die gute Nachricht: Der Markt bietet 2025 für fast jedes Profil passende Fahrzeuge. Von günstigen Einstiegsmodellen unter 25.000 € bis zu Luxus-SUVs mit 600 km Reichweite ist alles verfügbar. Chinesische Hersteller erweitern die Auswahl im günstigen Segment erheblich. Auch Gebrauchtwagen können attraktiv sein, insbesondere beim Anschaffungspreis.

Mein Rat: Beginnen Sie mit Ihrem Nutzerprofil, nicht mit Ihren Wunschvorstellungen. Das spart Geld und führt zu einem Auto, das Sie täglich glücklich macht, nicht nur auf dem Papier. Was für Sie geeignet sein könnte, stelle ich Ihnen anhand einiger Szenarien in diesem Abschnitt vor. Es sind konkrete Empfehlungen, die Sie bei den Händlern anfragen können.

Alle genannten Preise sind die Einstiegspreise der jeweiligen Modelle (Stand: Januar 2026). Da sich Preise häufig ändern, prüfen Sie bei konkretem Interesse den aktuellen Preis sowie die verfügbaren Ausstattungsvarianten direkt beim Hersteller.

Ihre Elektromobilität beginnt mit der richtigen Wahl. Nutzen Sie dieses Kapitel als Kompass, nicht als Gesetz. Am Ende entscheidet Ihr Gefühl – nach der Probefahrt wissen Sie, ob es passt.

10.1.1 Der Stadt-Pendler: kompakt, effizient, günstig

- **Ihr Profil:** Sie wohnen in der Stadt oder im Umland und fahren täglich maximal 50 km. Parkplätze sind knapp, die Wendigkeit ist wichtiger als die Größe des Kofferraums. Sie möchten günstig einsteigen und brauchen keine 500 km Reichweite.
- **Ihre Anforderungen:** kompakte Abmessungen, niedrige Betriebskosten, ausreichende Stadtreichweite, einfache Bedienung.

Fiat Panda (ab 24.990 €)

Der elektrische Nachfolger des Panda-Klassikers bringt italienisches Design mit moderner Technik. Die 44-kWh-Batterie reicht für 320 km nach WLTP, aber im geruhsameren Stadtverkehr können Sie auch 400 km schaffen. Der 83-kW-Motor (113 PS) beschleunigt flott, die kompakten Außenmaße mit 3,99 m Länge machen das Einparken kinderleicht. Schnellladen mit bis zu 100 kW ermöglicht auch gelegentliche Überlandfahrten.

✓ **Vorteile:** sympathisches Design, gutes Platzangebot, niedrige Betriebskosten, umfangreiche Serienausstattung

✗ **Nachteile**: einfache Materialien im Innenraum, mäßige Autobahnreichweite

Abbildung 10.1: Der Fiat Panda Full Electric hat praktische Flügeltüren.

Citroën e-C3 (ab 19.900 bis 23.300 €)

Der französische Sympathieträger setzt auf Komfort statt Sportlichkeit. Die 44-kWh-Batterie ermöglicht 320 km Reichweite, der 83-kW-Motor reicht für entspanntes Vorankommen. Besonderheit: die komfortable Federung, die selbst schlechte Stadtstraßen ausgleicht. Der Innenraum hat überraschend viel Platz für ein 4,01 m kurzes Auto.

✓ **Vorteile:** sehr günstig, komfortables Fahrwerk, geräumig, clevere Stauraumlösungen

✗ **Nachteile:** schlichte Ausstattung, keine Wärmepumpe serienmäßig

Hyundai Inster (ab 23.900 €)

Der kompakte Koreaner überrascht mit seinem Raumwunder-Konzept. Trotz nur 3,82 m Länge bietet er hinten überraschend viel Beinfreiheit. Die 42-kWh-Version schafft 300 km, die 49-kWh-Variante 355 km. Schnellladen mit bis zu 85 kW und umfangreiche Serienausstattung inklusive Sitzheizung machen den Inster zum Preis-Leistungs-Tipp. Die achtjährige Garantie gibt zusätzliche Sicherheit.

✓ **Vorteile:** hervorragendes Raumkonzept, gute Verarbeitung, acht Jahre Garantie, DC-Schnellladen mit bis zu 85 kW

✗ **Nachteile:** Autobahnverbrauch steigt deutlich, simple Materialien, kein Frunk

Renault 5 E-Tech (ab 24.900 €)

Der Retro-Charmeur verbindet nostalgisches Design mit moderner Technik. Die 40-kWh-Basisversion reicht für 300 km, die 52-kWh-Variante schafft 400 km. Der 110-kW-Motor (150 PS) macht Spaß, die Ladeleistung von bis zu 100 kW ermöglicht schnelle Nachladestopps. Das französische Flair und die hochwertigere Anmutung rechtfertigen den Aufpreis gegenüber den Konkurrenten.

✓ **Vorteile:** charmantes Design, hochwertige Materialien, gute Fahrleistungen, moderne Assistenzsysteme

✗ **Nachteile:** teurer als Konkurrenz, kleinerer Kofferraum

Hyundai Kona Electric (ab 42.650 €)

Der kompakte SUV war einer der ersten massentauglichen Elektro-Koreaner und verkauft sich seit 2018 hervorragend. Die aktuelle Generation (seit 2023) hat zwei Batterieoptionen: 48,4 kWh (377 km Reichweite) und 65,4 kWh (bis zu 514 km mit 17"-Felgen, 457 km mit 19"-Felgen). Der 160-kW-Motor (218 PS) in der großen Version macht Spaß, die kleinere 113-kW-Variante (154 PS) reicht für Stadt und Umland völlig aus. Schnellladen mit bis zu 102 kW ermöglicht gelegentliche Langstrecken. Die siebenjährige Garantie und die bewährte Technik machen den Kona zu einem der zuverlässigsten E-Autos am Markt.

✓ **Vorteile:** bewährte Technik, lange Garantie, zwei Batteriegrößen zur Auswahl, gute Verarbeitung, praktisches SUV-Format; die erste Modell-Version kann effizienter gefahren werden als nominal angegeben.

✗ **Nachteile:** höherer Preis als neue Kompakt-Konkurrenz, keine 800-Volt-Technik

10.1.2 Die junge Familie: Platz, Sicherheit, Alltagstauglichkeit

- **Ihr Profil:** zwei Erwachsene, ein bis zwei Kinder, Wochenendeinkäufe, gelegentliche Ausflüge. Sie brauchen Platz für Kindersitze, Kinderwagen und Einkaufstaschen. Die Reichweite sollte für Tagesausflüge reichen, extreme Langstrecken sind selten.
- **Ihre Anforderungen:** fünf vollwertige Sitzplätze, großer Kofferraum, Isofix, gute Sicherheitsbewertung, moderater Preis

Skoda Elroq (ab 33.900 €)

Der tschechische Raumkünstler nutzt jeden Zentimeter. Der 4,49 m lange Kompakt-SUV hat 470 Liter Kofferraumvolumen, bei umgeklappter Rückbank 1.580 Liter. Drei Batterieoptionen stehen zur Wahl: 55 kWh (370 km), 63 kWh (400 km) und 82 kWh (560 km). Die mittlere Variante mit 63 kWh und 204 PS bietet die beste Balance aus Reichweite, Leistung und Preis. Schnellladen mit bis zu 175 kW macht Langstrecken möglich.

✓ **Vorteile:** riesiges Platzangebot, praktische Details, gute Verarbeitung, umfangreiche Ausstattung

✗ **Nachteile:** schlichteres Design als Konkurrenten, höherer Verbrauch als Limousinen, teurer als Kleinwagen

Abbildung 10.2: Der Skoda Elroq am Lader

Abbildung 10.3: Das Navigationssystem des Skoda Elroq

Renault Scénic E-Tech (ab 48.900 €)

Der moderne Familienvan setzt auf Flexibilität. Mit 4,47 m Länge bietet er 545 Liter Kofferraum, die sich auf 1.670 Liter erweitern lassen. Die 60-kWh-Batterie ermöglicht 430 km Reichweite, die 87-kWh-Version schafft 625 km und ist ideal für Urlaubsfahrten. Der erhöhte Einstieg und die ebene Ladefläche erleichtern den Alltag mit kleinen Kindern.

✔ **Vorteile:** durchdachtes Raumkonzept, große Reichweite möglich, bequemer Einstieg, modernes Interieur

✘ **Nachteile:** höherer Preis, längere Lieferzeiten, weniger sportlich als SUVs

BYD Atto3 (ab 37.990 €)

Der chinesische Newcomer überrascht mit seinem Preis-Leistungs-Verhältnis. Die 60,5-kWh-Batterie reicht für 420 km, der 150-kW-Motor (204 PS) beschleunigt flott. Der 4,45 m lange SUV hat 440 Liter Kofferraumvolumen und serienmäßige Ausstattung auf hohem Niveau: Wärmepumpe, 360-Grad-Kamera, Sitzheizung vorne und hinten. Die LFP-Batterie verträgt problemlos regelmäßige Vollladungen.

✓ **Vorteile:** günstiger Preis, üppige Serienausstattung, pflegeleichte LFP-Batterie, sechs Jahre Garantie, in der neuesten Version eine sehr schnelle Ladeleistung

✗ **Nachteile:** noch kleines Händlernetz in Deutschland

Abbildung 10.4: Der BYD Atto3 VW ID.4 (ab 42.995 €)

Der deutsche Klassiker verbindet Qualität mit Praktikabilität. Die 77-kWh-Batterie ermöglicht 520 km Reichweite, der 210-kW-Motor (286 PS) leistet mehr als nötig. Der 4,58 m lange SUV bietet 543 Liter Kofferraum, fünf Sitzplätze mit viel Beinfreiheit und ein dichtes Service-Netz. Die Verarbeitung liegt auf VW-Niveau, die Assistenzsysteme arbeiten zuverlässig.

✓ **Vorteile:** dichtes Händlernetz, gute Fahrleistungen, hohe Sicherheit

✗ **Nachteile:** höherer Preis, mittelmäßige Effizienz, Bedienung manchmal hakelig

10.1.3 Großfamilie und Hundebesitzer: maximaler Raum

Ihr Profil: fünf oder mehr Personen, großer Hund oder viel Gepäck. Sie brauchen drei Sitzreihen oder einen riesigen Kofferraum mit niedriger Ladekante. Eine Anhängerkupplung wäre praktisch.

Ihre Anforderungen: maximales Platzangebot, große Kofferraumöffnung, optionale dritte Sitzreihe, Anhängelast

Kia EV9 (ab 65.990 €)

Der koreanische Riese hat sieben Sitze. Mit 5,01 m Länge schafft er 333 Liter Kofferraum mit allen Sitzen, 828 Liter bei fünf Sitzen und 2.393 Liter bei umgeklappter dritter Reihe. Die 99,8-kWh-Batterie ermöglicht 505 km Reichweite; Schnellladen mit bis zu 240 kW verkürzt die Ladezeiten drastisch. Die Anhängelast liegt bei 2.500 kg, damit ziehen Sie einen Wohnwagen problemlos.

✓ **Vorteile:** echte sieben Sitze, enorme Anhängelast, schnelles Laden, luxuriöse Ausstattung, sieben Jahre Garantie

✗ **Nachteile:** hoher Preis, großer Wendekreis, höherer Verbrauch

BYD Tang (ab 69.990 €)

Der chinesische SUV verbindet sieben Sitze mit elektrischem Antrieb. Seine 108,8-kWh-Batterie schafft bis zu 530 km Reichweite, das reicht für Familienausflüge und längere Touren. Schnellladen mit bis zu 170 kW füllt den Akku in 30 Minuten von 30 auf 80 %. Der Allradantrieb mit 517 PS beschleunigt den 2,3-Tonner in 4,9 Sekunden auf 100 km/h. Die dritte Sitzreihe lässt sich komplett versenken, dadurch entsteht ein Kofferraum mit über 900 Litern.

✓ **Vorteile:** große Reichweite, schnelles Laden, viel Platz für Personen und Gepäck, kraftvoller Antrieb

✗ **Nachteile:** hoher Preis, noch kleines Händlernetz in Deutschland

Hyundai Ioniq 9 (ab 63.900 €)

Der technische Bruder des EV9 bietet ähnliche Qualitäten mit anderem Design. Er ist ebenfalls 5,06 m lang, hat ebenfalls sieben Sitze und ebenfalls eine 99,8-kWh-Batterie. Die Reichweite liegt je nach Antrieb bei 480 bis 620 km (mit Heckantrieb bis zu 620 km, bei Allrad ~480 km), die Ladeleistung liegt bei 230 kW. Der Ioniq 9 wirkt eleganter als der kantiger gezeichnete EV9, bietet aber fast identische Raumverhältnisse.

✓ **Vorteile:** riesiger Innenraum, komfortables Fahrwerk, hochwertige Verarbeitung, umfangreiche Ausstattung

✗ **Nachteile:** teuer, großer Parkplatzbedarf

Mercedes EQB (ab 55.891 €)

Die deutsche Alternative hat eine optionale dritte Sitzreihe bei kompakteren 4,68 m. Die 66,5-kWh-Batterie reicht für 410 km, die sieben Sitze eignen sich aber nur für Kinder auf den hinteren Plätzen. Der EQB glänzt mit Mercedes-typischem Komfort, Premium-Materialien und ausgereifter Technik. Die Anhängelast beträgt 1.800 kg.

✓ **Vorteile:** kompakter als Konkurrenz, Premium-Anmutung, gutes Händlernetz, Markenimage

✗ **Nachteile:** dritte Sitzreihe nur für Kinder, höherer Preis, mäßige Effizienz, begrenzte Reichweite

10.1.4 Der Vielfahrer: Autobahn-Langstrecke

- **Ihr Profil:** Sie fahren 30.000 km oder mehr pro Jahr, davon viel Autobahn. Reichweite und Ladegeschwindigkeit entscheiden über Ihren Alltag. Effizienz spart auf Dauer Geld.
- **Ihre Anforderungen:** große Batterie, schnelles Laden, niedriger Verbrauch, Autobahnkomfort

Hyundai Ioniq 6 (ab 46.900 €)

Der windschnittige Koreaner ist der Effizienzweltmeister. Die strömungsgünstige Form ermöglicht einen Rekordverbrauch von nur 14 bis 15 kWh pro 100 km bei 120 km/h. Die 77,4-kWh-Batterie reicht für 614 km nach WLTP, real schaffen Sie auf der Autobahn 450 bis 500 km. Schnellladen mit bis zu 240 kW bedeutet: von 10 auf 80 % in 18 Minuten. Der Ioniq 6 amortisiert sich durch niedrige Verbrauchskosten schnell.

✓ **Vorteile:** Spitzeneffizienz, enorme Reichweite, ultraschnelles Laden, bequeme Sitze, sieben Jahre Garantie

✗ **Nachteile:** gewöhnungsbedürftiges Design, kleiner Kofferraum (401 Liter), hohe Einstiegsschwelle

Hyundai Ioniq 5 (ab 46.900 €)

Der kastige Retro-Stromer basiert auf der 800-Volt-E-GMP-Plattform und lädt ultraschnell. Die 77,4-kWh-Batterie ermöglicht je nach Antrieb und Bereifung bis zu 552 km Reichweite (WLTP). Schnellladen mit bis zu 240 kW bedeutet: von 10 auf 80 % in 18 Minuten. Der 168-kW-Heckantrieb (229 PS) macht die kantige Limousine zum geräumigen Langstrecken-Kombi. Besonderheit: Die Rückbank lässt sich verschieben, das Fahrzeug kann andere E-Autos laden (Vehicle-to-Load). Die siebenjährige Garantie gibt Sicherheit.

✓ **Vorteile:** ultraschnelles Laden, außergewöhnliches Design, geräumig, V2L-Funktion, lange Garantie

✗ **Nachteile:** höherer Verbrauch als Ioniq 6, polarisierendes Design

Tesla Model 3 Long Range (ab 52.990 €)

Der amerikanische Dauerläufer setzt Maßstäbe. Die aktuelle 82-kWh-Batterie ermöglicht je nach Antrieb 629 bis 750 km Reichweite (WLTP). Die Heckantriebsversion erreicht bis zu 702 km, die Allradvariante bis zu 629 km. Der Allradantrieb mit bis zu 366 kW (498 PS)

leistet mehr als nötig. Schnellladen mit bis zu 250 kW am Supercharger und das dichteste Ladenetz Europas machen Langstrecken entspannt. Die niedrigen Wartungskosten und Over-the-Air-Updates halten das Auto aktuell.

✓ **Vorteile:** Supercharger-Netz, exzellente Software, geringe Betriebskosten, starke Fahrleistungen

X **Nachteile:** spartanisches Interieur, Verarbeitungsqualität schwankend, das Markenimage polarisiert

Mercedes EQE (ab 71.306 €)

Die schwäbische Langstrecken-Limousine bietet Komfort auf höchstem Niveau. Die 90,6-kWh-Batterie schafft 590 km, das Luftfahrwerk bügelt jede Unebenheit weg. Schnellladen mit bis zu 170 kW reicht für entspannte Pausen. Der EQE punktet mit Premiumqualität, leisem Innenraum und Assistenzsystemen, die Autobahnfahrten zum Nickerchen machen.

✓ **Vorteile:** höchster Komfort, Premium-Materialien, leise, ausgefeilte Assistenzsysteme

X **Nachteile:** sehr teuer, mittelmäßige Effizienz (ca. 20+ kWh/100 km), langsameres Laden als Konkurrenz

BYD Seal (ab 41.990 €)

Die chinesische Elektro-Limousine tritt gegen das Tesla Model 3 an. Ihre 82,5-kWh-Batterie schafft bis zu 570 km Reichweite, genug für längere Touren ohne Ladepausen. Schnellladen mit bis zu 150 kW füllt den Akku in 26 Minuten von 30 auf 80 Prozent. Der 313-PS-Motor an der Hinterachse beschleunigt die 4,80 Meter lange Limousine in 5,9 Sekunden auf 100 km/h. Der Kofferraum fasst 402 Liter, vorn stecken weitere 53 Liter im Frunk. Das drehbare 15,6-Zoll-Display wechselt die Ausrichtung per Knopfdruck.

✓ **Vorteile:** attraktiver Preis, sportliche Fahrleistungen, langlebige LFP-Batterie, gute Ausstattung

X **Nachteile:** noch kleines Händlernetz in Deutschland, keine Anhängerkupplung

Abbildung 10.5: Das Cockpit des BYD Seal

10.1.5 Der Handwerker: Transporter für den Alltag

- **Ihr Profil:** Sie transportieren täglich Werkzeug, Material oder Waren. Laderaum und Nutzlast zählen mehr als Komfort. Die laufenden Kosten müssen niedrig bleiben.
- **Ihre Anforderungen:** Großes Ladevolumen, hohe Nutzlast, robuste Technik, niedrige Haltungskosten.

Renault Kangoo E-Tech (ab 39.890 €)

Der französische Kastenwagen bietet bis zu 3,9 m³ Ladevolumen und 600 kg Zuladung. Die 45-kWh-Batterie reicht für 285 km – das ist mehr, als ein Handwerker täglich fährt. Laden mit bis zu 22 kW AC bedeutet: über Nacht voll, morgens losfahren. Die Schiebetüren und niedrige Ladekante erleichtern das Beladen. Die Wartungskosten liegen 70 % unter denen seiner Diesel-Pendants.

✓ **Vorteile:** praktisches Laderaumkonzept, niedrige Betriebskosten, umfangreiche Ausstattungsvarianten

✗ **Nachteile:** begrenzte Reichweite, höherer Anschaffungspreis

Kia PV5 Passenger (ab 38.290 €)

Der koreanische Elektro-Kleinbus verbindet fünf Sitzplätze mit flexiblem Innenraum. Seine 71,2-kWh-Batterie schafft bis zu 400 km Reichweite, das reicht für Familienausflüge und Gewerbetouren. Schnellladen mit bis zu 150 kW füllt den Akku in 30 Minuten von zehn auf 80 Prozent. Der 163-PS-Motor beschleunigt den 4,70 Meter langen Van in 10,7 Sekunden auf 100 km/h. Die Schiebetüren öffnen 775 mm breit, der Einstieg liegt bei niedrigen 40 cm. Das Kofferraumvolumen wächst von 1.320 Litern auf über 3.600 Liter bei umgeklappten Sitzen. Die niedrige Ladekante von 42 cm vereinfacht das Beladen.

✓ **Vorteile:** großer, flexibler Innenraum, niedriger Einstieg, konkurrenzfähiger Preis, 7 Jahre Herstellergarantie

✗ **Nachteile:** neue Marke im Van-Segment, nur Frontantrieb

Peugeot e-Partner (ab 38.850 €)

Der technische Bruder des Kangoo bietet fast identische Werte: 3,8 bis 4,4 m³ Ladevolumen, 44-kWh-Batterie, 275 km Reichweite. Der e-Partner punktet mit französischem Design und dem i-Cockpit mit kleinem Lenkrad. Zwei Längen stehen zur Wahl, die Langversion ermöglicht bis zu 800 kg Zuladung.

✓ **Vorteile:** variabler Laderaum, komfortables i-Cockpit, gute Verarbeitung

✗ **Nachteile:** ähnliche Nachteile wie beim Kangoo, etwas teurer

Ford E-Transit Custom (ab 54.417 €)

Der Klassiker unter den Transportern wird elektrisch. Der E-Transit Custom bietet bis zu 9 m^3 Ladevolumen und 1.100 kg Nutzlast. Die 74-kWh-Batterie schafft 380 km, Schnellladen mit bis zu 125 kW ermöglicht kurze Pausen. Der Transit Custom eignet sich für schwere Lasten und lange Arbeitstage.

✓ **Vorteile:** enormes Ladevolumen, hohe Nutzlast, bekannte Marke, dichtes Servicenetz

✗ **Nachteile:** hoher Preis, höherer Verbrauch als kleinere Modelle

10.1.6 Der Budget-Bewusste: Gebrauchtwagen-Einstieg

- **Ihr Profil:** Sie möchten günstig in die E-Mobilität einsteigen. Ein Gebrauchtwagen reicht, solange Batterie und Technik in Ordnung sind. Die Reichweite ist zweitrangig, denn Sie fahren hauptsächlich lokal.
- **Ihre Anforderungen:** niedriger Kaufpreis, überschaubare Folgekosten, ausreichende Alltagsreichweite, guter Batteriezustand

Renault ZOE (gebraucht ab 8.000 €)

Der ZOE war jahrelang Europas meistverkauftes E-Auto. Gebrauchte Modelle ab 2019 mit 52-kWh-Batterie bieten ungefähr 280 bis 320 km Reichweite und kosten zwischen 10.000 und 15.000 €. Die einfache Technik erleichtert Reparaturen, Ersatzteile sind verfügbar. Achten Sie auf den Batteriezustand, ältere Modelle mit Batteriemiete sollten Sie meiden.

✓ **Vorteile:** sehr günstig, bewährte Technik, ausreichende Reichweite, kompakte Maße

✗ **Nachteile:** langsames Laden, einfache Ausstattung, älteres Design

Nissan Leaf (gebraucht ab 10.000 €)

Der Pionier unter den Elektroautos bietet solide Technik zu kleinen Preisen. Modelle ab 2018 mit 40-kWh-Batterie schaffen 270 km und kosten 12.000 bis 18.000 €. Die 62-kWh-Version (ab 2019) reicht für 385 km. Die Zuverlässigkeit ist legendär, die Verarbeitung solide.

✓ **Vorteile:** robuste Technik, gute Verarbeitung, praktischer Laderaum, zuverlässig

✗ **Nachteile:** luftgekühlte Batterie (Rapidgate), CHAdeMO statt CCS, höherer Verbrauch

Abbildung 10.6: Ein früher Nissan Leaf

VW e-Up (gebraucht ab 10.000 €)

Der elektrische Kleinstwagen aus Wolfsburg zeigt VW-Qualität zum Schnäppchenpreis. Die 36,8-kWh-Batterie ermöglicht 260 km Reichweite, was perfekt für den Stadtverkehr ist. Modelle ab 2020 kosten zwischen 12.000 und 16.000 €. Die Verarbeitung liegt auf VW-Niveau, die Technik ist ausgereift.

✓ **Vorteile:** gute Verarbeitung, niedriger Verbrauch, kompakt, VW-Qualität

✗ **Nachteile:** kleiner Kofferraum, langsames Laden (max. 40 kW DC), begrenzte Reichweite

> **Checkliste für den Neu- und Gebrauchtkauf**
>
> Auf der Website zum Buch (*www.rheinwerk-verlag.de/6193*) finden Sie im Downloadbereich eine Checkliste für den Fahrzeugkauf. Alles, was bei einem E-Auto besonders zu beachten ist, ist darin aufgelistet. Auch in Kapitel 11, »Der Neuwagenkauf«, und Kapitel 12, »Der Gebrauchtwagenkauf«, werden alle Aspekte ausführlich behandelt.

10.1.7 Der Technik-Enthusiast: Cutting Edge

- **Ihr Profil:** Sie wollen die neueste Technologie. Software-Updates, Assistenzsysteme und Konnektivität sind Ihnen wichtig. Leistung schadet nicht und das Design muss stimmen.
- **Ihre Anforderungen:** modernste Technik, Over-the-Air-Updates, hohe Leistung, außergewöhnliches Design

Tesla Model Y Performance (ab 61.990 €)

Der meistverkaufte Elektro-SUV der Welt kombiniert Leistung mit Praktikabilität. Der Allradantrieb mit 338 kW (460 PS) beschleunigt in 3,5 Sekunden auf 100 km/h. Die 85-kWh-Batterie schafft etwa 580 km und der Supercharger-Zugang macht Langstrecken unkompliziert. Autopilot, Sentry Mode und ständige Software-Updates halten das Auto aktuell.

✓ **Vorteile:** enorme Leistung, beste Software am Markt, Supercharger-Netz, niedrige Betriebskosten

✗ **Nachteile:** Verarbeitung schwankend, spartanisches Interieur, polarisierendes Markenimage

Polestar 2 Long Range Dual Motor (ab 53.590 €)

Die schwedisch-chinesische Designikone verbindet skandinavische Ästhetik mit moderner Technik. Der 310-kW-Allradantrieb (421 PS) macht Spaß, die 82-kWh-Batterie ermöglicht 592 km Reichweite. Das minimalistische Google-basierte Infotainment verzichtet auf Knöpfe. Nachhaltige Materialien und vegane Innenausstattung sprechen ökologisch Bewusste an.

✓ **Vorteile:** außergewöhnliches Design, hochwertige Materialien, Google-Integration, sportliche Fahrleistungen

✗ **Nachteile:** höherer Preis, kleineres Händlernetz

BMW i4 eDrive40 (ab 59.950 €)

Der elektrische 4er verbindet BMW-Fahrdynamik mit moderner E-Technik. Der 250-kW-Heckantrieb (340 PS) macht die Limousine zum Fahrspaß-Instrument. Die 83,9-kWh-Batterie schafft 590 km, das Schnellladen mit bis zu 205 kW ermöglicht kurze Pausen. Das Curved Display und das *BMW Operating System 8* setzen Maßstäbe bei Bedienung und Grafik.

✓ **Vorteile:** sportliches Handling, hochwertige Verarbeitung, moderne Software, dichtes Servicenetz

✗ **Nachteile:** teuer; das klassische Design polarisiert weniger als das Design der Konkurrenz.

Nio ET5 Touring (ab 52.900 €)

Der chinesische Newcomer setzt auf Innovation. Das Batteriewechselsystem ermöglicht eine volle Batterie in fünf Minuten, sofern eine Wechselstation in der Nähe ist. Die 100-kWh-Batterie im Abo schafft 560 km, der 360-kW-Allradantrieb (490 PS) beeindruckt. Das Premium-Interieur und der KI-Assistent NOMI heben den Nio von der Konkurrenz ab.

✓ **Vorteile:** Batteriewechsel-Option, luxuriöses Interieur, innovative Features, starke Leistung

✗ **Nachteile:** wenige Wechselstationen (Stand 2025: 7 in Deutschland), ungewisser Wiederverkaufswert, hoher Preis

Der reale Verbrauch vs. WLTP-Angaben

Ich habe es schon angesprochen: Der reale Verbrauch eines E-Autos ist meist anders als vom Hersteller angegeben. Besonders fiel mir das bei der Recherche für den Hyundai Kona auf, da ich die erste Modell-Version selbst fahre: Mein Verbrauch ist etwa 2 kWh/100 km geringer als vom Hersteller angegeben.

Deshalb empfehle ich Ihnen, die hier von mir recherchierten Angaben nur als ungefähren Vergleichswert zu nutzen und sich die realen Verbräuche für die Wagen, die Sie interessieren, auf *www.spritmonitor.de* herauszusuchen, damit Sie ein klares Bild für Ihre Entscheidungsfindung bekommen.

10.1.8 Aufgeschlossen für Exoten: chinesische Hersteller als Chance für Budget-Bewusste

Die E-Autos aus China haben sich enorm weiterentwickelt. Hersteller wie *BYD*, *Nio*, *Leapmotor* und *MG* bieten heute Fahrzeuge, die technisch mit europäischen Modellen mithalten, und das oft zu deutlich niedrigeren Preisen. Im Euro-NCAP-Crashtest erreichen Modelle wie der BYD-Seal, der MG4 oder der Nio ET7 die vollen fünf Sterne.

Abbildung 10.7: Ein Nio ES8 – ein High-End-SUV

Vorteile chinesischer Marken:

- niedrigere Preise bei vergleichbarer Ausstattung
- umfangreiche Serienausstattung

- moderne Technik (800-Volt-Systeme, große Batterien)
- lange Garantien (meist 6 bis 8 Jahre)
- innovative Features (Batteriewechsel bei Nio, LFP-Batterien bei BYD)

Nachteile chinesischer Marken:

- kleineres Händler- und Werkstattnetz
- ungewisser Wiederverkaufswert
- weniger etablierte Marken in Deutschland
- teils längere Wartezeiten auf Ersatzteile
- Bedienung manchmal gewöhnungsbedürftig

Besonders interessante chinesische Modelle stelle ich Ihnen kurz vor.

Leapmotor C10 (ab 36.400 €)

Der elektrische SUV des Stellantis-Partners bietet viel Auto fürs Geld. Die 69,9-kWh-Batterie ermöglicht 420 km Reichweite, der 170-kW-Motor (231 PS) leistet ausreichend. Der 4,74 m lange SUV hat 435 Liter Kofferraumvolumen und seine serienmäßige Ausstattung ist auf hohem Niveau. Die Verarbeitung überzeugt, die Technik ist ausgereift.

✓ **Vorteile:** attraktiver Preis, gute Verarbeitung, umfangreiche Ausstattung, Stellantis-Partnerschaft

✗ **Nachteile:** unbekannte Marke, kleineres Händlernetz

MG4 Electric (ab 31.990 €)

Der kompakte Brite mit chinesischen Wurzeln überzeugt bei Fahrspaß und Preis. Die 51-kWh-Version schafft 350 km, die 64-kWh-Variante 435 km. Der Heckantrieb mit 125 kW (170 PS) macht die Fließhecklimousine zum agilen Stadtflitzer. Sieben Jahre Garantie und 5 Sterne im Euro-NCAP-Test geben Sicherheit.

✓ **Vorteile:** sportliches Handling, gutes Preis-Leistungs-Verhältnis, lange Garantie, etabliertes Händlernetz

✗ **Nachteile:** einfache Materialien, kleinerer Kofferraum (350 Liter), mäßiger Autobahnkomfort

Xpeng G6 (ab 45.900 €)

Der moderne SUV (Modelljahr 2025) setzt auf 800-Volt-Technik. Die 87,5-kWh-Batterie schafft 550 km, das Schnellladen mit bis zu 450 kW bedeutet: von 10 auf 80 % in 12 Minuten. Der 210-kW-Heckantrieb (286 PS) bietet sportliche Fahrleistungen. Das Interieur wirkt hochwertig, die Assistenzsysteme arbeiten auf Tesla-Niveau.

- ✓ **Vorteile:** ultraschnelles Laden, moderne Technik, gute Verarbeitung, sportliche Fahrleistungen
- ✗ **Nachteile:** kleines Händlernetz, unbekannte Marke, höherer Preis als BYD

BYD Dolphin (ab 29.990 €)

Der kompakte Sympathieträger punktet mit niedrigem Preis und durchdachtem Konzept. Die 44,9-kWh-Batterie ermöglicht 340 km Reichweite, der 70-kW-Motor (95 PS) reicht für den Stadtverkehr. Der 4,29 m kurze Wagen bietet überraschend viel Platz und serienmäßig eine Wärmepumpe. Die LFP-Batterie verträgt häufiges Vollladen.

- ✓ **Vorteile:** günstiger Einstieg, sympathisches Design, pflegeleichte Batterie, praktisch
- ✗ **Nachteile:** langsames Laden (60 kW), schwacher Motor für die Autobahn

Abbildung 10.8: Die Innenausstattung des BYD Dolphin

Kapitel 11
Der Neuwagenkauf

Beim Kauf eines Elektroautos gelten dieselben Grundregeln wie bei jedem Fahrzeugkauf, plus einiger E-Auto-spezifischer Besonderheiten. Worauf Sie bei der Probefahrt achten sollten, wie Sie die richtige Batteriekapazität wählen und welche typischen Fehler Sie vermeiden können, erkläre ich Ihnen in diesem Kapitel. Auf aktuelle und mögliche Förderprogramme für E-Autos gehe ich ausführlich in Abschnitt 13.2, »Staatliche Förderung und steuerliche Vorteile« ein.

11.1 Vorüberlegungen zum Kauf

Fassen wir einmal die wichtigsten Punkte zusammen, welche Sie vor dem Kauf klären sollten. Nicht alles ist gleichermaßen wichtig und für jede Situation relevant, aber es schadet nicht, sich zumindest kurz über diese Fragen Gedanken zu machen.

Lademöglichkeiten

Zu Hause:

- ☐ Haben Sie eine Garage oder einen Stellplatz mit Stromanschluss?
- ☐ Ist die Installation einer Wallbox möglich?
- ☐ Wohnen Sie zur Miete? (Klären Sie die Genehmigung einer Wallbox mit Ihrem Vermieter.)

Am Arbeitsplatz:

- ☐ Bietet Ihr Arbeitgeber Lademöglichkeiten an?
- ☐ Gibt es öffentliche Ladepunkte in der Nähe?

Unterwegs:

- ☐ Wie viele Schnelllader gibt es auf Ihren üblichen Strecken?
- ☐ Welche Ladekarten benötigen Sie?

11.2 Wichtige Kaufkriterien im Überblick

Reichweite: Wie viel brauchen Sie wirklich?

Die Angst vor zu wenig Reichweite ist der häufigste Grund, warum Menschen sich gegen ein E-Auto entscheiden. Dabei zeigen Statistiken: 80 % aller Fahrten sind kürzer als 40 km. Eine realistische Alltagsreichweite von 250 km reicht für die meisten Nutzer völlig aus. Nur Vielfahrer profitieren von Batterien über 60 kWh.

Tipp: Nehmen Sie 80 % der WLTP-Angabe als realistischen Wert für die Reichweite.

Ladegeschwindigkeit: Wann wird sie wichtig?

Zuhause laden Sie mit 3,6 bis 11 kW. Das reicht für Nachtladungen. Das Schnellladen wird erst auf Langstrecken relevant. Fahren Sie selten über 300 km am Stück, können Sie 50-kW-Lader akzeptieren. Regelmäßige Langstrecken erfordern eine Ladegeschwindigkeit von mindestens 100 kW, besser 150 kW oder mehr.

Tipp: Achten Sie auf die gesamte Ladekurve, nicht nur auf die Maximalleistung. Manche Autos laden konstant 100 kW bis 80 %, andere fallen nach 50 % auf 50 kW ab.

Verbrauch: Der unterschätzte Faktor

Der Verbrauch entscheidet über Ihre laufenden Kosten. Ein sparsames Auto mit 15 kWh/100 km kostet Sie bei 0,40 €/kWh nur 6 € pro 100 km. Ein durstiges SUV mit 25 kWh/100 km verursacht 10 €, also fast das Doppelte.

Tipp: Alles unter 20 kWh/100 km gilt als effizient. Limousinen schaffen 14 bis 16 kWh, kleine SUVs und Crossover liegen bei 16 bis 22 kWh, große SUVs bei 22 bis 26 kWh.

Garantie: Sicherheit für die Batterie

Die Batteriegarantie ist wichtiger als die Fahrzeuggarantie. Standard sind sieben oder acht Jahre oder 160.000 km mit mindestens 70 % Restkapazität. Premium-Hersteller bieten teilweise zehn Jahre Garantie. Koreanische Marken (Hyundai, Kia) glänzen mit sieben Jahren Vollgarantie auf Fahrzeug und Batterie.

Tipp: Kaufen Sie kein E-Auto ohne Batteriegarantie. Klären Sie bei Gebrauchtwagenkauf, ob die Garantie auf den neuen Besitzer übergeht.

11.3 Probefahrt

Für Sie als Käufer eines E-Autos unterscheidet sich die Probefahrt und die Begutachtung eines E-Autos nicht wesentlich von einem herkömmlichen Auto mit Verbrennungsmotor, denn es ist sehr vieles gleich. Quasi alles, was Sie als Benutzer eines Autos anfassen können, unterscheidet sich nicht zwischen diesen Fahrzeugarten. Ein Lenkrad ist ein Lenkrad und eine Tür ist eine Tür. Was einem E-Auto fehlt, sind allerdings mehrere Tausend kleine und größere Mechanikteile, weil es keinen Motor und kein Schaltgetriebe gibt. Fakt ist: Ziemlich viel von dem, was bei einem herkömmlichen Fahrzeug mit Verbrennungsmotor kaputt gehen kann, ist in einem E-Auto nicht mehr vorhanden. Und bei der Elektronik sieht es ähnlich aus - ein konventionelles, modernes Fahrzeug mit Verbrennungsmotor hat in der Regel mehr Steuergeräte als ein E-Auto. Auch hier kann beim Stromer also weniger kaputt gehen. Was bleibt, sind die Assistenzsysteme und die Multimediaeinheit im Innenraum (diese sind bei Fahrzeugen der gleichen Klasse in gleicher Menge verbaut) und das, was den Antrieb und die Energiespeicherung in einem E-Auto ausmacht.

11.4 Garantieleistungen

Prüfen Sie vor dem Kauf genau, welche Garantien der Hersteller anbietet und was diese abdecken. Die meisten Hersteller gewähren auf die Traktionsbatterie bis zu acht Jahre oder 160.000 Kilometer Garantie. Diese Batteriegarantie greift, wenn die Kapazität unter einen bestimmten Wert fällt, meist unter 70 Prozent der ursprünglichen Kapazität. Fragen Sie beim Händler nach den genauen Bedingungen: Deckt die Garantie nur kompletten Ausfall oder auch schleichenden Kapazitätsverlust? Welche Ausschlüsse gibt es?

Klären Sie außerdem, ob eine Mobilitätsgarantie im Kaufpreis enthalten ist. Diese springt ein, wenn das Fahrzeug liegen bleibt. Fragen Sie konkret nach: Bekommen Sie bei einer Panne einen Mietwagen gestellt? Wenn ja, für wie lange und in welcher Fahrzeugklasse? Manche Hersteller stellen nur einen Kleinwagen für maximal drei Tage, andere zahlen ein vergleichbares Fahrzeug für die gesamte Reparaturdauer. Diese Details machen im Pannenfall einen erheblichen Unterschied.

Ein besonderer Fall liegt vor, wenn der Hersteller Batterievermietung anbietet. Aktuell macht das bei Neuwagen nur der chinesische Hersteller Nio mit seinem »Battery-as-a-Service«-Modell. Hier gehört die Batterie nicht Ihnen, sondern bleibt Eigentum des Herstellers. Sie zahlen monatlich etwa zwischen 150 und 250 Euro Miete, je nach Batteriegröße. Der Vorteil: Sie brauchen keine separate Batterieversicherung, weil der Hersteller für Defekte haftet. Der Nachteil: Die monatlichen Kosten erhöhen sich. Rechnen Sie durch, ob sich das Mietmodell für Ihre Nutzung lohnt oder ob der Kauf mit Batteriegarantie günstiger kommt.

11.5 Versicherungskosten

Die Versicherung eines E-Autos kostet normalerweise nicht mehr als bei einem Verbrenner. Manche Versicherer geben sogar Rabatte für Elektrofahrzeuge. Trotzdem gibt es Fallstricke, die Sie kennen sollten. Der wichtigste: Hersteller bewerben E-Autos mit der Spitzenleistung, die der Motor kurzzeitig abrufen kann. Im Fahrzeugschein steht aber auch noch die Dauerleistung, auch 30-Minuten-Leistung genannt. Diese liegt oft deutlich niedriger. Ein VW ID.3 wird beispielsweise mit 150 kW beworben, hat aber nur 70 kW Dauerleistung im Fahrzeugschein. Ein BMW i7 wirbt mit 335 kW, eingetragen sind aber nur 125 kW.

Versicherer berechnen die Prämie nach der Dauerleistung im Fahrzeugschein, nicht nach den Prospektangaben. Deshalb fällt die Versicherung oft günstiger aus als erwartet. Umgekehrt gilt: Bei Fahranfängern oder jungen Fahrern schauen Versicherer genau hin. Steht eine hohe Spitzenleistung im Fahrzeugschein, steigt die Prämie deutlich. Prüfen Sie vor dem Kauf, welche Leistung eingetragen ist und wie die Versicherung die Einstufung vornimmt.

Holen Sie mindestens drei Versicherungsangebote ein, bevor Sie sich entscheiden. Achten Sie bei der Kaskoversicherung besonders auf den Schutz der Traktionsbatterie. Gute Tarife decken Schäden am Akku durch Überspannung beim Laden, Kurzschluss oder Tierbisse an Kabeln ab. Manche Versicherer schließen auch Diebstahl von Ladekabel und Wallbox-Adapter ein. Diese Zusatzleistungen kosten oft nur wenige Euro mehr im Monat, schützen aber vor teuren Reparaturen. Die Batterie macht schließlich 30 bis 40 Prozent des Fahrzeugwerts aus. Weitere wichtige Informationen zum Versicherungsschutz finden Sie auch in Abschnitt 13.3, »Laufende Kosten: Strom, Wartung, Versicherung«.

Möchten Sie ein Fahrzeug kaufen, mit Herstellergarantie auf die Batterie? Dann deckt diese Garantie meist nur Defekte ab, die nachweislich auf Herstellerfehler zurückgehen. Unfallschäden, Überspannungen beim Laden oder Tierbisse fallen nicht darunter. Deshalb brauchen Sie trotz Batteriegarantie eine Kaskoversicherung mit Batterieabdeckung. Anders sieht es bei gemieteten Batterien aus: Hier haftet der Vermieter für alle Schäden außer grober Fahrlässigkeit. In diesem Fall können Sie auf die teure Kaskoabsicherung für die Batterie verzichten und sparen mehrere hundert Euro pro Jahr. Prüfen Sie aber den Mietvertrag genau, welche Schäden tatsächlich abgedeckt sind.

11.6 Laufende Kosten

Bevor Sie ein E-Auto kaufen, sollten Sie die laufenden Kosten realistisch einschätzen. Diese unterscheiden sich teils erheblich von denen eines Verbrenners. Die genaue Kostenstruktur im Vergleich bespreche ich in Kapitel 13 ausführlich. Hier geht es darum, welche Kostenpunkte Sie vor dem Kauf prüfen sollten, um herauszufinden, ob das Fahrzeug für Ihr Budget passt.

Reifenkosten fallen bei E-Autos oft höher aus als bei Verbrennern. E-Autos wiegen durch die Batterie mehr, gleichzeitig liefern die Motoren hohes Drehmoment ab der ersten Umdrehung. Beides belastet die Reifen stärker. Fragen Sie beim Händler nach den Kosten für einen Reifensatz und prüfen Sie, welche Reifengröße das Fahrzeug hat. Große Räder mit breiten Reifen sehen gut aus, kosten aber mehr.

Wartungskosten liegen niedriger als bei Verbrennern. Trotzdem gibt es regelmäßige Wartungen: Bremsflüssigkeit, Scheibenwischer, Innenraumfilter, Kühlflüssigkeit für Batterie und Antrieb. Fragen Sie beim Händler nach den Wartungsintervallen und nach einem Wartungsvertrag. Manche Hersteller bieten Festpreispakete für die ersten Jahre an.

Prüfen Sie auch die Kosten für Verschleißteile wie Scheibenwischer oder Klimaanlagenfilter. Diese kleinen Unterschiede summieren sich über die Jahre. Fragen Sie beim Händler nach einer Übersicht der typischen Verschleißteilpreise oder recherchieren Sie in Foren.

Die hier besprochenen Punkte gelten nicht nur für Neuwagen. Auch beim Kauf eines gebrauchten E-Autos sollten Sie Garantieleistungen, Versicherungskosten und laufende Kosten genau prüfen. Bei Gebrauchten kommen zusätzliche Aspekte hinzu: der Zustand der Batterie, die verbleibende Herstellergarantie und bei älteren Modellen möglicherweise ein bestehender Batterievermietungsvertrag. Im folgenden Kapitel erkläre ich, worauf Sie beim Gebrauchtwagenkauf besonders achten müssen.

Kapitel 12
Der Gebrauchtwagenkauf

Beim Kauf eines gebrauchten Elektroautos gelten dieselben Grundregeln wie bei jedem Fahrzeugkauf, plus einiger E-Auto-spezifischer Besonderheiten. Ob Sie von einem Händler oder privat kaufen, macht dabei einen erheblichen Unterschied. Beim Händlerkauf haben Sie meist zwölf Monate gesetzliche Gewährleistung, beim Privatkauf kann der Verkäufer diese komplett ausschließen. Händler lesen den Batteriezustand meist professionell aus, als Privatkäufer müssen Sie das in der Regel selbst organisieren. Dafür liegt der Preis bei Privatverkäufen oft niedriger und Sie haben mehr Verhandlungsspielraum.

12.1 Gewährleistung und Garantie bei Gebrauchten

Händler müssen Ihnen gesetzlich zwölf Monate Gewährleistung geben, viele reduzieren diesen Zeitraum allerdings vertraglich auf sechs Monate, was zulässig ist. Tritt in dieser Zeit ein Mangel auf, der schon beim Kauf vorhanden war, muss der Händler nachbessern oder das Fahrzeug zurücknehmen. In den ersten sechs Monaten liegt die Beweislast beim Händler, er muss beweisen, dass der Mangel beim Kauf noch nicht da war. Ab dem siebten Monat dreht sich das um: Sie müssen beweisen, dass der Mangel schon beim Kauf existierte.

Beim Privatkauf sieht das anders aus. Privatverkäufer können die Gewährleistung komplett ausschließen mit der Klausel »gekauft wie gesehen« oder »unter Ausschluss jeglicher Gewährleistung«. Dann haben Sie nach dem Kauf keine Ansprüche mehr, selbst wenn kurz danach ein Defekt auftritt. Nur bei arglistiger Täuschung können Sie den Verkäufer belangen, aber das müssen Sie beweisen. Arglistige Täuschung liegt vor, wenn der Verkäufer einen Mangel kannte und bewusst verschwiegen hat. Dieser Nachweis gelingt in der Praxis selten.

Herstellergarantien, besonders die wichtige Batteriegarantie, laufen meist auch beim Privatkauf weiter. Prüfen Sie die Garantiebedingungen des Herstellers: Manche Garantien sind an das Fahrzeug gebunden und gehen automatisch auf den neuen Besitzer über. Andere erlöschen bei Weiterverkauf oder erfordern eine Ummeldung beim Hersteller. Lassen Sie sich vom Verkäufer alle Garantieunterlagen geben und prüfen Sie, ob die Batteriegarantie noch läuft und wie lange.

12.1.1 Batteriezustand und Dokumentation

Händler verfügen über Diagnosegeräte und können den Batteriezustand präzise auslesen. Fragen Sie nach dem State of Health (SOH) in Prozent (siehe Abschnitt 6.2.3, »State of

Charge und State of Health«) und lassen Sie sich das Diagnoseprotokoll ausdrucken. Seriöse Händler machen das ohne Probleme. Kaufen Sie privat, müssen Sie den Batteriezustand selbst prüfen oder von einer Werkstatt prüfen lassen. Alternativ nutzen Sie Apps wie *Torque Pro* mit einem *OBD2-Dongle*, allerdings liefern diese oft weniger genaue Werte als professionelle Diagnosegeräte.

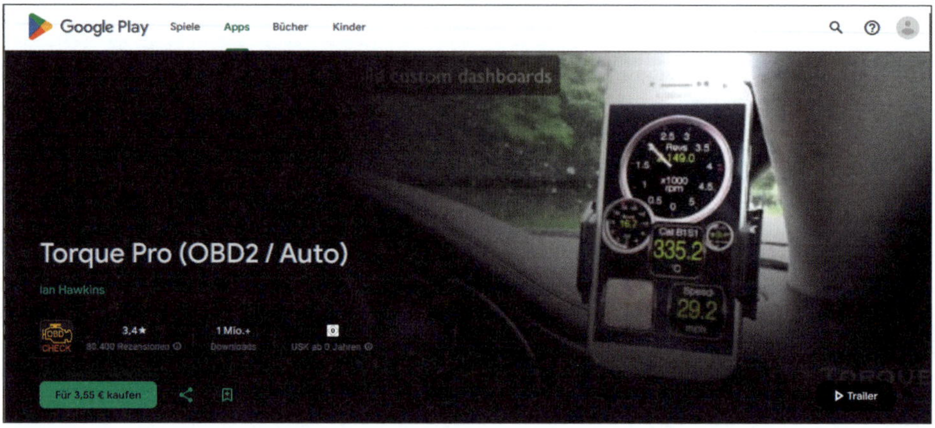

Abbildung 12.1: Mit der App Torque Pro und OBD2-Dongle lässt sich der Batterienzustand prüfen.

Händler haben meist ein lückenloses Serviceheft und eine dokumentierte Wartungshistorie. Bei Privatverkäufen fehlt diese Dokumentation oft oder ist unvollständig. Lassen Sie sich trotzdem alle vorhandenen Unterlagen zeigen: Serviceheft, Rechnungen von Werkstattbesuchen, Belege für Reifenwechsel, Nachweise über Software-Updates. Je besser die Dokumentation, desto geringer das Risiko von versteckten Problemen.

Batteriemiete bei älteren Fahrzeugen

Ältere E-Autos wie der Renault Zoe oder frühe Nissan Leaf wurden oft mit Batteriemietvertrag verkauft. Kaufen Sie bei einem Händler, kümmert dieser sich meist um die Vertragsübernahme oder den Rückkauf der Batterie beim Hersteller. Kaufen Sie privat, müssen Sie das selbst organisieren. Prüfen Sie vor dem Kauf, ob ein Batteriemietvertrag besteht. Falls ja, kontaktieren Sie den Vermieter (meist die Herstellerbank) und klären Sie die Konditionen: Können Sie den Vertrag übernehmen? Wie hoch ist die monatliche Miete? Was kostet der Rückkauf der Batterie? Rechnen Sie durch, ob sich der Kauf trotz Batteriemiete lohnt oder ob Sie lieber ein Fahrzeug mit gekaufter Batterie nehmen. Noch einmal: Sie müssen das unbedingt vor dem Kauf klären!

12.1.2 Preisverhandlung und Finanzierung

Bei Privatverkäufen haben Sie oft mehr Verhandlungsspielraum als beim Händler. Privatverkäufer wollen das Auto schnell loswerden und sind eher bereit, den Preis zu senken.

Händler kalkulieren knapper und haben weniger Spielraum. Dafür bieten Händler Finanzierung und nehmen oft Ihr altes Auto in Zahlung. Privat müssen Sie bar zahlen oder die Finanzierung selbst organisieren. Eine Inzahlungnahme ist privat nicht möglich.

12.1.3 Rückgaberecht und Widerruf

Kaufen Sie bei einem Händler online oder nach einem Beratungsgespräch außerhalb der Geschäftsräume, haben Sie ein 14-tägiges Widerrufsrecht. Sie können den Kauf also innerhalb von zwei Wochen ohne Angabe von Gründen rückgängig machen. Das gilt aber nur für Fernabsatzverträge und Haustürgeschäfte, nicht für Käufe direkt beim Händler vor Ort. Beim Privatkauf gibt es kein Rückgaberecht. Haben Sie unterschrieben und bezahlt, gehört das Auto Ihnen, egal ob Ihnen später etwas auffällt.

12.1.4 Unfälle und Vorschäden

Händler müssen bekannte Mängel und Unfallschäden offenlegen. Verschweigen sie einen Unfall, können Sie vom Kaufvertrag zurücktreten oder den Preis mindern. Privatverkäufer müssen das rechtlich auch, aber in der Praxis ist der Nachweis schwierig. Hat der Verkäufer die Gewährleistung ausgeschlossen und behauptet, nichts von einem Unfall gewusst zu haben, stehen Sie meist ohne Ansprüche da. Lassen Sie das Fahrzeug deshalb vor dem Kauf von einem Gutachter prüfen oder fragen Sie beim TÜV nach einem Gebrauchtwagencheck.

Worauf Sie bei der Probefahrt achten sollten, wie Sie das E-Auto überprüfen können und welche Hilfsmittel Sie dabei einsetzen können, erkläre ich Ihnen nachfolgend in diesem Kapitel. Die meisten Tipps gelten sowohl für Händler- als auch Privatkauf, ich weise Sie aber jeweils darauf hin, wenn etwas speziell für eine der beiden Kaufvarianten wichtig ist. Grundsätzlich gelten beim Kauf eines gebrauchten E-Autos die gleichen Vorüberlegungen und Kaufkriterien wie beim Neuwagenkauf

12.2 Wichtige Kaufkriterien im Überblick

Die wichtigsten Vorüberlegungen und technischen Kaufkriterien für E-Autos - Reichweite, Ladegeschwindigkeit, Verbrauch und Garantie - haben Sie bereits im Neuwagen-Kapitel kennengelernt (siehe Abschnitt 11.1 und Abschnitt 11.2). Dort erfahren Sie, wie Sie Ihren persönlichen Bedarf einschätzen und welche Werte auf dem Papier was bedeuten. Beim Gebrauchtwagenkauf kommen zu diesen allgemeinen Kriterien einige zusätzliche Fallstricke hinzu, die speziell für ältere Fahrzeuge wichtig sind. In diesem Abschnitt zeige ich, was beim Gebrauchtwagen konkret anders ist und worauf Sie besonders achten sollten.

Reichweite: Wie viel kommt vom Neuwagenwert noch an?

Statt nur auf die angegebene Reichweite zu schauen, ist beim Gebrauchten entscheidend herauszufinden, wie viel Kapazität die Batterie noch hat. Die theoretische WLTP-Reichweite des Neuwagens hilft Ihnen nur eingeschränkt, wichtig ist der tatsächliche Zustand heute.

- Lassen Sie den State of Health (SoH) auslesen. Sieh dazu auch die Informationen in Abschnitt 12.1.1.
- Fragen Sie, ob es Protokolle früherer Messungen gibt, um Trends zu erkennen.
- Fragen Sie, ob der Wagen überwiegend schnellgeladen wurde – das kann die Alterung bei früheren Batterietechnologien beschleunigen.

Tipp: Eine Restkapazität von mehr als 90% SoH ist unkritisch. Ein Wert von weniger als 80 bis 85 % SoH ist bei Fahrzeugen mit über 100.000 km auf dem Tacho und mehr als acht Jahren Alter recht normal. Ist das Fahrzeug allerdings deutlich jünger, dann ist das eine zu starke Alterung der Traktionsbatterie und ein zu hoher Kapazitätsverlust. Je nachdem kann ein Preisnachlass Thema sein, oder ein anderes Fahrzeug sollte erwogen werden.

Ladegeschwindigkeit: Hat das Auto seine Schnelllade-Fähigkeit behalten?

Beim Gebrauchtwagen interessiert nicht, wie schnell das Auto laut Prospekt laden sollte, sondern wie schnell es tatsächlich heute lädt. Achten Sie auf:

- **Praxistest**: Wenn möglich, probieren Sie einmal das Schnellladen aus und beobachten Sie, ob die Ladeleistung ungewöhnlich früh einbricht. Siehe dazu auch Abschnitt 12.3.2 und die nachfolgenden Anmerkungen bei den Punkten Softwarestand und Ladehistorie.
- **Softwarestand**: Manche Hersteller verbessern oder verschlechtern die Ladekurve per Update. Fragen Sie nach durchgeführten Updates und Veränderungen in dieser Hinsicht, falls Sie hier eine starke Diskrepanz zwischen der erwarteten und tatsächlichen Ladeleitung bemerken.
- **Ladehistorie**: Ein Auto, das jahrelang fast nur schnellgeladen wurde, kann eine flachere Ladekurve haben, lädt also nicht mehr so schnell wie es können sollte. Eine Abweichung von 5-10 kW von der nominalen Ladeleistung ist in diesem Fall bei älteren Fahrzeugen normal und verlängert Ladestopps nur geringfügig.

Tipp: Wenn die Ladeleistung deutlich unter den nominal zum Fahrzeug genannten Werten in den technischen Angaben liegt, kann das auf Batteriealterung oder Probleme im Thermalmanagement hinweisen. Wenn die Ladeleistung nur leicht darunter liegt, muss kein Problem vorhanden sein, es kann sich einfach nur um die normale Alterung handeln. Beachten Sie auch, was zur Ladeleistung in Abschnitt 5.4.6 und Abschnitt 6.5 gesagt wurde.

Verbrauch: Realwerte statt Prospektangaben

Beim Gebrauchtwagen zählt der reale Verbrauch des Modells unter Alltagsbedingungen, nicht die WLTP-Angabe. Anders als beim Verbrenner spielt der Fahrstil der Vorbesitzer beim E-Auto jedoch keine Rolle für den zukünftigen Verbrauch. Der Elektromotor verschleißt praktisch nicht durch sportliche Fahrweise, und ob der Vorbesitzer sparsam oder aggressiv gefahren ist, beeinflusst nicht, wie viel Strom Sie verbrauchen werden. Ihr eigener Fahrstil ist entscheidend.

- Vergleichen Sie den angezeigten Langzeitverbrauch mit typischen Testwerten aus Fachmedien zu diesem Modell.
- Fragen Sie nach dem typischen Fahrprofil des Vorbesitzers: Ein Fahrzeug, das überwiegend Langstrecke auf der Autobahn gefahren wurde, zeigt höhere Verbrauchswerte als eines aus dem Stadt- und Landverkehr.
- Prüfen Sie, ob Reifenformat oder Felgengröße geändert wurden – breite Reifen und große Felgen erhöhen den Verbrauch.
- Prüfen Sie, ob Winterreifen montiert sind – diese erhöhen den Verbrauch um 5 bis 10 Prozent.

Tipp: Liegt der Langzeitverbrauch mehr als 15-20 % über typischen Testwerten zu diesem Modell, deutet das auf technische Veränderungen oder ein ungünstiges Fahrprofil hin. Letzteres erledigt sich von selbst, sobald Sie selbst fahren, Ersteres erhöht allerdings Ihre laufenden Kosten dauerhaft, berücksichtigen Sie dies beim Kaufpreis.

Garantie: Was ist von der Batteriegarantie noch übrig?

Die meisten Hersteller geben 8 Jahre oder 160.000 km Batteriegarantie. Beim Gebrauchtwagenkauf ist entscheidend:

- Wie lange läuft die Garantie noch?
- Geht sie beim Verkauf tatsächlich auf Sie über?
- Unter welchen Bedingungen greift sie? (Mindest-Restkapazität, Kilometergrenzen, Wartungspflichten)

Lassen Sie sich den aktuellen Kilometerstand und das Erstzulassungsdatum zeigen, die Garantiebedingungen des Herstellers aushändigen und schriftlich bestätigen, dass die Batteriegarantie noch gültig ist und auf Sie übergeht.

Tipp: Ein gebrauchtes E-Auto ohne Batteriegarantie sollte mindestens 10-15 % günstiger sein als vergleichbare Angebote mit Restgarantie. Prüfen Sie vorab den SoH der Batterie besonders gründlich und kalkulieren Sie das Risiko eines Batterietauschs ein.

12.3 Probefahrt und Fahrzeugcheck

Fahren Sie mindestens 30 Minuten Probe, nicht nur um den Block. Testen Sie:

- die Beschleunigung und die Rekuperation
- die Bedienung des Infotainments während der Fahrt
- den Sitzkomfort auf längeren Strecken
- die Kofferraumpraktikabilität
- die Sicht nach hinten
- das Schnellladen (falls möglich)

Hier wird der Kauf eines E-Autos besprochen!

Ich beschreibe in diesem Kapitel hauptsächlich die Punkte, die beim Kauf eines Elektroautos eine besondere Rolle spielen. Die typischen Probleme, die ein gebrauchtes E-Auto haben kann, unterscheiden sich zum großen Teil nicht von denen eines herkömmlichen Autos mit Verbrennungsmotor. Die üblichen Checks, die Sie bei jedem Gebrauchtwagen durchführen sollten, gelten natürlich genauso:

- Prüfen Sie die Reifen auf ausreichendes Profil.
- Suchen Sie die Windschutzscheibe nach Steinschlägen ab.
- Kontrollieren Sie den Lack auf Kratzer und Beulen und Ausbesserungen.
- Achten Sie auf Karosserieschäden, besonders an Schwellern und Radläufen.
- Testen Sie alle elektrischen Funktionen wie Fensterheber, Klimaanlage und Infotainment-System.
- Werfen Sie einen Blick in den Motorraum auf Lecks oder korrodierte Anschlüsse.
- Fordern Sie das Serviceheft an und prüfen Sie, ob alle Inspektionen durchgeführt wurden.

Was Sie mehr Informationen in diese Richtung benötigen, bietet der ADAC auf seiner Website viele Informationen rund um den Gebrauchtwagenkauf: *www.adac.de/rund-ums-fahrzeug/auto-kaufen-verkaufen/gebrauchtwagenkauf.*

12.3.1 Der Innenraum und das Entertainment-System

Im Innenraum sollten Sie alle Knöpfe und Schalter ausprobieren. Funktionieren die elektrischen Fensterheber? Was ist mit der Sitzheizung und der Sitzbelüftung? Macht die Lüftung auf der höchsten Stufe merkwürdige tackernde Geräusche? Funktioniert die Klimaanlage zufriedenstellend?

Wie sieht es mit dem Entertainment-System aus? Funktionieren alle Lautsprecher und ist der Radio-Empfang in Ordnung? Beim Navigationssystem gibt es immer eine Seite, auf der der Empfangsstatus der GPS-Satelliten angezeigt werden kann. Achten Sie dort auf einen guten Empfang mit ausreichend vielen Satelliten und darauf, ob die aktuelle Zeit und Höhe angezeigt wird: Nur dann hat der Empfänger auch einen »Fix« bekommen und das Navi kann funktionieren.

Abbildung 12.2: Das Cockpit und das Infotainment-System eines Audi e-Tron

Den Rest der Bedienelemente sollten Sie auch einmal ausprobieren: Testen Sie Blinker, Licht, Nebelschlussleuchte und alle anderen für den Fahrbetrieb wichtigen Funktionen, so wie auch beispielsweise die Scheibenwischer und die möglicherweise vorhandene elektrische Einstellung der Außenspiegel.

Zu zweit testet es sich besser

Zu zweit lassen sich alle äußeren Leuchtmittel, wie Blinker und Bremslichter am einfachsten testen. Eine zweite Person ist beim Begutachten des Fahrzeugs sowieso eine gute Idee – am besten jemand, der nicht emotional in den Autokauf involviert ist und mit klarerem Kopf das Fahrzeug betrachtet als die Person, die beim Kauf gerade ihre erste Liebe dazu entwickelt. Nicht wenige Menschen haben beim Autokauf eine rosarote Brille auf, die sie manchmal ein paar Dinge übersehen lässt.

Betrachten Sie die Windschutzscheibe genau von außen und innen, um Steinschläge zu erkennen. Kleinere Steinschläge außerhalb des direkten Sichtbereichs lassen sich reparieren. Schäden in der Sichtachse des Fahrers erfordern einen Austausch der Windschutzscheibe.

12.3.2 Das Fahrwerk und der Unterboden

Beim Fahrwerk sollten Sie auf ausgelutschte Stoßdämpfer achten und auf die Federbeinlager derselben. Falls beim Überfahren von Bodenschwellen oder beim Herauf- und Herabfahren von Bordsteinkanten dumpfe, polternde Geräusche zu hören sind, sollte das Fahrwerk näher betrachtet werden. Die Lager der Spurstangen und die Achsmanschetten sollten auf einer Hebebühne betrachtet werden. Achten Sie auch darauf, ob die Unterbodenverkleidung des Fahrzeugs intakt und frei von Schleifspuren ist, die darauf hindeuten, dass das Auto mal aufgesetzt haben könnte.

Schauen Sie sich die Bremsscheiben genau an und prüfen Sie, ob Rost darauf zu sehen ist. E-Autos bremsen hauptsächlich über die Rekuperation, deshalb bleiben die mechanischen Bremsen oft wochenlang ungenutzt. Steht das Fahrzeug zusätzlich bei feuchtem Wetter draußen oder in einer schlecht belüfteten Garage, rosten die Bremsscheiben manchmal so stark, dass Sie sie austauschen müssen.

Testen Sie die Bremsen folgendermaßen: Deaktivieren Sie die Rekuperation und fahren Sie einen Hügel hinunter. Bremsen Sie dabei sanft mit der Fußbremse. Hören Sie ein schabendes Geräusch, das nach kurzer Strecke verschwindet? Dann haben die Bremsbeläge den Flugrost von den Scheiben entfernt. In den meisten Fällen löst sich oberflächlicher Rost schnell und die Bremsen funktionieren wieder einwandfrei.

Achten Sie jedoch auf folgende Warnsignale: Flattert das Lenkrad beim Bremsen oder pulsiert die Bremskraft, obwohl die Scheiben blank aussehen? Dann haben sich die Bremsscheiben verzogen oder der Rost sitzt zu tief. In diesem Fall brauchen Sie neue Bremsscheiben. Lassen Sie die Bremsen vor dem Kauf von einer Fachwerkstatt überprüfen, denn der Austausch kostet mehrere hundert Euro. Das Problem muss nicht zwingend teuer werden, aber Sie sollten vor dem Kauf Klarheit haben.

Abbildung 12.3: Bei E-Autos können die Bremsscheiben Rost ansetzen, wenn das Bremsen ausschließlich durch die Rekuperation erfolgt.

12.3.3 Der Motor und das Getriebe

Der Elektromotor eines E-Autos dreht sich deutlich schneller, als die Räder rotieren. Aus diesem Grund wird in E-Autos ein sogenanntes Reduktionsgetriebe verbaut, das ich schon in Abschnitt 5.3.2 beschrieben habe.

Dieses Reduktionsgetriebe ist in der Regel wartungsfrei, möglicherweise sehen die Inspektionspläne nur einen Ölwechsel in großen Abständen vor. Der Elektromotor selbst ist vollkommen wartungsfrei. Dies im Hinterkopf behaltend, sollten Sie zu einer Probefahrt starten und auf brummende oder ratternde Geräusche achten. Ein E-Auto sollte immer gleichmäßig klingen. Falls Sie eine ruhige Straße mit parallel verlaufender Mauer finden und ein Stück mit heruntergelassenen Scheiben fahren, können Sie am besten beurteilen, ob sich alles normal anhört.

Aber auch hier ist Erfahrung alles: Am besten wissen Sie selbst schon, wie sich das Fahrzeug anhören sollte, oder Sie nehmen jemanden mit, der mit E-Autos (oder sogar diesem spezifischen Fahrzeug) vertraut ist.

Falls dies nicht möglich ist, könnten Sie im Vorfeld einfach ein E-Auto mieten. Wählen Sie nach Möglichkeit sogar das gleiche Modell oder zumindest ein Modell des Herstellers, von dem Sie den Kauf erwägen, um sich schon mal mit dem Klangbild und dem Fahrgefühl vertraut zu machen. Weicht dann das Fahrzeug, das Sie kaufen möchten, davon ab, haben Sie schon einen Anhaltspunkt für eine nähere Untersuchung. So können Sie sich selbst eine Basis für den Vergleich schaffen und auch ohne fachkundige Begleitung zu einer guten Einschätzung gelangen.

Wenn Sie das E-Auto von einer Privatperson kaufen, halte ich die eben beschriebenen Schritte für eine gute Idee, um nicht berühmte die Katze im Sack zu erhalten. Falls Sie den Wagen bei einem Händler kaufen, sind Sie normalerweise auf der sicheren Seite: Es gibt fast immer eine Gebrauchtwagengarantie, und jegliche Probleme, die nach dem Kauf auffallen, sollten schnell lösbar sein.

12.4 Die Traktionsbatterie überprüfen

Wie Sie inzwischen wissen, ist die Traktionsbatterie nicht die 12-V-Batterie, die Sie im Motorraum des Fahrzeugs vorfinden, sondern die große Batterie, die sich meist im oder unter dem Unterboden des Fahrzeugs befindet. In ihr wird die elektrische Energie für das Fahren gespeichert. Da diese Batterie in der Regel an der Unterseite des Fahrzeugs gut zu sehen ist, sollten Sie den Wagen einmal auf einer Hebebühne von unten betrachten. Das Gehäuse der Batterie darf keinerlei Beschädigungen aufweisen: keine Schleifspuren, keine Dellen, keine verbogenen Kanten, keine Scharten, keine Oxidationsspuren an den Stellen, an denen die Kabel in das Gehäuse gehen, absolut gar nichts!

Das mag sich möglicherweise übertrieben für Sie anhören, aber neben dem Elektromotor ist die Traktionsbatterie das zweite Bauteil, das bei einem E-Auto komplett in Ordnung sein muss und keinerlei mechanische Schäden aufweisen darf. Wenn Sie hier auf der Hebebühne etwas sehen, dann treten Sie vom Kauf dieses Fahrzeugs zurück. Gehen Sie lieber auf Nummer sicher, denn der Austausch einer Traktionsbatterie – oder auch nur die Reparatur und Instandsetzung – ist ziemlich teuer und zeitaufwendig.

Ist keinerlei Schaden von außen zu sehen, gilt es das Innere der Traktionsbatterie zu testen. Der einfachste Test einer Traktionsbatterie ist das Laden an einem Schnelllader, am besten in der Variante mit 150 oder 300 kW. Besorgen Sie sich im Internet die typische *Ladekurve* des E-Autos, an dem Sie interessiert sind. Sie können diese beispielsweise auf der Website von *Fastned* herunterladen, indem Sie in einer Suchmaschine Ihrer Wahl beispielsweise die Wörter »Fastned«, »Ladekurve« und »Kona«, bzw. den Namen des von Ihnen ins Auge gefassten E-Autos, eingeben.

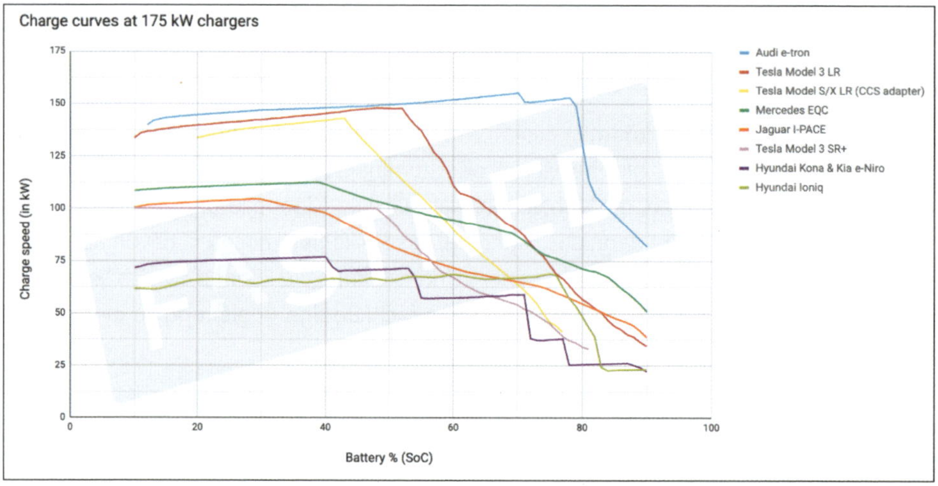

Abbildung 12.4: Die Ladekurven verschiedener E-Autos laut Fastned. Deutlich ist zu sehen, wie bei einer voll werdenden Traktionsbatterie die Ladegeschwindigkeit sinkt.

Fastned veröffentlicht die Ladekurven von allen real auf den Straßen herumfahrenden E-Autos, die einmal an seinem Ladenetz geladen haben. So sieht man sehr gut, was in der Realität wirklich bei einem E-Auto ladetechnisch möglich ist.

Verbinden Sie nun das Fahrzeug mit einer recht leeren Traktionsbatterie (unter 30 % Ladestand) und starten Sie die Schnellladung. Laden Sie bis auf 80 oder 90 % (auch wenn es für die letzten Prozente lange dauert) und beobachten Sie die Ladekurve. Einige Ladesäulen bereiten Ihnen diese grafisch auf und Sie können auf dem Display beobachten, wie die Ladekurve der Batterie aussieht. Ansonsten müssen Sie sich die Werte möglicherweise notieren. Vergleichen Sie diese dann mit der von Fastned bereitgestellten Ladekurve. Stimmt diese überein (ein paar kWh Abweichung sind nicht schlimm), dann ist der Akku wahrscheinlich in Ordnung.

Denken Sie daran: Die Ladekurven zeigen das Ladeverhalten eines E-Autos, wenn der Akku unter optimalen Bedingungen geladen wird. Ein kälterer (oder wärmerer) Akku kann zu einer deutlich niedrigeren Ladegeschwindigkeit führen. Wenn es ganz technisch sein soll, so können Sie mit dem ODB2-Dongle und der App eine Diagnose der Traktionsbatterie durchführen, was im nächsten Abschnitt des Kapitels näher beschrieben wird.

Wenn nun bei einer Probefahrt keine merkwürdigen Geräusche zu hören waren und beim Laden und einer optischen Inspektion der Traktionsbatterie nichts Auffälliges zu sehen war, dann haben Sie Ihr künftiges E-Auto so gut überprüft, wie es Ihnen als Laie möglich ist. Von einem Händler sollten Sie sowieso eine *Gebrauchtwagengarantie* bekommen. Bei einem Kauf von Privat ist es wichtig zu klären, ob es vom Hersteller des Fahrzeugs noch eine Garantie auf den Antriebsstrang oder die Batterie gibt oder ob gegebenenfalls eine erweiterte Garantie abgeschlossen wurde, die über die initiale *Herstellergarantie* hinaus geht. Wichtig ist hier zu klären, ob diese Garantie bei einem Weiterverkauf des Fahrzeugs auch transferiert wird.

Fahrzeuge ohne Restgarantie

Ältere E-Autos haben oft keine Batteriegarantie mehr. Das ist nicht automatisch ein Ausschlusskriterium, muss sich aber deutlich im Kaufpreis widerspiegeln. Beim Kauf von Privat tragen Sie das volle Risiko. Beim Händler können Sie nach einer Anschlussgarantie fragen – je nach Preis und gebotenen Konditionen kann sich das lohnen.

12.4.1 Diagnose und Fehlerspeicher auslesen mithilfe von Dongle und App

Ein E-Auto hat im Gegensatz zu einem herkömmlichen Fahrzeug mit Verbrennungsmotor zunächst einmal deutlich weniger Teile in der Antriebstechnik. Das macht die Überprüfung tatsächlich einfacher. Was Sie benötigen, um die Traktionsbatterie und generell den elektrischen Antriebsstrang zu überprüfen, ist ein OBD2-Dongle und eine App und ansonsten auch wieder nur ein gutes Gehör.

Mit der App *Torque Pro* (mit PIDs für das Fahrzeug) und einem *OBD2* Dongle können Sie im kleinen Maßstab das tun, was Werkstätten mit ihren teuren Diagnosegeräten bei jeder Fahrzeuginspektion machen: die Statusmeldungen und aktuellen Werte des Fahrzeugs inspizieren und schauen, ob irgendetwas Auffälliges zu sehen ist.

Was sind PIDs?

PIDs sind Parameter-IDs, also spezifische Messwerte wie Batterietemperatur, Zellspannungen oder Ladezustand, die das Steuergerät Ihres E-Autos ausgibt. Welche PIDs für Ihr Fahrzeugmodell relevant sind und wie Sie die App richtig einstellen, erfahren Sie in den E-Auto-Foren zu Ihrem E-Auto. Dort tauschen sich Besitzer aus und teilen oft fertige PID-Listen zum Download. Die wichtigen Werte unterscheiden sich von Modell zu Modell erheblich, deshalb lohnt sich die Recherche in einem entsprechenden E-Auto-Forum (eine Auflistung interessanter Internetadressen finden Sie im Downloadbereich zum Buch). Suchen Sie nach Begriffen wie »Torque Pro PIDs« zusammen mit Ihrem Fahrzeugmodell.

Obwohl es einem Nicht-Fachmann unmöglich ist, alles korrekt zu interpretieren und zu deuten, was jedes Fahrzeugmodell an spezifischen Werten und Daten anzeigt, ist es Ihnen dennoch möglich, die zwei wichtigsten Sachen zu betrachten: den Fehlerspeicher und die Batteriewerte.

- Der **Fehlerspeicher** sollte leer bzw. ohne aktuelle Einträge sein. Bei einem Fahrzeug, das regelmäßig von einer Fachwerkstatt gewartet wurde, ist dies zu erwarten.
- Die **Traktionsbatterie** sollte einen für die Kilometerlaufleistung angemessenen Zustand haben. Das bedeutet, die Kapazität sollte keine übermäßige Degradation anzeigen. In Abschnitt 15.1.3, »Batterieschonend laden«, wird der Kapazitätsverlust einer Traktionsbatterie im Verhältnis zur Kilometerlaufleistung des Fahrzeugs genauer besprochen.

Der Kaufvertrag

Im Downloadbereich auf der Webseite zum Buch (*www.rheinwerk-verlag.de/6193*) finden Sie einen Muster-Kaufvertrag für den Privatkauf gebrauchter E-Autos. Dieser Vertragsentwurf dient als Orientierungshilfe und deckt die wichtigsten E-Auto-spezifischen Punkte wie Batteriezustand, Herstellergarantien und eventuelle Batteriemietverträge ab.

Bitte beachten Sie: Der Mustervertrag ersetzt keine individuelle Rechtsberatung. Ich übernehme keine Gewähr für Vollständigkeit und rechtliche Wirksamkeit. Passen Sie den Vertrag an Ihren konkreten Fall an und lassen Sie ihn bei Bedarf von einem Fachanwalt prüfen.

Kapitel 13
Kosten und Wirtschaftlichkeit

Höhere Anschaffungskosten, niedrigere Betriebskosten, das scheint die Kostenstruktur bei Elektroautos zu sein. Wann sich der Mehrpreis beim Kauf amortisiert und welche Faktoren Ihre persönliche Rechnung beeinflussen, zeige ich Ihnen in diesem Kapitel.

13.1 Anschaffungskosten

Neue Elektroautos bedeuten eine deutlich höhere Anfangsinvestition als vergleichbare Fahrzeuge mit Verbrennungsmotor. Diese Differenz stellt für viele potenzielle Käufer die größte Hürde dar, obwohl sich das Bild durch die langfristig günstigeren Betriebskosten und neue Förderprogramme zunehmend wandelt. Es ist auch nicht so, dass jedes E-Auto teurer wäre als das gleiche Modell in der Variante mit Verbrennungsmotor, aber es scheint doch eine Regelmäßigkeit zu sein. Ein Vergleich bei einem VW-Golf vor ein paar Jahren zeigte, dass der Verbrenner-Golf, ausgestattet mit den aufpreispflichtigen Ausstattungsmerkmalen, die der e-Golf in Serie direkt dabei hat, teurer war als der e-Golf. Die Frage ist nur, ob man all diese Features haben möchte. Auch heute kann einem solch ein Vergleich noch die Augen öffnen.

13.1.1 Die aktuelle Preislandschaft

Zwar sinken die Batteriekosten kontinuierlich – von über 1.000 € pro kWh vor wenigen Jahren auf heute knapp über 100 € –, aber das spiegelt sich noch nicht vollständig in den Verkaufspreisen wider. Die Hersteller müssen ihre enormen Entwicklungs- und Produktionskosten refinanzieren. Tesla erreichte früher mit dem Model S die 100.000-Euro-Marke mühelos, bietet mit dem Model 3 heute aber ein Fahrzeug ab rund 40.000 € an. Andere Hersteller wie Hyundai, Nissan oder Renault positionieren ihre Einstiegsmodelle zwischen 20.000 und 35.000 €. Tendenz fallend.

Die Preisbildung setzt sich aus mehreren Komponenten zusammen: Den größten Anteil nimmt nach wie vor die Traktionsbatterie ein: Je größer die Batterie ist, desto teurer ist das Fahrzeug. Hinzu kommen Investitionskosten für neue Produktionslinien und die Ausstattung mit moderner Technik, die früher nur in Oberklassefahrzeugen zu finden war. Außerdem versuchen die Hersteller auch die geringeren Wartungseinnahmen über höhere Anschaffungspreise zu kompensieren.

13.2 Staatliche Förderung und steuerliche Vorteile

Nach dem Ende des Umweltbonus Ende 2023 richtet sich die staatliche Förderung für Elektroautos nun neu aus. Die Bundesregierung hat Ende November 2025 verschiedene Kaufanreize angekündigt: steuerliche für E-Fahrzeuge, Kfz-Steuerbefreiung bis 2035 für Neuwagen, den weiteren Ausbau der Ladeinfrastruktur und eine bessere Preistransparenz und technische Vereinheitlichung bei öffentlich zugänglichen Ladesäulen. Zudem wurde Anfang 2026 ein neues E-Auto-Förderprogramm beschlossen, das insbesondere einkommensschwachen Haushalten entgegenkommen soll.

13.2.1 Steuerliche Vorteile und Dienstwagen-Privileg für Elektroautos

Seit Juli 2025 können Unternehmen Elektrofahrzeuge mit bis zu 75 % der Anschaffungskosten im ersten Jahr steuerlich abschreiben. Die Sonderabschreibung gilt aber nur für gekaufte Fahrzeuge, nicht für ein Leasing. Die Regelung läuft bis Dezember 2027.

Wer ein E-Auto als Dienstwagen anschaffen möchte und seinen Firmenwagen auch privat nutzt, muss diesen Vorteil versteuern. Bei Verbrenner-Dienstwagen beträgt der geldwerte Vorteil 1 % des Bruttolistenpreises pro Monat. Ein Fahrzeug für 40.000 Euro schlägt also mit 400 Euro monatlich zu Buche, die zum Gehalt addiert und versteuert werden.

Für reine Elektroautos mit einem Listenpreis bis 100.000 Euro gilt jedoch eine Sonderregelung: Der geldwerte Vorteil beträgt nur 0,25 % des Listenpreises pro Monat. Derselbe Dienstwagen mit einem Listenpreis von 40.000 Euro verursacht damit steuerlich nur 100 Euro pro Monat. Diese Regelung gilt für Fahrzeuge, die nach dem 31. Dezember 2018 angeschafft wurden, und macht E-Autos als Firmenwagen deutlich attraktiver.

13.2.2 Förderprogramme für Privatpersonen

Für Privatpersonen hat die Bundesregierung ab 2026 eine neue Förderung beschlossen. Sie richtet sich an Haushalte mit geringem und mittlerem Einkommen. Die Basisförderung beträgt 3.000 Euro für batterieelektrische Fahrzeuge sowie 1.500 Euro für Plug-in-Hybride oder Range-Extender-Modelle. Plug-in-Hybride werden nur gefördert, wenn sie maximal 60 Gramm CO_2 pro Kilometer ausstoßen oder eine elektrische Reichweite von mindestens 80 Kilometern erreichen. Die Einkommensgrenze liegt bei 80.000 Euro zu versteuerndem Haushaltsjahreseinkommen, das entspricht etwa 4.800 Euro netto monatlich für ledige Personen und 5.400 Euro für Ehepaare. Pro Kind erhöht sich die Grenze um 5.000 Euro auf maximal 90.000 Euro.

Bei einem Haushaltseinkommen unter 60.000 Euro gibt es zusätzlich 1.000 Euro, bei Einkommen unter 45.000 Euro weitere 1.000 Euro. Pro Kind erhöht sich die Förderung um 500 Euro, insgesamt jedoch um maximal 1.000 Euro. Je nach Fahrzeugtyp, Einkommen und Anzahl der Kinder liegt die Förderung zwischen 1.500 Euro und 6.000 Euro. Diese Staffelung gilt für Kauf und Leasing gleichermaßen. Gefördert werden ausschließlich Neufahrzeuge, die ab dem 1. Januar 2026 zugelassen werden. Der Antrag kann erst nach der Zulassung gestellt werden, muss jedoch spätestens ein Jahr danach eingereicht werden. Alle geförderten Fahrzeuge müssen mindestens 36 Monate gehalten werden. Die Förderung erfolgt unabhängig vom Listenpreis des Fahrzeugs.

Informationen zum aktuellen E-Auto-Förderprogramm gibt es auf der Website des Bundesumweltministerium: *www.bundesumweltministerium.de/foerderung/fragen-und-antworten-zur-e-auto-foerderung*.

Die früheren KfW-Programme für Ladeinfrastruktur (Wallbox, kombinierte Pakete aus Wallbox, PV-Anlage und Speicher) sind ausgelaufen. Für 2026 plant die Bundesregierung mit dem »Masterplan Ladeinfrastruktur 2030« eine neue Förderung, die sich gezielt an Eigentümer und Eigentümergemeinschaften von Mehrfamilienhäusern richtet. Die Förderung deckt neben den Kosten für Wallboxen und Ladekabel auch die Modernisierung des Netzanschlusses und der elektrischen Anlagen ab. Gerade bei älteren Gebäuden reicht der vorhandene Stromanschluss oft nicht aus, um mehrere Elektroautos gleichzeitig zu laden. Das Bundesministerium für Verkehr plant, Details zur Förderhöhe pro Ladepunkt Anfang 2026 zu veröffentlichen. Die Umsetzung steht allerdings unter dem Vorbehalt ausreichender Haushaltsmittel. Zusätzlich fördern weiterhin einige Bundesländer wie Nordrhein-Westfalen und Baden-Württemberg sowie einzelne Kommunen die Installation von Ladeinfrastruktur. Auch viele Energieversorger bieten indirekte Förderungen durch Ladeguthaben und vergünstigte Stromtarife an. Viele Energieversorger bieten darüber hinaus indirekte Förderungen durch Ladeguthaben und vergünstigte Stromtarife beim Fahrzeugkauf oder Leasing.

Verschaffen Sie sich deshalb einen Überblick über die Förderungen, die zum Zeitpunkt Ihres Kaufs in Ihrer Region verfügbar sind. Die staatliche Förderlandschaft bleibt volatil: Programme werden beendet und später neu aufgelegt, Fördertöpfe scheinen leer zu sein und füllen sich später überraschend wieder. Eine verlässliche Aussage über zukünftige Förderungen lässt sich nicht treffen, zumal sich die Programme regional stark unterscheiden.

Die aktuelle Fokussierung auf Verbrennungsmotoren und E-Fuels dürfte aber wieder abflauen, das war beim Wasserstoff genauso. Sobald die deutsche Automobilindustrie ihre Wettbewerbsfähigkeit weiter einbüßt und sie dadurch die Entwicklungen der internationalen Konkurrenz wieder stärker in ihren Fokus rückt, wird unweigerlich wieder ein Umdenken einsetzen. Zulieferer werden sich neu orientieren müssen oder schließen. Spätestens dann werden voraussichtlich erneut umfangreiche Förderungen beschlossen, um die Wettbewerbsfähigkeit der heimischen Industrie zu sichern.

THG-Prämie

Als Besitzer eines reinen Elektroautos können Sie automatisch CO_2-Einsparungen gegenüber Verbrennern erzielen und diese seit 2022 in Geld umwandeln, und zwar durch den Verkauf Ihrer *Treibhausgasminderungsquote* (kurz *THG-Quote*). Der Staat verpflichtet Kraftstoff- bzw. Mineralölunternehmen dazu, ihre Treibhausgas-Emissionen im Verkehrssektor zu reduzieren. Erreichen diese Firmen ihre Ziele nicht, müssen sie Strafzahlungen leisten oder sich Emissionsminderungen anderer beschaffen, beispielsweise über Elektroautofahrer.

Die Beantragung ist unkompliziert: Sie melden sich bei einem THG-Quoten-Dienstleister an, laden ein Foto Ihres Fahrzeugscheins hoch und übertragen dem Anbieter das Recht, Ihre Quote zu vermarkten. Der Anbieter bündelt Tausende solcher Quoten und verkauft sie an quotenpflichtige Unternehmen. Anschließend erhalten Sie Ihre Auszahlung.

Die tatsächliche Höhe schwankt stark, abhängig von Angebot und Nachfrage sowie den gesetzlichen Rahmenbedingungen. Aktuell werden pro Jahr typischerweise etwa 80 bis 100 € pro Fahrzeug angeboten. Die Höhe schwankt allerdings von Jahr zu Jahr, abhängig von Angebot und Nachfrage sowie den gesetzlichen Rahmenbedingungen. Achten Sie bei Anbietern auf Garantien, Gebühren, Auszahlungsmodalitäten und Kundenbewertungen. Der gesamte Prozess dauert nur wenige Minuten pro Jahr und lohnt sich in jedem Fall: Einmal beantragt, können Sie Jahr für Jahr profitieren. Kleinere Beträge summieren sich über die Nutzungsjahre. Selbst bei rund 100 € jährlich werden diese Einkünfte über die Nutzungszeit Ihres Autos hinweg zu einem ordentlichen Betrag.

Nutzen Sie dieses Geld z. B. für Ihre Stromrechnung oder als zusätzlichen Puffer in Ihrer Kalkulation. Andernfalls verschenken Sie Geld, das Sie ohne großen Aufwand erhalten können.

13.2.3 Staatliche Förderung auch für gebrauchte E-Autos?

Das Bundesumweltministerium hat im Januar 2026 klargestellt: Gebrauchtwagen werden nicht gefördert. Die neue E-Auto-Förderung beschränkt sich ausschließlich auf Neuwagen, die ab dem 1. Januar 2026 erstmals in Deutschland zugelassen werden. Noch im Dezember 2025 wurde eine Förderung für Gebrauchtwagen erwogen, die jedoch verworfen wurde.

Das Ministerium lässt die Tür für eine spätere Förderung allerdings offen. In offiziellen Stellungnahmen heißt es, man prüfe weiterhin Vorschläge für Gebrauchtwagen. Einen konkreten Zeitplan gibt es nicht, Details zur möglichen Ausgestaltung fehlen ebenfalls.

Das hat nachvollziehbare Gründe. Bei gebrauchten Fahrzeugen gestaltet sich die Förderung komplizierter als bei Neuwagen. Das Ministerium nennt zwei Hauptprobleme: Erstens müsste sichergestellt werden, dass Händler die Zuschüsse tatsächlich an die Käufer weitergeben. Zweitens soll die Förderung nur echte Zusatzkäufe anstoßen und nicht bereits geplante Anschaffungen bezuschussen.

Händler und Experten fordern weiterhin eine Gebrauchtwagenförderung. Der Gebrauchtmarkt für E-Autos stockt, weil die Preise vieler angebotener Stromer im Vergleich zu Verbrennern höher liegen und zudem zahlreiche Leasing-Rückläufer ins Ausland gehen, statt den deutschen Markt zu bedienen. Gerade für Haushalte mit mittlerem Einkommen wären günstige Gebrauchtwagen eine echte Alternative zu teuren Neuwagen.

13.3 Laufende Kosten: Strom, Wartung, Versicherung

Der Kostenvergleich zwischen Strom und Kraftstoff zeigt deutliche Vorteile für die Elektromobilität. Bei einem Strompreis von 0,30 € pro kWh und einem Verbrauch von 18 kWh/100 km zahlen Sie für 100 km etwa 5,40 €. Ein vergleichbarer Diesel mit 6 Liter Verbrauch und einem Literpreis von 1,70 € kommt auf 10,20 €, also fast auf das Doppelte. Bei 20.000 km jährlich ergibt das eine Ersparnis von rund 960 € pro Jahr allein beim Kraftstoff.

Die Rechnung basiert auf realistischen Durchschnittswerten: Sparsame E-Autos erreichen 15 bis 16 kWh/100 km, effiziente E-SUVs liegen bei 18 bis 20 kWh/100 km. Dieselfahrzeuge verbrauchen im Schnitt 5,5 bis 6 Liter, Benziner etwa 7 bis 8 Liter pro 100 km.

Doch es geht noch günstiger: Nutzen Sie spezielle Ladestromtarife (oft 0,25 bis 0,28 €/kWh), kostenlose Lademöglichkeiten beim Einkaufen oder beim Arbeitgeber und fahren Sie ein sparsames E-Auto mit vorausschauendem Fahrstil. Dann reduzieren sich Ihre Kraftstoffkosten auf ein Drittel bis ein Viertel dessen, was ein Verbrenner kostet.

Eigene Stromerzeugung verstärkt den Kostenvorteil

Strom- und Kraftstoffpreise werden künftig tendenziell steigen. Den Strompreis können Sie jedoch durch eigene Photovoltaik-Erzeugung aktiv senken. Beim Kraftstoff haben Sie diese Möglichkeit nicht. Selbst ein Balkonkraftwerk mit 600–800 Watt Leistung kann das Laden eines E-Autos zur Sonnenzeit spürbar unterstützen. Die Investitionskosten liegen bei 400 bis 500 € und amortisieren sich innerhalb von 1 bis 2 Jahren.

Die Solarmodule des Balkonkraftwerks können Sie direkt auf dem Carport- oder Garagendach montieren. Falls Sie Ihr E-Auto nicht tagsüber laden können, hilft ein Pufferspeicher (ab etwa 400 €), um die selbst erzeugte Energie nachts oder in den Abendstunden zu nutzen. Bei Eigenproduktionskosten von etwa 8 bis 12 Cent pro kWh sinken Ihre Fahrkosten auf 1,50 bis 2,20 € pro 100 km. Da kommen Sie bei weniger als einem Drittel der Kosten von »Dinosaft« raus!

13.3.1 Reduzierte Wartungskosten

Die *Wartungskosten* sind eines der stärksten Argumente für Elektroautos. Sie betragen je nach Vergleichsfahrzeug nur ein Fünftel bis ein Drittel der Kosten vergleichbarer Verbrennerfahrzeuge. Elektroautos benötigen kein Motoröl, keinen Katalysator, weder Auspuff noch Zahnriemen oder Zündkerzen. Öl- und Kraftstofffilter entfallen ebenso wie zahlreiche andere Verschleißteile.

Die Bremsen verschleißen durch die Rekuperation minimal, da die Energierückgewinnung beim Verzögern die mechanischen Bremsen entlastet. Verschiedene Hersteller schreiben für die Garantiebedingungen nicht einmal regelmäßige Werkstattbesuche vor; die Fahrzeuge kommen dann nur bei Defekten in die Werkstatt. Bei einer Jahresfahrleistung von 30.000 km kann der Wechsel von einem Mittelklasse-Verbrenner zu einem E-Auto Einsparungen von rund 200 € pro Monat bedeuten.

Schauen Sie sich die Wartungskosten einmal konkret an. Ich stelle Ihnen in der folgenden Tabelle die tatsächlichen und realen Wartungskosten von zwei Elektroautos und zwei Verbrennern aus meinem Bekanntenkreis gegenüber:

	Fahrzeug			
Wartungszeitpunkt bei ... km	**Hyundai Ioniq**	**Hyundai Kona**	**Mercedes C-Klasse**	**VW Passat TDI**
10.000	-	52 €	241 €	-
20.000	56 €	103 €	522 €	245 €
30.000	187 €	114 €	467 €	344 €
40.000	139 €	196 €	741 €	598 €
Gesamt bis hier	**382 €**	**465 €**	**1.971 €**	**1.187 €**
50.000	84 €		982 €	298 €
60.000	84 €		881 €	612 €
70.000	133 €		1.206 €	445 €
80.000	95 €		813 €	817 €
90.000	107 €		1.663 €	1.114 €
100.000	177 €		929 €	
Gesamt über Lebenszeit	**1.062 €**		**8.690 €**	**4.473 €**

Tabelle 13.1: Wartungskosten verschiedener Fahrzeuge

Die aufgeführten Kosten umfassen Inspektionen, Ölwechsel (bei Verbrennern) und (planbare) Verschleißteile wie Filter. Reifen und unplanbare Reparaturen durch Unfälle sind nicht enthalten. Zusätzlich profitieren E-Autos bis 2035 von der Kfz-Steuer-Befreiung.

Die Zahlen zeigen deutlich: Ein Verbrenner verursacht in der Wartung mindestens das Dreifache, im ungünstigsten Fall sogar das Fünffache der Kosten eines Elektroautos. Während der Hyundai Ioniq in 90.000 km etwa 885 € Wartungskosten verursacht, summieren sich beim VW Passat TDI 4.473 € auf mehr als das Fünffache. Die Mercedes C-Klasse liegt auf ähnlichem Niveau.

Eine weitere interessante Beobachtung bei diesen Zahlen ist, dass die Wartungskosten beim E-Auto auf gleichem Niveau bleiben, während die Kosten bei den Verbrennern immer weiter steigen. Ob dies allerdings für alle E-Autos auf dem Markt gilt, kann ich nicht sagen, zumindest stellt sich das bei dem Hersteller unserer Fahrzeuge in den letzten 8 Jahren so dar.

Die verglichenen Fahrzeuge bewegen sich dabei in ähnlichen Segmenten: Der Hyundai Ioniq gilt als Premium-Kompaktklasse (wie die Mercedes C-Klasse), während Kona und Passat in der oberen bis mittleren Mittelklasse angesiedelt sind. Bei kleineren Fahrzeugen fällt die Ersparnis durch Elektroantrieb tendenziell noch größer aus: Ein elektrischer Kleinwagen wie der Renault ZOE oder der Fiat 500e verursacht über 100.000 km oft weniger als 600 € Wartungskosten, während vergleichbare Benziner wie VW Polo oder Ford Fiesta zwischen 2.000 und 3.000 € erreichen.

13.3.2 Besonderheiten beim Versicherungsschutz (Batterie, Brandfall)

Die Elektroauto-Versicherung unterscheidet sich grundlegend von herkömmlichen Kfz-Versicherungen durch den Fokus auf die Traktionsbatterie. Statistisch betrachtet, sind Elektroautos allerdings nicht teurer zu versichern als Verbrenner. Die Schadensverläufe zeigen keine großen Unterschiede, und Kfz-Versicherer konnten keine Auffälligkeiten wie häufige Batteriebrände feststellen. Eine Auswertung aus den USA zeigt, dass nur 0,03 % der E-Autos Feuer fangen, gegenüber 1,5 % bei Verbrennern.

Abbildung 13.1: E-Autos brennen seltener als Fahrzeuge mit Verbrennungsmotor.

Bedenken Sie aber: Ein Fahrzeug mit 100.000 € Anschaffungswert und über 700 PS Motorleistung versichert jede Versicherung teuer, egal ob Elektro oder Verbrenner. Prüfen Sie vor dem Kauf die Typenklassen-Einstufung Ihres Wunsch-E-Autos bei Ihrer Versicherung. Das Tesla Model S eines Bekannten kostete in der Versicherung 2,5-mal so viel wie mein Hyundai Kona pro Jahr. Es lohnt sich, im Vorfeld eines Kaufs auf diesen versteckten Kostenfaktor zu achten.

Begleitetes Fahren

Falls Ihr Nachwuchs im Rahmen des begleiteten Fahrens das PS-starke E-Auto fährt, dann schauen Sie einmal in den Fahrzeugeinstellungen nach, ob Sie die Leistung herabsetzen können. Meist wird dies »Eco-Modus« oder so ähnlich genannt.

13.3.3 Erweiterte Versicherungsleistungen für E-Auto-spezifische Risiken

Moderne E-Auto-Versicherungen bieten spezialisierte Leistungen: All-Gefahren-Deckung für die Fahrbatterie gegen Brand, Überspannung, Kurzschluss, Diebstahl oder Tierbiss. Bei Schäden übernehmen Versicherer die Kosten für Zustandsdiagnostik, Ausbau und Transport zur nächstgelegenen Rücknahmestation sowie die Entsorgung. Eine Wallbox-Versicherung schützt die heimische Ladestation gegen Vandalismus, Unwetter und Überspannung.

Vollkaskoversicherungen für Elektroautos sind in den letzten Jahren immer teurer geworden, hauptsächlich wegen höherer Reparaturkosten und komplexer Akkutechnik. Trotzdem empfehlen Experten gerade bei neuen E-Autos einen Vollkaskoschutz, da die höheren Anschaffungskosten und die teure Batterie dies rechtfertigen. Allerdings bieten auch die Hersteller eine Garantie auf die Batterie und den elektrischen Antriebsstrang. Vergleichen Sie, was ausreicht und was nötig ist. Vieles hängt vom Kleingedruckten ab; es kann sinnvoll sein, von beiden Seiten her eine Absicherung zu haben.

13.4 Wertentwicklung und Wiederverkaufswert

Die Erkenntnis, dass Batterien deutlich länger halten als befürchtet, hat den Wiederverkaufswert in den letzten Jahren verbessert. Paradox bleibt die Wahrnehmung am Gebrauchtwagenmarkt: Käufer hinterfragen kritisch den Batteriezustand eines E-Autos, verlangen Gutachten und rechnen mit Austauschkosten. Beim Verbrenner fragt jedoch niemand nach verschlissenen Kolbenringen, Ventilen oder der Zylinderkopfdichtung. Ein Motor mit Tausenden beweglichen Teilen verschleißt objektiv stärker als eine Batterie; dieser Verschleiß wird beim Kauf aber schlicht ignoriert. Die Ängste vor dem Neuen schwinden nur langsam, während bekannte Schwachstellen weiter ausgeblendet bleiben.

13.4.1 Faktoren der Wertstabilität

Die Wertentwicklung von Elektroautos unterliegt besonderen Faktoren. Einerseits führt der geringe Verschleiß zu längeren Haltedauern und hoher Nachfrage nach Gebrauchtwagen. Andererseits entstehen durch den schnellen technologischen Fortschritt bei Reichweite und Ladetechnologie Entwertungsrisiken bei älteren Modellen. Ein Effekt, den man ähnlich auch von Smartphones kennt.

Dennoch zeigen aktuelle Vergleiche stabile Restwerte. Eine Modellrechnung der *Porsche Bank* für einen Vier-Jahres-Leasingvergleich (VW ID.3 vs. VW Golf TDI) zeigt nahezu identische Restwert-Prozentsätze. Hersteller geben heute Batteriegarantien von acht Jahren und 160.000 km oder mehr, was das Vertrauen in die langfristige Werthaltigkeit stärkt. Diese Garantien übertreffen deutlich die üblichen Gewährleistungen für Verbrennermotoren.

Der Gebrauchtwagenmarkt für E-Autos entwickelt sich weiter. Während in der Anfangszeit die Batteriemiete als Hindernis galt, setzen sich heute gekaufte Batterien durch, die durch Herstellergarantien abgesichert sind. Mit steigender Marktreife und dokumentierter Langlebigkeit normalisiert sich die Preisfindung aber zunehmend.

13.5 Kostenvergleich mit Verbrennerfahrzeugen

Die Gesamtkostenbetrachtung (TCO, Total Cost of Ownership) zeigt: Elektroautos rechnen sich bei den meisten Nutzungsprofilen bereits heute. Die anfänglichen Mehrkosten amortisieren sich durch niedrigere Wartungs-, Energie- und Steuerkosten, insbesondere bei höheren Jahresfahrleistungen und längeren Haltedauern. Entscheidend für die individuelle Wirtschaftlichkeit sind das Fahrprofil, die verfügbare Ladeinfrastruktur und die jeweiligen Förderkonditionen. Mit sinkenden Batteriepreisen und steigenden Kraftstoffkosten wird sich dieser Vorteil in den kommenden Jahren weiter verstärken. Schauen wir uns ein paar Studien dazu an.

Abbildung 13.2: Vergleich der Gesamtkosten: Verbrenner vs. Stromer – welche Antriebsart ist unterm Strich günstiger?

13.5.1 Wissenschaftliche Erkenntnisse zur Gesamtkostenbetrachtung

Eine Studie des *Fraunhofer-Institut für System- und Innovationsforschung* (Fraunhofer ISI) im Auftrag des Bundesministeriums für Digitales und Verkehr zeigt einen klaren langfristigen Kostenvorteil von E-Fahrzeugen gegenüber Verbrennern. Die Analyse berücksichtigt alle über die Haltedauer anfallenden Kosten: Anschaffungskosten, Ladeinfrastruktur, Wiederverkaufswerte, Energie- und Kraftstoffkosten, Wartung, Versicherung, Kfz-Steuer und Treibhausgasminderungsquote (THG-Quote).

Die deutlich niedrigeren Betriebskosten gleichen höhere Anschaffungspreise zunehmend aus. In höheren Fahrzeugklassen rechnen sich E-Autos bereits ab dem ersten Tag, in der Kompaktklasse amortisieren sich Mehrkosten im günstigsten Fall in unter drei Jahren. Die Ladeinfrastruktur spielt dabei eine entscheidende Rolle: Nutzer mit selbst produziertem Photovoltaikstrom haben einen Kostenvorteil von bis zu 12.000 € über 15 Jahre gegenüber ausschließlicher Nutzung öffentlicher Ladestationen.

13.5.2 Aktuelle Marktvergleiche

Der ADAC führte im April 2025 eine umfassende *Vollkostenberechnung* durch, die den Titel »ADAC Autokosten 2025« trägt. Das Ergebnis: In der unteren Mittelklasse und darüber sind E-Fahrzeuge über die gesamte Haltedauer kostengünstiger als ihre Verbrenner-Pendants. Sobald die Anschaffungskosten eines E-Autos vergleichbar mit einem Verbrenner liegen, gewinnt das E-Auto durch niedrigere Betriebs- und Wartungskosten.

Die Strompreisentwicklung beeinflusst die Rechnung, relativiert den Vorteil aber nicht grundlegend: Selbst bei 40 Cent/kWh liegen die Energiekosten pro Kilometer noch deutlich unter denen von Benzin oder Diesel. Die Wartungskostenersparnis von mehreren Tausend Euro über die Haltedauer bleibt vom Strompreis ohnehin unbeeinflusst.

Steuerliche Vorteile verstärken den Kostenvorteil

Elektroautos profitieren bis 2035 von vollständiger *Kfz-Steuer-Befreiung*. Diese steuerlichen Vorteile verstärken den wirtschaftlichen Vorteil zusätzlich: je nach Einkommen und Fahrzeugklasse um mehrere Hundert bis Tausend Euro jährlich. Zu den Steuervorteilen ist auch der Abschnitt 13.2, »Staatliche Förderung und steuerliche Vorteile«, lesenswert.

TEIL IV
Praxis und Alltag

Kapitel 14
Effizientes Fahren

Elektroautos fahren grundlegend effizienter als Verbrenner. Sie können mit einem angepassten Fahrstil sehr viel Reichweite aus einer Ladung herausholen. Das Faszinierende daran: Effizient fahren macht mit dem E-Auto sogar Spaß.

14.1 Sparsames Fahren steigert die Reichweite

Das Schöne an einem sparsamen Fahrstil: Effizientes Fahren mit dem E-Auto macht Spaß und entspannt Sie gleichzeitig. Sie werden merken, dass Sie nach einer längeren Fahrt weniger müde und gestresst ankommen als mit einem Verbrenner. Das Geheimnis liegt in der vorausschauenden Fahrweise. Schauen Sie weit voraus und lassen das Auto rollen, wann immer es möglich ist.

- **Rekuperation nutzen:** Nutzen Sie die Rekuperation - die Energierückgewinnung beim Bremsen - geschickt aus. Die meisten Elektroautos haben verschiedene Rekuperationsstufen. Stellen Sie diese so ein, dass das Auto beim Gaswegnehmen spürbar verzögert. So können Sie in vielen Situationen bremsen, ohne das Bremspedal zu berühren.
- **Geschwindigkeit und Luftwiderstand:** Die Geschwindigkeit hat den größten Einfluss auf den Verbrauch. Der Luftwiderstand steigt im Quadrat zur Geschwindigkeit, d.h. für die doppelte Geschwindigkeit benötigen Sie viermal so viel Energie. Ein Beispiel: Fahren Sie statt 130 km/h nur 110 km/h auf der Autobahn, sparen Sie bis zu 20 % Energie. Sie verlieren dabei nur wenige Minuten, gewinnen aber deutlich an Reichweite.
- **Stop-and-Go:** Im Stadtverkehr zahlt sich gleichmäßiges Fahren aus. Vermeiden Sie das ständige Beschleunigen und Bremsen im Stop-and-Go-Verkehr. Lassen Sie größere Abstände und rollen Sie sanft auf rote Ampeln zu. Oft schaltet die Ampel auf Grün, bevor Sie zum Stehen kommen müssen. Diese Fahrweise verbessert nicht nur Ihren Verbrauch, sondern reduziert auch Staus.
- **Klimatisierung**: Die Klimatisierung beeinflusst den Verbrauch erheblich. Im Winter verbrauchen Heizung und Batterietemperierung einiges an zusätzlicher Energie. Vier schnelle Effizienz-Tipps erhöhen die Reichweite:
  - **Vorkonditionierung nutzen:** Heizen Sie das Auto vor, während es noch am Ladekabel hängt. So starten Sie mit warmem Innenraum und temperierter Batterie, ohne Reichweite zu verlieren.

- **Sitz- und Lenkradheizung bevorzugen:** Diese erwärmen direkt Ihren Körper und verbrauchen nur ein Zehntel der Energie einer Luftheizung.
- **»Driver-Only«:** Nutzen Sie diese Einstellung bei der Innenraumklimatisierung, wenn Sie allein fahren.
- **Innenraumtemperatur moderat halten:** Wenn Sie 20°C statt 24°C einstellen, spart das etwa 20 % Heizenergie.

Die physikalischen Hintergründe und detaillierte Winter-Strategien finden Sie in Abschnitt 15.2.

Vorkonditionierung des Innenraums

Die Vorkonditionierung finden Sie je nach Hersteller im Bordcomputer unter **Klimatisierung**, **Abfahrtszeiten** oder in der Smartphone-App. Sie stellen einfach Ihre Abfahrtszeit ein, das Auto heizt oder kühlt sich rechtzeitig vor. Manche Systeme lernen Ihre Routine und schlagen automatisch Zeiten vor.

- **Ballast:** Einen anderen Tipp sollten Sie schon vom Verbrenner kennen: Entfernen Sie unnötigen Ballast aus dem Auto. Jedes Kilogramm kostet Energie, besonders beim Beschleunigen und an Steigungen.

14.2 Fahrstil und Effizienz

Eine vorausschauende Fahrweise kann den Verbrauch um 20 bis 30 % senken. Sanftes Beschleunigen nutzt die Motoreffizienz optimal aus, frühzeitiges Ausrollen maximiert die Rekuperation. Konstante Geschwindigkeiten sind effizienter als häufige Geschwindigkeitsänderungen.

Die Rekuperation macht eine Rückgewinnung der zum Fahren eingesetzten Energie möglich. Die Effizienz der Rekuperation hängt von Ihrem Fahrstil und von der Topografie ab.

Eine sportliche Fahrweise mit häufigen starken Beschleunigungen kann den Verbrauch auf das Doppelte steigern. Bei einer Fahrweise wie auf einer Rennstrecke erreichen selbst effiziente Fahrzeuge Verbrauchswerte von 40 bis 60 kWh/100 km, da die Motoren im ineffizienteren hohen Leistungsbereich arbeiten.

Ich weiß, das hört sich alles total uncool an: Wie kann es sein, dass Ihre Fahrweise nicht optimal sein könnte? Aber wenn Sie Ihr erstes E-Auto haben und der Verbrauch abnormal hoch ist, obwohl Sie alle Tipps in diesem Kapitel beherzigt haben, dann besuchen Sie einmal einen E-Auto-Stammtisch und laden Sie einen erfahrenen E-Auto-Fahrer ein, bei Ihnen den Beifahrer zu spielen, um Ihre Fahrweise zu beobachten. Möglicherweise wird er Ihnen dann recht schnell erklären können, wo die Probleme liegen und woher der Mehrverbrauch vermutlich kommt.

Wann gilt ein E-Auto als sparsam?

Ein Elektroauto gilt als sparsam, wenn es weniger als 20 kWh auf 100 km verbraucht. Die effizientesten Modelle wie der Hyundai Ioniq oder das Tesla Model 3 schaffen sogar unter 15 kWh bei normaler Fahrweise. Größere SUVs benötigen meist zwischen 20 und 25 kWh, bieten dafür aber mehr Platz und Komfort.

Für Vielfahrer lohnt sich die Investition in effiziente Zusatzausstattung: Wärmepumpensysteme (die empfehle ich immer: kein E-Auto ohne Wärmepumpe!), aerodynamische Felgen und effiziente Reifen amortisieren sich durch reduzierten Fahrstromverbrauch. Die Mehrkosten können sich bei einer hohen Jahresfahrleistung innerhalb von kurzer Zeit rechnen.

14.3 Umstellung von Gewohnheiten und der Fahrweise

Der Umstieg aufs E-Auto verlangt mehr, als nur neue Ladetechniken zu lernen, wenn Sie das volle Potenzial einer Batterieladung ausschöpfen wollen. Mit angepasster Fahrweise steigern Sie die Reichweite deutlich und fahren gleichzeitig entspannter. Legen Sie alte Verbrenner-Gewohnheiten bewusst ab, denn diese fressen unnötig Reichweite. Viele Umsteiger wundern sich, warum ihr E-Auto die Herstellerangaben nicht erreicht. Der Grund liegt meist in der Fahrweise, die sie vom Verbrenner gewohnt sind. Betrachten wir die wichtigsten Faktoren dabei.

14.3.1 One-Pedal-Driving

Beim *One-Pedal-Driving* führt diese andere Art des Fahrens zu einer sehr entspannten Fahrweise. Zum Beschleunigen nutzen Sie das Strompedal wie gewohnt. Lösen Sie aber den Fuß oder verringern Sie den Druck auf das Pedal, bremst der Wagen automatisch stärker oder schwächer ab. Gerade im Stadtbetrieb oder im Berufsverkehr wirkt diese Art des Fahrens nach einer kurzen Umgewöhnungsphase sehr entspannend und angenehm.

Die Stärke des Abbremsens, die Rekuperationsstufe, lässt sich variieren. In der schwächsten Form fühlt sie sich wie die Motorbremse eines herkömmlichen Wagens an. In der stärksten Stufe fühlt sie sich wie ein beherzter Tritt auf die Bremse an. Als Fahrer bemerken Sie das kaum, aber bei Beifahrern kann der ständige Wechsel zu Unwohlsein führen, wenn sie diese Fahrweise nicht gewohnt sind. Stellen Sie in dem Fall die Rekuperation auf die schwächste Stufe oder schalten Sie sie ganz aus und benutzen Sie das Bremspedal in gewohnter Weise, um der sonst bei Beifahrern auftretenden Reisekrankheit entgegenzuwirken.

Alle modernen Elektrofahrzeuge nutzen zum Abbremsen die Rekuperation, aber nicht alle haben das *One-Pedal-Driving* in der Form umgesetzt, dass der Wagen bis zum Stillstand abbremst. Bei einigen Fahrzeugen müssen Sie dafür weiterhin das Bremspedal nutzen. Dies reicht beim Stop-and-Go im Berufsverkehr meist aus. Aber im Hyundai Ioniq 5, dem

BMW iX, dem Volkswagen ID.4, dem Tesla Model 3, dem Kia EV6 oder dem Mercedes EQS können Sie das One-Pedal-Driving ausprobieren. Und keine Sorge: Ein Bremspedal ist immer noch vorhanden. Bei einer Notbremsung oder aus Gewohnheit können Sie dieses weiterhin nutzen, faktisch nutzt das Bremspedal auch zuerst die Rekuperation und nur bei einem stärkeren Bremsen, wenn die Rekuperation nicht die gewünschte Verzögerung erreichen kann, werden die Bremsen zusätzlich aktiviert.

Entspannter ankommen durch weniger Lärm

Studien mit E-Taxis zeigen, dass rund 70 % der Fahrer einen messbar geringeren Stresspegel aufweisen. Ein wesentlicher Faktor ist der niedrigere Geräuschpegel im Innenraum: Besonders Autofahrer über 30 Jahren benötigen nach Fahrten in lauten Fahrzeugen deutlich länger zur Erholung. Elektroautos wirken durch ihre geringe Geräuschkulisse und eine gleichmäßigere Fahrweise insgesamt beruhigender. Gerade auf längeren Strecken kommen Fahrer häufig entspannter und weniger erschöpft am Ziel an als mit vergleichbaren Verbrennerfahrzeugen.

Abbildung 14.1: Weniger Lärm sorgt für mehr Gelassenheit während und nach dem Fahren.

14.3.2 Abstand halten statt dicht auffahren

Verbrenner-Fahrer neigen dazu, dicht auf den Vordermann aufzufahren und durch permanente Mikro-Beschleunigungen und -Bremsungen dem Verkehrsfluss zu folgen. Diese Gewohnheit treibt bei E-Autos den Verbrauch enorm nach oben. Ein guter Abstand zum Vordermann spart deutlich mehr Energie als das Wedeln und aggressive Verfolgen jeder Lücke.

Das ständige Bremsen und Beschleunigen im Verkehrsfluss verschwendet sehr viel Energie. Schließen Sie also zügig zum Vordermann auf, um dann stark abzubremsen, sobald der Verkehr stockt, verschwenden Sie eine Menge Energie. Besser ist es so: Beschleunigen Sie langsam und halten Sie durch Ausrollen den nötigen Abstand zum vorausfahrenden Fahrzeug. Wer sich so der allgemeinen Geschwindigkeit anpasst, vermeidet gleichzeitig den Ziehharmonika-Effekt, der oftmals für Staubildung verantwortlich ist.

14.3.3 Vorausschauende Fahrweise entwickeln

Die Fertigkeiten des Fahrers sind ausschlaggebend, und eine vorausschauende Fahrweise spart am meisten Energie. Ausgeglichenes Fahren, bei abschüssigen Straßen »segeln«, im Berufsverkehr nicht von Lücke zu Lücke springen – das alles lässt Sie keine Zeit verlieren, aber eine Menge Energie sparen und steigert somit die Reichweite. Vielen Fahrern von Elektroautos macht diese sparsame Fahrweise Spaß. Dabei müssen Sie kein Hindernis für andere Verkehrsteilnehmer sein und können trotzdem weit kommen.

14.3.4 Der Reifendruck macht einen Unterschied

Ein zu niedriger Reifendruck erhöht den Rollwiderstand und damit den Verbrauch. Beim Befüllen der Reifen sollten Sie beachten, dass ein zu hoher Reifendruck den Rollwiderstand zwar verringert, allerdings auch die Haftung des Reifens verringert. Beim Bremsen, in Kurven und auf nasser Fahrbahn wirkt sich dies negativ aus. Orientieren Sie sich an den Herstellerangaben!

Kleinvieh macht auch Mist: Warum jedes Detail zählt

Auf den ersten Blick mögen Überlegungen zur Luftdichte oder zum Mikro-Beschleunigen übertrieben erscheinen. Bei E-Autos machen diese Details jedoch einen spürbaren Unterschied.

Der Grund liegt im grundlegend anderen Energiekonzept: Während ein Verbrennungsmotor mit seinem niedrigen Wirkungsgrad und seinen Betriebszuständen außerhalb des optimalen Betriebspunktes Unmengen an Energie als Abwärme verschwendet, nutzt ein Elektromotor jederzeit über 90 % der verfügbaren Energie direkt für den Vortrieb. Diese hohe Effizienz bedeutet aber auch: Jede verschwendete Energie fällt sofort ins Gewicht!

Ein Verbrenner kann sich energetische »Nachlässigkeiten« leisten, weil er ohnehin bis zu drei Viertel seiner Energie einfach nur in Wärme umsetzt. Beim E-Auto hingegen wirkt sich jede Ineffizienz direkt auf die Reichweite aus. Die Umstellung auf Elektromobilität bedeutet deshalb auch, bewusster mit Energie umzugehen. Das vermeintliche »Klein-Klein« bei Fahrweise, Geschwindigkeit und Abstand zum

Vordermann zahlt sich tatsächlich aus - nicht als Pedanterie, sondern als logische Konsequenz der effizienten Energienutzung.

14.4 Die alltäglichen Basics

Die folgenden Punkte fassen die wichtigsten Maßnahmen zur Verbrauchsreduzierung im Alltag zusammen:

- **Reifendruck regelmäßig prüfen:** Zu wenig Luft in den Reifen erhöht den Verbrauch.
- **Entfernen Sie unnötige Lasten:** Dachaufbauten sollten nach Gebrauch abmontiert werden, und überflüssiger Kram im Kofferraum kann auch raus.
- **Eco-Fahrmodi wählen:** Eco-Fahrmodi helfen Ihnen, die Beschleunigung und Höchstgeschwindigkeit zugunsten der Effizienz zu begrenzen. Moderne E-Autos bieten verschiedene Fahrmodi, die Sie per Knopfdruck wechseln können. Der Eco-Modus drosselt die Beschleunigung und begrenzt die Höchstgeschwindigkeit zugunsten der Reichweite. Sie kommen langsamer vom Fleck, sparen dafür aber Energie. Der Normal-Modus balanciert Leistung und Verbrauch aus. Für den Alltag reicht meist der Normal-Modus, auf der Autobahn hilft Eco beim Sparen.

Auch die *Routenplanung* kann den Verbrauch erheblich beeinflussen: Routen mit vielen Höhenmetern, Steigungen oder hohen Durchschnittsgeschwindigkeiten verbrauchen mehr Energie. Navigationssysteme mit Verbrauchsoptimierung können energieeffiziente Alternativrouten vorschlagen, zumindest bei langen Strecken ist dies oft möglich. Und in der Theorie hört sich das auch gut an, aber in der Praxis habe ich dies noch nie erfolgreich anwenden können. Aber das soll Sie nicht entmutigen, wenn Sie Spaß an solchen Optimierungen haben, gibt es bestimmt Möglichkeiten dafür.

Zukünftige Effizienzpotenziale

Die Effizienz von Elektrofahrzeugen lässt sich durch verschiedene Maßnahmen weiter verbessern. Wie ich weiter oben bereits beschrieben habe, erreichen neue Motortechnologien höhere Wirkungsgrade (siehe Abschnitt 5.1.3, »Motortypen im technischen Detail«). Innovative Leistungselektronik reduziert Verluste in der Antriebssteuerung usw.

Aerodynamische Optimierungen können den Luftwiderstand einfacher senken: Aktive Luftleitsysteme, optimierte Unterbodenverkleidungen und sogar versenkbare Türgriffe tragen zur Effizienz bei. Fahrzeuge mit Luftwiderstandsbeiwerten unter 0,20 sind technisch möglich. Der Trend zu großen SUVs wirkt dem entgegen, aber so ein Fahrzeug sollten Sie einfach nicht kaufen, wenn Sie sparsam unterwegs sein möchten.

Abbildung 14.2: Selbst zwischen einem Crossover-Modell und einer Limousine ist der unterschiedliche Luftwiderstand deutlich zu sehen.

Leichtbau durch neue Materialien und Konstruktionsmethoden kann das Fahrzeuggewicht bei gleicher Sicherheit und Komfort weiter reduzieren. Kohlefaser, Aluminium-Space-Frames und innovative Stahl-Aluminium-Hybridkonstruktionen bieten Potenzial für weitere Gewichtseinsparungen. Das kann aber auch seine Nachteile bei Reparaturen haben. Eine solche Karosserie bei einer Beschädigung zu reparieren, ist kostspielig und aufwendig.

Kapitel 15
Batterie-Management und Pflege

Die Batterie ist das Herzstück Ihres Elektroautos und gleichzeitig die teuerste Komponente. Eine sorgfältige Pflege und das richtige Verhalten können ihre Lebensdauer erheblich verlängern und teure Reparaturen vermeiden. Die gute Nachricht: Moderne E-Auto-Batterien sind robuster, als oft befürchtet wird, und halten bei richtiger Behandlung deutlich länger als das Auto selbst.

15.1 Wie Sie für eine lange Lebensdauer der Batterie sorgen

Die Angst vor einer schnell kaputt gehenden E-Auto-Batterie hat in der Vergangenheit viele Menschen vom Kauf eines E-Autos abgehalten. Die Sorge um die Batterielebensdauer ist jedoch unbegründet: Moderne E-Auto-Batterien halten deutlich länger, als früher angenommen wurde – die technischen Details dazu finden Sie in Abschnitt 4.3, »Lebensdauer und Alterung« und in den wissenschaftlichen Studien im Lebensdauer und Alterung. Hier konzentriere ich mich auf das, was Sie im Alltag beachten sollten.

Das Geheimnis liegt im *Batterie-Management-System* (BMS), das permanent Ladestrom, Temperatur und Zellspannungen überwacht. Anders als bei Smartphone-Akkus wird die Batterie immer unter optimalen Bedingungen geladen. Zusätzlich nutzen E-Auto-Batterien nur etwa 90 % ihrer tatsächlichen Kapazität; die restlichen 10 % dienen als Puffer zum Schutz der Zellen.

Für eine maximale Lebensdauer befolgen Sie im Alltag drei einfache Regeln:

- Vermeiden Sie es, das Auto längere Zeit voll aufgeladen stehen zu lassen.
- Fahren Sie schonend, wenn die Batterie unter 10 % fällt.
- Nutzen Sie Schnelllader hauptsächlich auf Langstrecken, und laden Sie im Alltag mit der heimischen Wallbox.

Diese Nutzung entspricht genau dem Profil, für das die Batterie ausgelegt wurde.

15.1.1 Optimaler Ladestand bei Nichtbenutzung

Wenn Sie Ihr Elektroauto längere Zeit nicht nutzen – etwa während Sie in einem längeren Urlaub sind oder bei saisonaler Stilllegung –, erhält der richtige Ladestand die Batterie-gesundheit. Sowohl eine vollständig geladene als auch eine leere Batterie schaden den Zellen während längerer Ruhephasen.

Der optimale Ladestand für längere Standzeiten liegt zwischen 30 und 70 %. In diesem Bereich ist die elektrochemische Spannung in den Zellen am stabilsten. Bei 50 % Ladestand ruht die Batterie in ihrem Wohlfühlbereich und altert am langsamsten. Vermeiden Sie unbedingt die Extreme: Eine voll geladene Batterie steht unter hoher Spannung, was die Zellen belastet. Eine tiefentladene Batterie kann sich selbst schädigen und im schlimmsten Fall unbrauchbar werden.

Stellen Sie die Ladebegrenzung auf 60 bis 80 %

Im Alltag, wenn keine langen Strecken anstehen, sondern nur kurze tägliche Fahrten, stellen Sie die Ladebegrenzung Ihres E-Autos am besten auf einen Wert zwischen 60 und 80 %. So wird die Batterie nie komplett geladen. Dies schont auf lange Sicht Ihre Batterie.

Ja, das verringert Ihre Reichweite, aber die reizen Sie auch nicht jeden Tag aus. Und im Fall der Fälle heben Sie die Begrenzung auf und machen die Batterie am nächsten Lader voll.

Abbildung 15.1: Bei diesem Fahrzeug ist die Ladebegrenzung auf 80 % eingestellt.

Falls Sie ein Fahrzeug mit LFP-Zellen haben, ist dies möglicherweise unnötig. Wo Sie die Einstellung zur Ladebegrenzung in Ihrem E-Auto finden, ist von Modell zu Modell unterschiedlich. Das Handbuch zu Ihrem Fahrzeug sollte Ihnen aber Auskunft geben, wo diese Option zu finden ist.

Moderne E-Autos haben Schutzfunktionen gegen Tiefentladung. Selbst wenn die Anzeige 0 % anzeigt, verbleibt eine Sicherheitsreserve von etwa 5 %. Trotzdem sollten Sie diese Grenze nicht testen. Planen Sie bei längerer Nichtbenutzung einen Ladestand von mindestens 30 % ein.

15.1.2 Warum entlädt sich die Batterie während des Parkens?

Moderne Traktionsbatterien entladen sich durch natürliche chemische Prozesse in den Zellen. Pro Monat verlieren sie etwa 2 bis 5 % ihrer Ladung, wenn das Fahrzeug steht. Den größeren Anteil am Energieverlust verursacht jedoch der sogenannte *Vampire Drain*, also der kontinuierliche Stromverbrauch vernetzter Fahrzeuge im Stand.

Diesen Standby-Verbrauch verursachen Steuergeräte, die Alarmanlage, die Internetverbindung und Überwachungsfunktionen wie der *Sentry Mode*. Hinzu kommen gelegentliche Software-Updates. Tesla-Modelle verlieren dadurch 1 bis 3 % ihrer Batteriekapazität täglich. Hingegen verzeichnen beispielsweise einige Hyundai-Modelle praktisch keinen messbaren Vampire Drain.

Wie hoch der Vampire Drain ausfällt, hängt davon ab, wie viele Over-the-Air-Funktionen Ihr Fahrzeug im Stillstand aktiv hält, und davon, ob Ihr Auto diese Technologie überhaupt nutzt. Manche Hersteller ziehen den Strom für solche Funktionen aus der kleinen 12-Volt-Batterie. Diese wird dann durch die Traktionsbatterie nachgeladen, wenn ihre Kapazität zu Neige geht. Schauen Sie in Ihrem E-Auto-Handbuch nach, ob Sie diese Nachladefunktion in den Einstellungen explizit aktivieren müssen. Beobachten Sie Ihr Auto in der ersten Zeit daraufhin, ob ein Vampire-Drain auftritt, oder recherchieren Sie vor dem Kauf, wie es bei dem Fahrzeug aussieht, das Sie ins Auge gefasst haben.

Anders verhält es sich, wenn Ihr Auto die Batterie vor Kälte schützt. Bei sehr niedrigen Außentemperaturen aktiviert jedes E-Auto seinen internen *Akku-Schutz*. Die Traktionsbatterie heizt sich dann selbst, damit sie nicht zu sehr auskühlt. Das verbraucht Energie im Stillstand, schützt aber die Zellen vor Schäden. Diese *Winterfunktion* hat jedoch nichts mit dem Vampire Drain zu tun, sondern dient ausschließlich dem Schutz der Batterie.

Bei längeren Stillständen aktivieren Sie daher am besten den *Energy Saving Mode* oder ähnliche Energiesparfunktionen Ihres Fahrzeugs. Diese senken die Hintergrundaktivitäten auf ein Minimum. Alternativ verbinden Sie das Fahrzeug bei mehrwöchigen Standzeiten mit einer Wallbox oder einem mobilen Lader, damit automatisch nachgeladen wird, sobald der Ladestand zu weit absinkt.

Steht Ihr Fahrzeug für mehrere Monate still, prüfen Sie alle vier bis acht Wochen nach, ob das Nachladen funktioniert. Viele moderne E-Autos besitzen auch Apps, mit denen Sie den Batteriestand aus der Ferne abfragen können. Nutzen Sie diese Funktion, um rechtzeitig zu reagieren.

15.1.3 Batterieschonend laden

Das richtige Ladeverhalten führt zu einer langen Batterielebensdauer. Dabei geht es nicht nur um das *Ob*, sondern vor allem um das *Wie* und *Wann* des Ladevorgangs. Alle Schutzfunktionen übernimmt das Batterie-Management-System dabei automatisch.

Schnellladen wird zu Unrecht oft als batteriefeindlich dargestellt. Ein Test mit zwei gleichen Nissan Leaf, bei dem einer ausschließlich mit einem DC-Schnelllader geladen wurde und der andere mit einer AC-Wallbox, zeigte nach einem Jahr keine signifikanten Unterschiede. Auf zehn Jahre hochgerechnet, wäre der Kapazitätsverlust des schnellgeladenen Wagens nur um 3 bis 5 % höher. Tesla-Daten von 600 Fahrzeugen zeigten nach sieben Jahren noch 93 % durchschnittliche Kapazität, trotz regelmäßiger Schnellladungen.

Die 80-%-Regel ist sinnvoll, aber Sie müssen sie nicht dogmatisch befolgen. Die meisten Hersteller begrenzen die Ladung am Schnelllader automatisch auf 80 %, um die Batterie zu schonen. Die letzten 20 % dauern so lange wie die ersten 80 % und belasten die Zellen stärker. Für den Alltag sind 80 % meist ausreichend. Vollladungen sollten Sie für längere Fahrten reservieren und nicht zur Gewohnheit werden lassen.

Das Ladeverhalten in verschiedenen Temperaturbereichen erfordert unterschiedliche Strategien. Bei normalen Temperaturen zwischen 15 und 25 °C lädt die Batterie am effizientesten und schonendsten. Bei Hitze über 35 °C reduziert das BMS automatisch den Ladestrom, um Überhitzung zu vermeiden. Bei Kälte unter 5 °C lädt die Batterie langsamer, um ein Lithium-Plating zu verhindern, einen Prozess, der die Zellen nachhaltig schädigt.

Tiefentladungen sind schädlicher als *Überladungen*. Moderne Batterie-Management-Systeme verhindern beide Extreme zuverlässig. Trotzdem sollten Sie vermeiden, das Auto regelmäßig bis zur letzten Kilowattstunde zu fahren. Ein Puffer von 10 bis 15 % ist sinnvoll und reduziert den Stress für Batterie *und* Fahrer.

Die Ladegeschwindigkeit beeinflusst die Alterung also weniger, als oft angenommen wird. Wichtiger sind der Ladezustand und die Temperatur. Eine warme Batterie bei 90 % Ladung altert schneller als eine kühle bei 50 % – und dies unabhängig von der Ladegeschwindigkeit. Deshalb ist es besser, öfter teilzuladen als seltener vollzuladen.

Ein Kalibrierungszyklus alle paar Monate hilft dem BMS dabei, die Batteriekapazität korrekt zu messen. Das Batterie-Management-System verfolgt den Ladezustand durch *Coulomb Tracking*, also durch Mitzählen der ein- und ausgehenden Ladung. Diese Methode arbeitet jedoch nicht absolut perfekt. Kleine Messfehler können sich mit der Zeit summieren, und die natürliche Alterung der Traktionsbatterie verringert auch gleichzeitig ihre tatsächliche Kapazität. Dadurch können der angezeigte Ladestand und die Prognose, wie viele Kilometer noch gefahren werden können, zunehmend vom realen Zustand abweichen.

Laden Sie daher Ihr Auto ab und an von unter 10 % auf über 90 %. Ob Sie dabei AC oder DC nutzen, spielt keine Rolle. Dieser Vorgang rekalibriert das System und macht die Reichweitenanzeige wieder genauer. Das BMS lernt dabei die aktuelle, verfügbare Kapazität neu und passt seine Berechnungen dabei z. B. an eine gealterte Batterie an.

Die Degradation einer Traktionsbatterie

Der Alterungsprozess (*Degradation*) moderner E-Auto-Batterien verläuft überraschend langsam und folgt einer charakteristischen Kurve: Die ersten 30.000 km zeigen den stärksten Rückgang von 100 % auf etwa 95 % – danach stabilisiert sich der Prozess deutlich. Nach 100.000 km liegt die Kapazität typischerweise noch bei 90 %, nach 200.000–300.000 km bei etwa 87 %.

Diese anfängliche Degradation entsteht durch die Bildung der *SEI-Schutzschicht* an der Anode – ein normaler, selbstbegrenzender chemischer Prozess. Sobald diese Schicht entstanden ist, altert die Batterie deutlich langsamer.

15.2 Winterbetrieb und Wintermodus

Kälte ist der größte Feind jeder Batterie, das gilt auch für E-Auto-Batterien. In diesem Kapitel erkläre ich die physikalischen Hintergründe und zeige Ihnen konkrete Strategien für den Winterbetrieb. Alle Praxis-Tipps finden Sie kompakt zusammengefasst in Abschnitt 15.2.

Abbildung 15.2: Dem Ladeport macht Regen und Schnee nichts aus, Sie können auch bei widrigen Witterungsverhältnissen bedenkenlos laden.

Im Winter reduziert sich die verfügbare Reichweite zwar, aber mit den richtigen Strategien meistern Sie auch harte Winter problemlos.

Einfach gesagt: Ihr Verhalten beeinflusst die Wintertauglichkeit Ihres E-Autos erheblich. Nutzen Sie die Standheizung, um das Auto vorzuwärmen, während es noch am Ladekabel hängt. So starten Sie mit einem warmen Innenraum und einer temperierten Batterie. Sitz- und Lenkradheizung verbrauchen viel weniger Energie als die Luftheizung und sorgen trotzdem für Komfort.

Bei regelmäßiger Nutzung ist die Winterproblematik weniger dramatisch, als oft befürchtet wird. Eine dicht gepackte Traktionsbatterie kühlt nicht so schnell aus. Die Selbstwärme der Zellen und die Abwärme des Fahrbetriebs halten die Batterie meist über dem kritischen Bereich. Problematisch wird es nur bei längeren Standzeiten in extremer Kälte.

Ein praktischer Tipp (nicht nur) für den Winter: Reduzieren Sie die Höchstgeschwindigkeit. Bei 100 statt 130 km/h sparen Sie deutlich Energie, weil der Luftwiderstand exponentiell mit der Geschwindigkeit steigt.

15.3 Besonderheiten der Elektroautowartung

Die Wartung eines Elektroautos unterscheidet sich fundamental von der eines Verbrenners. Weniger Verschleiß bedeutet seltenere Werkstattbesuche, aber wenn etwas kaputt geht, sind oft Spezialisten gefragt. Die meisten Arbeiten sind einfacher, einige sind aber komplexer als beim Verbrenner.

Die klassische Motorwartung entfällt komplett: kein Ölwechsel, keine Zündkerzen, keine Keilriemen, kein Luftfilter, kein Kühlerservice. Was beim Verbrenner alle 15.000 bis 30.000 km fällig wird, gibt es beim E-Auto nicht. Das spart nicht nur Geld, sondern auch Zeit und Nerven. Viele E-Auto-Fahrer kommen Jahre ohne Werkstattbesuch aus.

Die Inspektion beschränkt sich auf wenige Punkte: Sichtprüfung der Batterie und Kabel, Test der Elektronik, Überprüfung der Bremsanlage, Kontrolle von Reifen und Fahrwerk. Diese Arbeiten dauern meist unter einer Stunde und kosten entsprechend wenig. Manche Hersteller bieten Festpreise von unter 200 € für die jährliche Inspektion. Eine Kostengegenüberstellung dieser Wartungen habe ich Ihnen in Tabelle 13.1, »Wartungskosten verschiedener Fahrzeuge«, gezeigt.

Hochvolttechnik erfordert speziell geschultes Personal. Nicht jede Werkstatt darf an der Traktionsbatterie oder den Hochvoltkabeln arbeiten. Die Mechaniker benötigen eine Zusatz-Qualifikation für das Arbeiten an Hochvoltsystemen und entsprechende Sicherheitsausrüstung. Dadurch ist die Auswahl der Werkstätten eingeschränkt, aber das Netz der qualifizierten Betriebe wächst schnell. Deshalb ist die Wartung Ihres E-Autos auch auf die Fachwerkstätten des Herstellers beschränkt.

Software-Updates spielen eine wichtige Rolle. Moderne E-Autos laden Updates »over the air« herunter und installieren sie automatisch. Manchmal sind aber Werkstattbesuche für größere Updates nötig. Diese können neue Funktionen freischalten, die Reichweite verbessern oder Fehler beheben. Tesla ist Vorreiter bei diesem Konzept, andere Hersteller ziehen nach.

Diagnosegeräte für E-Autos sind teuer und spezialisiert. Nicht jede Werkstatt hat die nötige Ausrüstung, um komplexe Batteriesysteme zu analysieren. Das Auslesen des Fehlerspeichers, das Messen der Zellenspannungen oder das Prüfen des Thermalmanagements erfordert spezielle Tools. Deshalb konzentriert sich die E-Auto-Reparatur oft auf speziell ausgestattete Betriebe.

Die Garantiebedingungen sind großzügiger als beim Verbrenner. Acht Jahre oder 160.000 km auf die Batterie sind Standard. Die Antriebseinheit hat oft ähnliche Garantiezeiten. Das reduziert das finanzielle Risiko für den Besitzer erheblich. Wichtig: Halten Sie die Wartungsintervalle ein, um die Garantie nicht zu gefährden.

Unfallreparaturen können aber komplexer und teurer sein als beim Verbrenner. Nach einem schweren Unfall kappt das Fahrzeug aus Sicherheitsgründen automatisch die Verbindung zwischen Hochvoltbatterie und Elektrik. Die Wiederinbetriebnahme erfordert umfangreiche Sicherheitsprüfungen durch Spezialisten. Kleinere Schäden an Karosserie oder Innenraum sind dagegen unproblematisch zu reparieren.

Rettungsdatenblatt

Legen Sie ein *Rettungsdatenblatt* in Ihr Auto. Sie finden es auf der Herstellerwebsite, für Hyundai zum Beispiel hier: *www.hyundai.com/de/de/service/gut-informiert/anleitungen-und-datenblaetter.html*

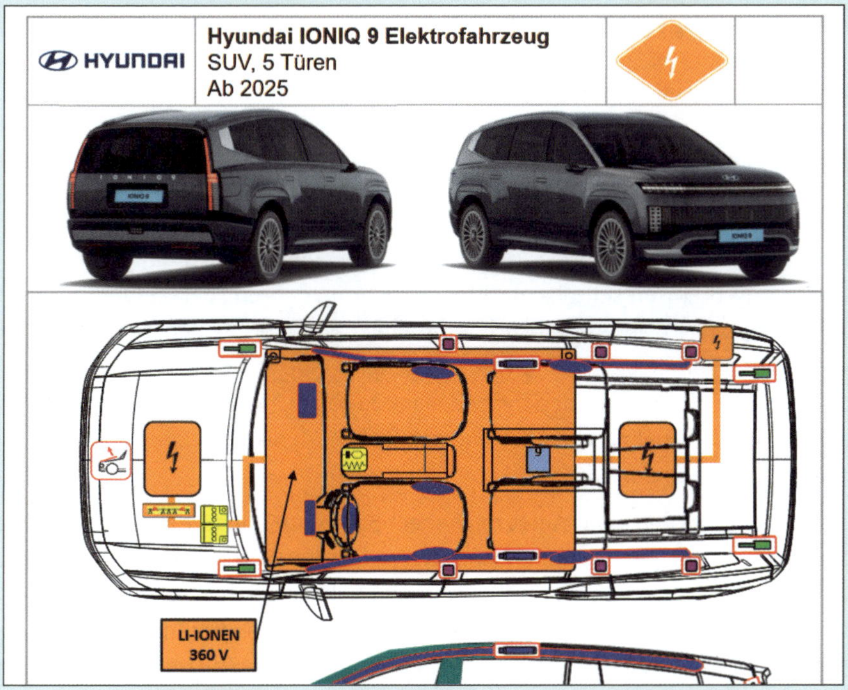

Abbildung 15.3: Auf den Websites der Automobilhersteller stehen Rettungsdatenblätter zum Download bereit (hier von Hyundai).

Das Datenblatt zeigt der Feuerwehr, wo sie bei einem Unfall die Karosserie sicher öffnen darf. Es markiert kritische Bereiche wie Airbags, Gasgeneratoren und Hochvoltleitungen bei Elektrofahrzeugen. Die Rettungskräfte erkennen auf einen Blick, welche Schnitte sie setzen können, ohne Insassen oder sich selbst zu gefährden.

Natürlich ziehen Sie das Blatt bei einem Unfall nicht selbst aus dem Handschuhfach. Dafür fehlt Ihnen in dieser Situation die Zeit und Ruhe. Das Rettungsdatenblatt erfüllt einen anderen Zweck: Es verschafft Ihnen Klarheit über die Sicherheitsarchitektur Ihres Fahrzeugs. Wenn jemand beim Familientreffen behauptet, moderne Autos ließen sich nicht mehr sicher bergen, können Sie mit konkreten Fakten antworten. Das Datenblatt zeigt schwarz auf weiß, wie Hersteller und Rettungsdienste zusammenarbeiten.

Ein praktischer Tipp: Bauen Sie eine Beziehung zu einer qualifizierten E-Auto-Werkstatt auf, bevor Sie sie brauchen. Informieren Sie sich über zertifizierte Betriebe in Ihrer Region für das E-Auto, das Sie im Auge haben. Im Notfall sparen Sie Zeit und haben einen kompetenten Ansprechpartner. Beachten Sie jedoch, dass Ihre Versicherung oft auf eine »qualifizierte Fachwerkstatt« besteht und damit ein Wörtchen mitredet.

15.4 Typische Verschleißteile

Elektroautos haben deutlich weniger Verschleißteile als Verbrenner, aber völlig wartungsfrei sind sie nicht. Die wenigen Komponenten, die einen regelmäßigen Austausch benötigen, halten oft länger als beim Verbrenner und sind meist günstiger zu ersetzen:

- Die **Bremsanlage** wird durch die Rekuperation weniger beansprucht als beim Verbrenner. Die Rekuperation übernimmt den Großteil der Bremsvorgänge, sodass die mechanischen Bremsen seltener zum Einsatz kommen. Bremsbeläge und -scheiben halten oft doppelt so lange wie beim Verbrenner. Allerdings neigen die Bremsen bei wenig Nutzung zum Rosten. Fahren Sie gelegentlich eine längere Strecke mit bewusst mechanischem Bremsen, um die Scheiben blank zu halten. (Manche modernen E-Autos betätigen daher in regelmäßigen Abständen automatisch die mechanische Bremse, um Rostbildung zu verhindern.)
- Die **Reifen** verschleißen bei E-Autos mit hohem Beschleunigungsvermögen oft schneller als beim Verbrenner. Ist ja auch klar: Wer seine 700 PS bei jedem Ampelstart zu Schau stellt, hat die Gummis schnell runtergerubbelt. Das höhere Gewicht durch die Batterie und das hohe Drehmoment des Elektromotors belasten die Reifen stärker. Spezielle E-Auto-Reifen mit verstärkten Seitenwänden und optimiertem Rollwiderstand sind empfehlenswert. Sie halten länger und verbessern die Reichweite.
- Die **12-Volt-Bordnetzbatterie** ist ein oft übersehenes Verschleißteil. Obwohl das E-Auto von der Traktionsbatterie angetrieben wird, benötigt es trotzdem eine kleine Bleibatterie für Steuergeräte, Beleuchtung und Türöffner. Diese Batterie ist meist kleiner als beim Verbrenner und kann in manchen Fahrzeugen eine wartungsfreie Lithium-Eisenphosphat-Batterie sein. Trotzdem altert sie und muss alle vier bis sechs Jahre getauscht werden.

- **Klimaanlagenfilter** benötigen wie beim Verbrenner regelmäßigen Austausch. Da E-Autos oft über hocheffiziente HEPA-Filter verfügen, können die Austauschintervalle länger sein. Prüfen Sie den Filter jährlich und tauschen Sie ihn bei sichtbarer Verschmutzung.
- Die **Antriebseinheit** ist praktisch wartungsfrei, aber nicht für die Ewigkeit gebaut. Radlager, Antriebswellen und das einstufige Getriebe halten meist über 200.000 km, können aber bei Extrembelastung früher Probleme machen. Ein Ölwechsel im Getriebe ist nach Herstellervorgabe fällig, meist erst nach 100.000 bis 150.000 km.
- **Elektronische Komponenten** wie Steuergeräte, Sensoren und Displays können ausfallen, sind aber nicht planbar wartungspflichtig. Defekte zeigen sich meist durch Fehlermeldungen oder Funktionsausfälle.
- Ein überraschender Verschleißpunkt sind die **Türgriffe** bei einigen Fahrzeugmodellen mit versenkbaren Griffen. Die Mechanik ist komplex und kann bei häufiger Nutzung Probleme machen. Tesla-Fahrer kennen das Problem.

15.5 Brand bei Elektroautos – was Sie wissen sollten

Brennende Elektroautos sorgen regelmäßig für Schlagzeilen: ein Tesla, der nach einem Unfall in Flammen aufgeht, ein Parkhaus, das wegen eines brennenden E-Autos evakuiert werden muss. Solche Meldungen verstärken die Angst vor der vermeintlich gefährlichen Technik. Doch was sagen die Fakten?

Der Deutsche Feuerwehrverband, der Gesamtverband der Versicherer sowie Unfallforscher sind sich einig: Elektroautos brennen statistisch gesehen nicht häufiger als Fahrzeuge mit Benzin- oder Dieselantrieb. Im Gegenteil, einige Studien deuten sogar darauf hin, dass E-Autos seltener in Brand geraten. Das Risiko eines Fahrzeugbrands hängt bei allen Antriebsarten von vielen Faktoren ab: technische Defekte, Unfälle, unsachgemäße Wartung oder auch Brandstiftung.

Der Unterschied liegt nicht in der Häufigkeit, sondern in der Art und Weise, wie ein Brand bekämpft werden muss. Während brennende Verbrenner heute kaum noch für Schlagzeilen sorgen, wirkt ein E-Auto-Brand spektakulärer und ungewohnter und erhält dadurch mehr mediale Aufmerksamkeit.

Faktencheck: Die spektakulärsten Mythen

- »E-Autos explodieren wie Bomben« – **Falsch**. Lithium-Ionen-Batterien brennen, aber sie explodieren nicht im eigentlichen Sinne. Es kann zu einem schnellen Druckaufbau kommen, der Gehäuseteile wegsprengt, aber das ist keine Explosion vergleichbar mit einem Sprengsatz.

- »Man kann ein brennendes E-Auto nicht löschen« – **Falsch**. Jedes E-Auto-Feuer lässt sich löschen. Es dauert länger und erfordert mehr Wasser, aber die Feuerwehr ist dafür ausgerüstet und geschult.
- »Brennende E-Autos versenkt man in Wasserbecken« – **Übertrieben**. Das passiert nur in seltenen Ausnahmefällen. In der Regel reichen konventionelle Löschmethoden, gegebenenfalls ergänzt durch Löschdorne oder Löschsäcke.
- »E-Autos brennen häufiger als Verbrenner« – **Falsch**. Die Statistik zeigt das Gegenteil.

15.5.1 Warum E-Auto-Brände anders sind

Bei einem herkömmlichen *Fahrzeugbrand* brennt in der Regel auslaufender Kraftstoff. Die Feuerwehr löscht die Flammen mit Wasser und gegebenenfalls Schaum. Ein typischer Pkw-Brand benötigt etwa 500 bis 1.500 Liter Wasser. Der Einsatz dauert überschaubar lange, danach ist die Gefahr gebannt.

Bei einem Elektroauto stellt die Hochvoltbatterie die größte Herausforderung dar. In den Lithium-Ionen-Zellen können enorme Energiemengen gespeichert sein, beim modernen E-Auto zwischen 40 und über 100 kWh. Gerät eine Zelle in Brand, entsteht eine chemische Kettenreaktion, die sich von Zelle zu Zelle fortsetzen kann. Dieses sogenannte *thermische Durchgehen* (engl. *thermal runaway*) entwickelt extreme Hitze. Temperaturen von über 1.000 °C sind dann möglich.

Das eigentliche Problem: Es reicht nicht aus, die sichtbaren Flammen zu löschen. Die Batterie muss intensiv gekühlt werden, um die Temperatur unter 80 °C zu bringen. Nur dann gilt der Brand als unter Kontrolle. Selbst Stunden oder Tage nach dem vermeintlichen Löschen kann sich die Batterie wieder entzünden, wenn die Temperatur erneut ansteigt.

15.5.2 Wie die Feuerwehr E-Autos löscht

Das primäre Löschmittel ist und bleibt Wasser. Schaum, Pulver oder CO_2 erzielen nicht den notwendigen Kühleffekt. Allerdings benötigt die Feuerwehr erheblich mehr Wasser als bei einem Verbrenner: Je nach Situation und Fahrzeugtyp können mehrere Tausend bis zu 10.000 Liter notwendig sein. Ein Feuerwehrfahrzeug führt in der Regel nur etwa 2.000 Liter mit sich, die Wasserversorgung muss also über Hydranten sichergestellt werden.

Die Batterie liegt geschützt im Fahrzeugunterboden. Das macht die Kühlung schwierig. Deswegen kommen moderne Löschtechniken ins Spiel:

- **Löschdorne oder Löschlanzen:** Diese Geräte werden durch das Batteriegehäuse getrieben oder geschlagen, um Löschwasser direkt zu den Akkuzellen zu leiten. Dadurch lässt sich die Batterie effizienter kühlen, der Wasserverbrauch sinkt und die Einsatzzeit verkürzt sich. Einige Hersteller bereiten ihre Fahrzeuge bereits darauf vor: Renault beispielsweise hat beim Scenic Electric eine Öffnung vorgesehen, durch die Löschdorne eingeführt werden können.

- **Löschdecken:** Spezielle hitzebeständige Decken können über das Fahrzeug gelegt werden, um die Flammen einzudämmen und die Rauchentwicklung zu reduzieren. Sie verhindern zwar nicht das thermische Durchgehen, begrenzen aber die Brandausbreitung.
- **Löschsäcke:** Das Fahrzeug wird in einen speziellen Sack gelegt, der mit Wasser gefüllt wird. Das Auto steht dann gewissermaßen »im eigenen Löschteich«. Diese Methode benötigt deutlich weniger Wasser als das dauerhafte Kühlen und macht den sicheren Abtransport möglich.
- **Löschcontainer:** In Einzelfällen wird das Fahrzeug komplett in einen wassergefüllten Container getaucht. Doch der Deutsche Feuerwehrverband stellt klar: Diese aufwendige Methode ist für den normalen Feuerwehreinsatz nicht praktikabel und unnötig. Container kommen hauptsächlich bei Abschleppunternehmen zum Einsatz, um bereits gelöschte Fahrzeuge sicher zu lagern.

Der Brand eines Wasserstoff-Fahrzeugs: Die unsichtbare Gefahr

Wenn Sie die Feuerwehr mal richtig nervös sehen möchten, dann haben Sie die Gelegenheit dazu, wenn diese zu einem brennenden Wasserstoffauto ausrückt. Die besondere Herausforderung: Wasserstoff verbrennt mit einer nahezu unsichtbaren Flamme. Was in Hollywood-Filmen spektakulär aussieht, macht Einsatzkräften das Leben schwer. Sie können nicht sehen, wo genau es brennt.

Daher nutzen Feuerwehren spezielle Wärmebildkameras, um die Flammen zu lokalisieren. Manche Einsatzkräfte greifen auch zu einem simplen Trick: Sie halten einen Besen in den vermuteten Bereich. Entzündet dieser sich, wissen sie, wo das Gas austritt.

Der »Hindenburg-Effekt« – die explosive Kraft von Wasserstoff – sorgt für zusätzliche Nervosität. Tatsächlich ist Wasserstoff hochentzündlich und entwickelt bei Bränden eine extreme Hitze von bis zu 2.000 Grad Celsius. Anders als bei Batterien gibt es hier kein langsames thermisches Durchgehen. Wenn ein Wasserstofftank beschädigt wird, kann das Gas schlagartig austreten und sich entzünden. Egal ob es nun ein Auto mit Batterien oder Wasserstoff ist, beide Technologien stellen die Feuerwehr vor neue Herausforderungen.

15.5.3 Die Sicherheitssysteme moderner E-Autos

Die Autohersteller haben aus den ersten Erkenntnissen gelernt und ihre Sicherheitskonzepte kontinuierlich verbessert. Moderne Elektroautos verfügen über mehrere Schutzmechanismen:

- **Crash-Sicherheit** der **Batterie:** Die Hochvoltbatterie liegt geschützt im Fahrzeugunterboden, oft in einem stabilen Rahmen eingefasst. Bei einem Aufprall trennt sich das Hochvoltsystem automatisch von der restlichen Bordelektronik. Alle stromführenden Leitungen werden spannungsfrei geschaltet. Übrig bleibt nur das 12-Volt-Bordnetz, das weiterhin Warnblinker, Innenbeleuchtung und das Notrufsystem versorgt.
- **Thermisches Management:** Hochleistungskühlsysteme überwachen permanent die Batterietemperatur. Wird es zu heiß, drosselt die Elektronik die Leistung oder schaltet das Fahrzeug ab, bevor Schaden entstehen kann.
- **Notfallabschaltung:** Ein roter Notschalter - meist im Motorraum oder unter dem Rücksitz - ermöglicht es Rettungskräften, das Hochvoltsystem manuell zu deaktivieren.
- **Rettungskarten:** Jeder Hersteller stellt für seine Modelle sogenannte Rettungskarten bereit. Diese zeigen der Feuerwehr, wo die Batterie sitzt, wo geschnitten werden darf und wo nicht. Viele Fahrzeuge tragen einen QR-Code, über den die Rettungskarte schnell abrufbar ist.

15.5.4 Was bedeutet das für Sie als Fahrer?

Die gute Nachricht: Sie müssen sich keine größeren Sorgen machen als bei einem Verbrenner. Die Wahrscheinlichkeit, dass Ihr E-Auto brennt, ist nicht höher. Die Sicherheitssysteme arbeiten zuverlässig. Trotzdem sollten Sie einige Punkte beachten:

- **Nach einem Unfall:** Auch wenn äußerlich kein Schaden sichtbar ist, lassen Sie die Batterie von einer Fachwerkstatt überprüfen, wenn das Fahrzeug einen harten Aufprall erlitten hat. Beschädigte Zellen können sich erst Stunden oder Tage später entzünden.
- **Laden:** Nutzen Sie nur zugelassene Ladekabel und Ladestationen. Improvisierte Lösungen oder defekte Kabel erhöhen das Brandrisiko erheblich.
- **Parken bei einem Brandverdacht:** Falls Sie bei Ihrem E-Auto Rauch bemerken, stellen Sie es möglichst im Freien ab, nicht in Garagen oder Tiefgaragen. Informieren Sie umgehend die Feuerwehr.
- **Rettungskarte:** Legen Sie eine Rettungskarte hinter die Sonnenblende. Das hilft der Feuerwehr im Notfall, schneller und sicherer zu arbeiten.

15.5.5 Tiefgaragen und Parkhäuser sind sicher

Immer wieder kursieren Gerüchte, E-Autos dürften nicht in Tiefgaragen parken oder müssten dort besonders überwacht werden. Das ist falsch. Es gibt keine generelle Einschränkung für das Parken von Elektroautos in Tiefgaragen oder Parkhäusern. Auch das Laden dort ist erlaubt, sofern die Elektroinstallation fachgerecht ausgeführt wurde.

Abbildung 15.4: Das Laden in einer öffentlichen Tiefgarage, an einem sogenannten »Destination Charger«, kann mit dem eigenen AC-Ladekabel erfolgen.

Die Brandschutzkonzepte von Parkhäusern sind auf alle Fahrzeugtypen ausgelegt. Sprinkleranlagen, Entrauchungssysteme und Fluchtwege funktionieren unabhängig von der Antriebsart. Manche Betreiber installieren zusätzliche Löschdecken oder schulen ihr Personal speziell für E-Auto-Brände. Dies sind aber freiwillige Zusatzmaßnahmen, keine Notwendigkeit.

Tiefgaragen und Parkhäuser - rechtliche Lage vs. Praxis

Rein rechtlich gibt es keine Grundlage, Elektroautos aus Tiefgaragen oder Parkhäusern zu verbannen. Es gibt weder baurechtliche noch brandschutzrechtliche Vorschriften, die E-Autos vom Parken in geschlossenen Räumen ausschließen.

Trotzdem gibt es in der Praxis Einschränkungen: Vor allem in privaten Tiefgaragen - etwa von Wohnanlagen, Hotels oder Supermärkten - tauchen immer wieder Schilder auf, die E-Autos die Einfahrt verbieten. Die Betreiber berufen sich dabei auf ihr Hausrecht und ihre Sorge vor erhöhten Risiken oder Kosten im Brandfall.

Juristen bewerten solche pauschalen Verbote kritisch. Das Oberlandesgericht München entschied beispielsweise in einem Urteil von 2021, dass ein generelles Verbot von E-Autos in einer Tiefgarage einer Wohnungseigentümergemeinschaft nicht zulässig sei, solange keine konkreten Brandschutzbedenken bestehen. Elektroautos dürfen nicht pauschal als gefährlicher eingestuft werden als Verbrenner, wenn die Statistik das Gegenteil zeigt.

In der Praxis können Eigentümer privater Tiefgaragen trotzdem auf ihrem Hausrecht bestehen. Öffentliche Parkhäuser und kommunale Tiefgaragen dürfen solche Verbote in der Regel allerdings nicht aussprechen.

15.5.6 Ausblick: Die Technik wird besser

Die Batterietechnologie entwickelt sich rasant weiter. Neue Zellchemien wie Lithium-Eisenphosphat (LFP) gelten als thermisch stabiler und weniger anfällig für das thermische Durchgehen. Feststoffbatterien, die möglicherweise irgendwann mal marktreif werden, versprechen noch mehr Sicherheit, da sie keine flüssigen Elektrolyten enthalten.

Auch die Brandbekämpfung wird effizienter: Hersteller und Feuerwehren arbeiten gemeinsam an standardisierten Lösungen. Einheitliche Löschöffnungen, verbesserte Rettungskarten und neue Löschsysteme werden die Einsätze künftig schneller und sicherer machen.

Unterm Strich gilt: Elektroautos sind nicht gefährlicher als Verbrenner. Die Technik ist ausgereift, die Sicherheitssysteme funktionieren. Und falls doch einmal etwas passiert, ist die Feuerwehr grundsätzlich gut vorbereitet. Wichtig ist allerdings, dass sich Feuerwehren regelmäßig fortbilden und ihre Einsatzpläne aktualisieren, denn die E-Auto-Technik entwickelt sich immer weiter, und nur mit aktuellen Informationen können Einsatzkräfte effizient und sicher arbeiten.

Kapitel 16
Das Elektroauto im Alltag

Vor allem frisch gebackene E-Auto-Besitzer und potenzielle Käufer haben im Alltag viele praktische Fragen: Wie plane ich meine Fahrten? Wie fahre ich besonders sparsam? Was mache ich, wenn der Strom ausgeht? Und wie funktioniert das Reisen ins Ausland? In diesem Kapitel beantworte ich Ihnen alle wichtigen Fragen zum praktischen Umgang mit Ihrem Elektroauto.

Wenn Funktionen viele Namen haben

Bei Elektroautos werden gleiche oder ähnliche Funktionen je nach Hersteller unterschiedliche bezeichnet. Sie müssen nicht alle Begriffe kennen, denn bei der Vielfalt an Herstellern und Modellen lässt sich kaum erraten, welcher Name morgen verwendet wird. Hier sind ein paar Beispiele, damit Sie wissen, worauf ich hinaus will:

- Das akustische Warnsystem für Fußgänger heißt bei manchen Herstellern *VESS (Vehicle Exterior Sound System)*, bei anderen *AVAS (Acoustic Vehicle Alerting System)*. Beide Systeme machen dasselbe: Sie erzeugen ein künstliches Geräusch, damit Passanten das leise E-Auto rechtzeitig hören.
- Die Funktion, bei der Sie fast nur mit einem Pedal fahren, trägt unterschiedliche Namen. Viele Hersteller sprechen von *One-Pedal-Driving*, andere verwenden Begriffe wie *e-Pedal* oder *Single-Pedal-Mode*. Das Prinzip bleibt gleich: Wenn Sie das Gaspedal loslassen, bremst das Auto automatisch stärker ab als gewöhnlich.
- Fahrmodi heißen bei jedem Hersteller anders. BMW und Mini nennen ihren sportlichen Modus *Go-Kart-Mode*, Tesla spricht von *Ludicrous Mode* für maximale Beschleunigung, andere Hersteller verwenden *Sport*, *Dynamic* oder *Power* oder *Born*. Der Eco-Modus kann *Green Mode*, *Eco Pro*, *Range Mode* oder *Efficiency Mode* heißen. Alle Varianten verändern die Beschleunigung, Rekuperation und Klimaanlage, um entweder die Leistung oder die Reichweite zu optimieren.
- Die Rekuperationsstärke stellen Sie bei manchen Autos über Wippen am Lenkrad ein, bei anderen über Menüs im Display oder über die Gangwahlwippe. Manche sprechen von *Rekuperationsstufen*, andere von *B-Modus*, *Bremsstufen* oder schlicht von »starker« oder »schwacher« Verzögerung.

Schauen Sie im Handbuch Ihres Fahrzeugs nach, welche Begriffe der Hersteller verwendet. Wenn Sie bei der Probefahrt eine Funktion testen möchten und den Namen nicht kennen, beschreiben Sie dem Verkäufer einfach, was die Funktion machen soll. In den meisten Fällen findet sich die Funktion unter einem anderen Namen im Menü.

16.1 Reichweitenplanung und -optimierung

Die Reichweite eines Elektroautos bewegt sich heute zwischen 300 und 600 km, moderne Langstreckenmodelle schaffen sogar zu 700 km oder mehr. Diese Werte stammen allerdings aus dem Labor und entsprechen den WLTP-Testzyklen. In der Realität liegen Sie mit etwa 80 % der Herstellerangabe richtig. Ein E-Auto mit einer angegebenen Reichweite von 430 km bringt Sie im Alltag also etwa 350 km weit.

Ihre tatsächliche Reichweite hängt von vielen Faktoren ab. Die Außentemperatur spielt eine wichtige Rolle: Im Winter reduziert sich die verfügbare Energie durch die Batteriechemie und den Heizbedarf. Ihre Fahrweise macht ebenfalls einen enormen Unterschied. Während sparsame Fahrer oft sogar die Herstellerangaben erreichen, halbiert sich die Reichweite nahezu, wenn Sie dauerhaft 160 km/h fahren.

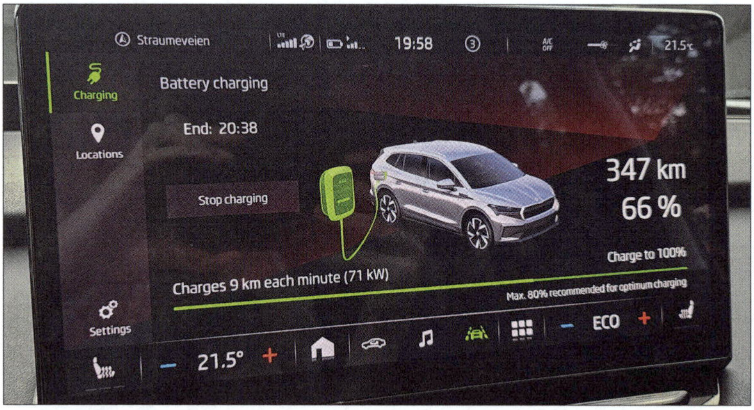

Abbildung 16.1: Die Reichweite und der Ladestand sind immer deutlich im Display zu sehen.

Die gute Nachricht: Für den Alltag reicht die Reichweite fast immer aus. Statistisch betrachtet, fahren Sie an über 80 % aller Tage weniger als 40 km. Selbst mit einem günstigen Elektroauto sind Sie damit eine ganze Woche mobil, bevor Sie wieder laden müssen. Die meisten E-Auto-Fahrer laden deshalb gar nicht täglich, sondern nutzen Gelegenheiten beim Einkaufen, im Fitnessstudio oder am Arbeitsplatz.

Moderne Elektroautos nehmen Ihnen die Reichweitenplanung weitgehend ab. Das Navigationssystem ist jederzeit über den Batteriestand informiert und plant automatisch Ladestopps ein, wenn die Energie knapp wird. Viele Systeme berücksichtigen dabei sogar das Wetter, Ihren Fahrstil und die Topografie der Strecke. Sie sehen also schon beim Eingeben des Ziels, ob Sie ohne Zwischenstopp ankommen oder wo Sie laden müssen.

Für längere Reisen empfehle ich Ihnen zusätzlich die Routenplanung mit Apps wie *A Better Routeplanner* oder *Chargemap*. Diese Anwendungen kennen alle verfügbaren Ladestationen und können präzise berechnen, wo Sie am besten Pausen einlegen. Sie berücksichtigen sogar die Auslastung der Ladesäulen und schlagen Alternativen vor, wenn eine Station überfüllt ist.

Ein praktischer Tipp: Planen Sie bei längeren Fahrten nicht bis zum letzten Prozent. Halten Sie etwa 10 bis 15 % Reserve, falls Sie einen Umweg fahren müssen oder die gewünschte Ladesäule defekt ist. Diese Pufferzone gibt Ihnen die nötige Sicherheit und nimmt den Stress aus der Fahrt.

16.2 Was tun, wenn der Saft auszugehen droht?

Die *Reichweitenangst* ist einer der häufigsten Gründe, warum Menschen vor dem Kauf eines Elektroautos zurückschrecken. Dabei passiert es in der Praxis extrem selten, dass einem E-Auto-Fahrer unterwegs der Strom ausgeht. Moderne Fahrzeuge warnen frühzeitig und schalten automatisch in den Sparmodus, wenn die Energie knapp wird.

Abbildung 16.2: Das E-Auto warnt Sie immer rechtzeitig!

Falls Sie trotzdem einmal in diese Situation geraten, bleiben Sie zunächst ruhig. Ihr Auto warnt Sie bereits bei etwa 10 bis 15 % Restladung und schlägt die nächste Ladestation vor. Bei den meisten Elektroautos bedeuten 0 % auf der Anzeige nicht, dass die Batterie komplett leer ist, denn sie verfügen über eine Sicherheitsreserve von etwa 5 bis 10 % der Kapazität.

Was tun Sie dann konkret? Aktivieren Sie sofort den Eco-Modus, falls Ihr Auto über einen verfügt. Schalten Sie alle nicht benötigten Verbraucher ab: Klimaanlage, Heizung, Radio und Sitzheizung. Reduzieren Sie die Geschwindigkeit auf 80 bis 90 km/h und fahren Sie möglichst gleichmäßig. Nutzen Sie die stärkste Rekuperationsstufe und rollen Sie bergab, wann immer es möglich ist.

Das Navigationssystem zeigt Ihnen die nächsten Ladestationen an. Suchen Sie gezielt nach Schnellladern, wenn es schnell weitergehen soll. Auch Autohäuser von Elektroauto-Herstellern haben oft öffentlich zugängliche Lademöglichkeiten. Große Einkaufszentren, IKEA-Filialen oder McDonald's-Restaurants sind ebenfalls häufig mit Ladestationen ausgestattet.

Moderne Elektroautos können selbst bei angezeigten 0 % oft noch 10 bis 20 km weit fahren. Diese Reserve sollten Sie nur im absoluten Notfall nutzen. Falls Sie tatsächlich liegen bleiben, kontaktieren Sie den Pannendienst. Der ADAC und andere Automobilclubs haben inzwischen mobile Ladegeräte, die Ihnen genug Energie für die Weiterfahrt zur nächsten Ladestation geben können.

Abbildung 16.3: Ein mobiles Ladefahrzeug für E-Autos, die mit leerer Batterie liegen geblieben sind

Die beste Vorbeugung gegen Reichweitenprobleme ist eine realistische Planung. Planen Sie auf längeren Strecken den nächsten Ladestopp immer so, dass Sie mit mindestens 15 bis 20 % Restladung ankommen. Das gilt besonders in unbekannten Gegenden, wo Sie nicht wissen, welche Ausweichmöglichkeiten zum Laden in der Nähe liegen. Informieren Sie sich im Zweifel vorab über Ladestationen entlang Ihrer Route und haben Sie immer eine Alternative parat. Mit der Zeit entwickeln Sie ein Gefühl für die Reichweite Ihres Autos, und solche Situationen werden zur absoluten Ausnahme.

In den ersten Jahren, als Ladesäulen noch deutlich seltener waren als heute, habe ich für Urlaubsreisen immer solch eine minutiöse Planung vorgenommen. Heute, bei der Vielzahl an Lademöglichkeiten und Ladesäulen - sowohl flächendeckend als auch in der Anzahl pro Standort - verzichte ich längst darauf. Die Ladeinfrastruktur hat sich so stark verbessert, dass sich jederzeit eine erreichbare Ausweichmöglichkeit zum Laden finden lässt.

16.3 Wenn Sie wirklich einmal liegen bleiben

Mit einer leeren Traktionsbatterie liegen zu bleiben passiert extrem selten, eigentlich gar nicht. Der ADAC bestätigt, dass leere Traktionsbatterien in der Pannenstatistik kaum eine Rolle spielen. Die häufigste Pannenursache bei E-Autos ist die 12-Volt-Starterbatterie, genau wie bei Verbrennern.

16.3.1 Was passiert, wenn die Fahrbatterie wirklich leer wird?

Moderne E-Autos haben ausgeklügelte Warnsysteme, die Sie rechtzeitig und mehrfach auf einen niedrigen Ladestand hinweisen:

- **Erste Warnung (etwa 10–15 % Restladung):** Das Auto zeigt eine optische Warnung im Display, oft färbt sich das *Batteriesymbol* orange. Das Navigationssystem schlägt Ihnen automatisch die nächsten Ladestationen vor.
- **Zweite Warnung (etwa 5–8 % Restladung):** Die Warnungen werden deutlicher, zusätzlich erscheinen akustische Signale. Spätestens jetzt sollten Sie gezielt die nächste Ladestation ansteuern.
- **Schildkrötenmodus (etwa 2–5 % Restladung):** Bei sehr niedrigem Ladestand aktiviert sich der sogenannte *Schildkrötenmodus*, erkennbar an einem Schildkrötensymbol im Display. Das Batterie-Management-System reduziert die verfügbare Leistung drastisch, um die letzten Reserven zu schonen. Die Höchstgeschwindigkeit sinkt deutlich, die Beschleunigung wird merklich schwächer. Dieser Modus ermöglicht Ihnen noch die Fahrt zur nächsten Ladestation oder einem sicheren Abstellplatz, verbraucht dabei aber minimal Energie.
- **Notreserve (0 % Anzeige):** Selbst bei angezeigten 0 % verfügen alle modernen E-Autos über eine versteckte *Notreserve* von etwa 10 bis 20 km. Diese Reserve sollten Sie nur im absoluten Notfall nutzen, denn sie existiert nur unter Idealbedingungen. Im Winter oder bei älteren Batterien fällt diese Notreserve deutlich geringer aus.

Schadet das der Traktionsbatterie?

Das Batterie-Management-System schützt die Fahrbatterie vor *Tiefentladung*. Wenn das Auto schließlich stehen bleibt, hat es die Batterie bereits vorher in einen sicheren Zustand versetzt. Schäden durch komplettes Leerfahren entstehen nicht, die Elektronik schaltet vorher ab.

16.3.2 Hilfe im Notfall

Wenn Sie tatsächlich einmal mit leerer Batterie liegen bleiben, rufen Sie den Pannendienst, also den ADAC, Ihren Automobilclub – oder nutzen Sie die Mobilitätsgarantie Ihres Herstellers. Diese Dienste kümmern sich dann um die Panne. Die meisten Hersteller bieten in den ersten zwei Jahren kostenlose Pannenhilfe, bei regelmäßiger Wartung oft länger.

Es funktioniert meist problemlos, das Auto zur nächsten Ladestation abschleppen zu lassen. Viele Hersteller schließen das Abschleppen über längere Strecken allerdings aus, weil der Motor beim Rollen Spannung erzeugen kann. Ihr Fahrzeug wird dann auf einen Abschlepplaster verladen und zur nächsten Ladestation transportiert.

Im Handbuch Ihres Fahrzeugs ist außerdem immer ein Hinweis zu finden, wie Ihr Fahrzeug sicher abgeschleppt werden kann.

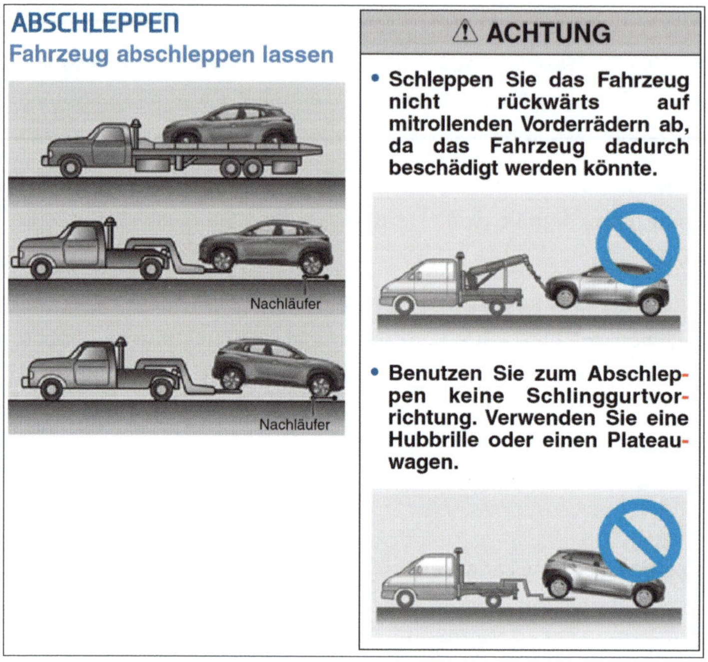

Abbildung 16.4: Abschlepprichtlinien, wie sie beispielsweise von Hyundai im Handbuch zum Auto vermerkt sind

Mobile Lademöglichkeiten - noch Zukunftsmusik

Der ADAC testet in Hamburg und München sogenannte *Elektrobooster*. Das sind mobile Ladegeräte, die Ihrem Auto genug Energie für die Weiterfahrt geben können. Diese kommen aber kaum zum Einsatz, weil leere Fahrbatterien so selten vorkommen. Eine flächendeckende mobile Ladeinfrastruktur existiert noch nicht.

Abbildung 16.5: Eine mobile »Elektrobooster«-Ladestation, die in ADAC-Ladefahrzeugen getestet wurde.

Manche E-Autos können über ihren Typ2-Stecker Strom an andere E-Autos abgeben. Eine solche Notladung dauert aber 30 bis 60 Minuten für gerade einmal 5 bis 10 km Reichweite. Sie brauchen also einen sehr geduldigen Helfer.

Das Laden an einer normalen Haushaltssteckdose funktioniert zwar grundsätzlich, ist aber extrem langsam und im Pannenfall unpraktisch. Bis Sie nennenswerte Reichweite nachgeladen haben, vergehen Stunden.

16.3.3 Die 12-Volt-Batterie – der wahre Schwachpunkt

Wenn Ihr E-Auto sich nicht starten lässt, liegt das meistens nicht an der Traktionsbatterie, sondern an der kleinen 12-Volt-Starterbatterie. Fast 45 % aller E-Auto-Pannen gehen auf deren Konto. Sie versorgt die Zentralverriegelung, das Licht und die Steuergeräte. Ohne sie aktiviert sich die Hochvoltbatterie nicht.

Bei einer leeren 12-Volt-Batterie hilft klassische Starthilfe, wie bei jedem anderen Auto auch. Achten Sie darauf, dass das spendende Fahrzeug eine gleich große oder größere 12-Volt-Batterie hat. Die Kapazität steht in Amperestunden (Ah) auf der Batterie. Eine Powerbank für 12-Volt-Systeme (ab 40 €) kann Sie unabhängig von fremder Hilfe machen, indem Sie diese in den Zigarettenanzünder stecken, der im Normalfall direkt mit der 12-Volt-Batterie verbunden ist. So können Sie die 12-Volt-Batterie wieder etwas aufladen. (Aber das klappt nicht bei jedem Fahrzeug, testen Sie dies also gegebenenfalls vorher einmal.)

16.3.4 So vermeiden Sie Pannen

Die beste Strategie: Fahren Sie nie mit weniger als 15 bis 20 % Restladung auf längere Strecken. Informieren Sie sich vorab über Ladestationen entlang Ihrer Route. Planen Sie immer eine Alternative ein. Mit der Zeit entwickeln Sie ein Gefühl für die Reichweite Ihres Autos. Sie schauen dann kaum noch auf die Ladeanzeige – genauso, wie Sie früher kaum noch bewusst auf die Tankanzeige geschaut haben.

Moderne E-Autos warnen Sie rechtzeitig und mehrfach. Auch schon bei der Routenplanung im Navi wird gegebenenfalls eine Warnung eingeblendet, wenn das Ziel außerhalb der Reichweite liegt, und das System schlägt automatisch passende Ladestopps vor. Das passiert ebenfalls automatisch bei Umleitungen oder Abweichungen von der geplanten Strecke: Ein vernetztes Navigationssystem denkt da normalerweise immer mit und warnt Sie im Fall der Fälle rechtzeitig. Wenn Sie diese Warnungen beachten, werden Sie nie mit leerer Batterie liegen bleiben. Die Reichweitenangst, die viele vom E-Auto-Kauf abhält, ist unbegründet. Sie müssten mehrere energische Warnungen und sogar den Schildkrötenmodus ignorieren, um wirklich liegen zu bleiben.

16.4 Laden unterwegs und Ladestrategien

Das Laden unterwegs unterscheidet sich grundlegend vom gewohnten Tanken. Statt fünf Minuten an der Zapfsäule verbringen Sie 20-40 Minuten an der Ladesäule. Diese Zeit können Sie sinnvoll nutzen, am besten für Dinge, die Sie sowieso tun würden: essen, einkaufen, Pause machen, im Internet surfen oder arbeiten. An vielen Standorten von Ladesäulen finden Sie Restaurants, Cafés oder Einkaufsmöglichkeiten.

Abbildung 16.6: Das E-Auto kann beim Einkaufen in der Stadt geladen werden.

Schnellladesäulen sind das Rückgrat für längere Fahrten. Sie finden diese hauptsächlich an Autobahnen, in Randbezirken von Städten und auf Parkplätzen großer Einkaufszentren. Das deutsche Schnellladenetz ist heute so dicht, dass Sie alle 50 bis 80 km eine Station finden. Die Ladegeschwindigkeit variiert je nach Fahrzeugtyp, und Ihre Ladestrategie sollte sich an die Ladekurve Ihrer Traktionsbatterie anpassen. Eine Batterie lädt am schnellsten zwischen 10 und 70 %. Kommen Sie mit etwa 10 bis 15 % an einer Schnellladesäule an und laden Sie bis 70 bis 80 %. Die letzten 20 % dauern genauso lange wie die ersten 80 %, diese Zeit können Sie sich meist sparen.

Viele Einsteiger laden ihr E-Auto bei jeder Gelegenheit vollständig auf. Das ist ineffizient und kostet unnötig Zeit. Laden Sie nur so viel, wie Sie für die nächste Etappe benötigen, plus einer Sicherheitsreserve.

Blockiergebühren

Ein Ladeplatz ist kein Parkplatz. Wenn Sie auf einem Ladeplatz stehen bleiben, nachdem Sie geladen haben, kann der Betreiber der Ladesäule kein Geld mit ihr verdienen. Aus diesem Grund wurden die *Blockiergebühren* eingeführt. Nach dem Abschluss des Ladens, dürfen Sie noch eine kurze Zeit, meist etwa 30 Minuten, kostenfrei auf dem Ladeplatz stehen, danach fängt die Ladesäule an, Ihnen eine Strafgebühr für die Standzeit ohne Laden zu berechnen. Prüfen Sie deshalb vor dem Anstecken in der Lade-App die genauen Konditionen: Gibt es eine Zeitbegrenzung? Und wie hoch fallen gegebenenfalls die Blockiergebühren aus?

16.5 Reisen mit dem Elektroauto (ins Ausland)

Reisen mit dem Elektroauto erfordert etwas mehr Planung als mit dem Verbrenner, belohnt Sie aber mit entspannteren Fahrten und oft günstigeren Kosten. Planen Sie Ihre Route vorab und informieren Sie sich über Ladestationen entlang der Strecke.

Für die Routenplanung empfehle ich Ihnen spezialisierte Apps wie *A Better Routeplanner* (ABRP). Diese Anwendung kennt alle gängigen Elektroautos und berechnet präzise, wo Sie laden müssen. Sie berücksichtigt Ihr Fahrprofil, das Wetter, die Topografie und sogar die Auslastung der Ladestationen. Geben Sie Ihr Fahrzeugmodell ein, planen Sie Ihre Route, und die App zeigt Ihnen die optimalen Ladestopps.

Starten Sie längere Reisen mit voller Batterie. Laden Sie bereits am Vorabend oder nutzen Sie die Standheizung am Morgen, um mit optimaler Batterietemperatur zu starten. Planen Sie Ihre erste Pause nach etwa 200 bis 300 km, auch wenn die Batterie noch nicht leer ist. So fahren Sie entspannter und haben immer genügend Reserve.

Reisen ins europäische Ausland sind mit dem Elektroauto auch problemlos möglich. Ihre deutschen Ladekarten funktionieren in den meisten EU-Ländern über Roaming-Abkommen. Sprachbarrieren können beim Laden auftreten, sind aber selten ein Problem. Die meisten Ladesäulen haben mehrsprachige Displays oder arbeiten mit intuitiven Symbolen. Smartphone-Apps der Ladesäulenbetreiber funktionieren oft auch auf Deutsch. Im Notfall helfen Übersetzungs-Apps oder freundliche Einheimische gerne weiter. Machen Sie sich mit den Verkehrsregeln des Ziellandes vertraut. In einigen Städten gibt es spezielle Vorteile für Elektroautos: kostenlose Parkplätze, Zufahrt zu Umweltzonen oder Nutzung der Busspuren. London, Paris und Rom haben solche Regelungen; informieren Sie sich vorab über die aktuellen Bestimmungen.

Abbildung 16.7: Ein Ladepunkt in den Niederlanden. Verstehen Sie die Anleitung trotzdem?

Planen Sie Pufferzeit ein, um alle kleine Sprachhürden zu überwinden, und betrachten Sie das Laden als Teil des Reiseabenteuers. Mit etwas Vorbereitung und der richtigen Einstellung wird Ihre Auslandsreise mit dem Elektroauto zu einem entspannten Erlebnis.

Welche Karte wo am besten funktioniert und wie Sie sich optimal vorbereiten, lesen Sie gleich in Kapitel 17, »Ladekarten, Netze und Roaming«.

Kapitel 17
Ladekarten, Netze und Roaming

Das Laden unterwegs wirkt auf Einsteiger oft kompliziert: Hunderte Anbieter, verschiedene Ladekarten, unterschiedliche Preise an derselben Säule. Dabei folgt das System einer klaren Logik. Sobald Sie diese verstehen, laden Sie entspannt überall in Europa.

17.1 Wie Ladenetze funktionieren

Um das Laden unterwegs zu verstehen, hilft ein Blick auf die Struktur der Ladelandschaft. Ein *Ladenetz* entsteht, wenn ein Betreiber Ladesäulen aufstellt und wartet. *Ionity* betreibt beispielsweise etwa 500 Schnellladestationen entlang europäischer Autobahnen. *EnBW* besitzt mehrere Tausend Ladepunkte in Deutschland. *Fastned* konzentriert sich auf Schnellladeparks in den Niederlanden, in Deutschland und in Belgien. Jeder dieser Netzbetreiber legt eigene Preise fest, wartet seine Säulen und kümmert sich um Störungen.

Als Kunde stehen Sie vor der Wahl: Entweder bestellen Sie direkt beim Netzbetreiber eine Karte oder Sie greifen über einen Roaming-Partner auf verschiedene Netze zu. *Roaming* bedeutet dabei nichts anderes, als dass Sie mit einer Ladekarte Säulen verschiedener Betreiber nutzen können. *EnBW mobility+* bietet Ihnen beispielsweise Zugang zu über 800.000 Ladepunkten in Europa, obwohl EnBW selbst nur einen Bruchteil von diesen betreibt. Das funktioniert durch Verträge zwischen Ladenetz-Betreibern und Ladekarten-Anbietern.

Ladekarten-Anbieter kommen und gehen

Vor nicht mal fünf Jahren hatte ich vier verschiedene Ladekarten im Auto liegen. Nur einer der Anbieter existiert heute noch. Das bedeutet: Je nachdem, wann Sie dieses Buch lesen, kann alles schon wieder ganz anders sein, als ich es hier beschreibe. Aber zumindest können Sie die Informationen in diesem Kapitel dann als Startpunkt für Ihre eigene Recherche nutzen.

Vergleichen Sie das Prinzip mit Ihrem Mobilfunkvertrag: Sie haben einen Vertrag bei der Telekom, können aber im Ausland auch Vodafone-Antennen nutzen. Genauso laden Sie mit Ihrer EnBW-Karte auch an Ionity-, Shell- oder Fastned-Säulen. Diese Flexibilität hat allerdings ihren Preis. Jeder Vermittler schlägt seine Gebühr auf den Grundpreis auf. An derselben Ionity-Säule zahlen verschiedene Kunden deshalb unterschiedliche Preise: Ionity-Direktkunden mit dem Passport-Abo zahlen etwa die Hälfte dessen, was Kunden von Roaming-Anbietern bezahlen. Ad-hoc-Kunden ohne jeglichen Vertrag zahlen noch einmal deutlich mehr, oft 30 bis 50 % über dem Roaming-Preis.

Diese Preisunterschiede folgen einer einfachen Regel: Je direkter Ihr Zugang zum Ladenetzbetreiber ist, desto günstiger laden Sie. Direktkunden zahlen am wenigsten, Roaming-Kunden etwas mehr, Ad-hoc-Nutzer am meisten. Die konkreten Cent-Beträge ändern sich ständig und werden sich in den nächsten Jahren weiter anpassen. Die Verhältnisse zwischen den verschiedenen Zugangswegen bleiben jedoch ähnlich.

Neben den Direktanbietern, die eigene Ladesäulen betreiben, gibt es reine Roaming-Anbieter. Diese betreiben selbst kaum oder sogar gar keine Säulen, vermitteln aber Zugang zu vielen Netzen. Der Vorteil liegt auf der Hand: Sie haben jeweils eine Karte für fast alles. Der Nachteil: Sie zahlen meist mehr als Direktkunden des jeweiligen Netzbetreibers.

17.2 Ladekarten-Vergleich

Die Auswahl an Ladekarten erscheint zunächst überwältigend. Dabei kristallisieren sich schnell einige Favoriten heraus, je nachdem, wie und wo Sie unterwegs sind. Die Preise liegen 2025 beim AC-Laden zwischen 0,40 und 0,55 € pro Kilowattstunde, beim DC-Schnellladen zwischen 0,45 und 0,70 €. Diese Werte dienen zu Ihrer groben Orientierung. Aktuelle Preise finden Sie immer in den jeweiligen Apps der Anbieter:

- *EnBW mobility+* deckt mit über 800.000 Ladepunkten in 17 europäischen Ländern das größte Netz ab. Die monatliche Grundgebühr entfällt, wenn Sie zusätzlich einen Autostromvertrag abschließen. Für Vielfahrer bietet diese Karte die verlässlichste Abdeckung in Deutschland. Die App zeigt zuverlässig Echtzeit-Verfügbarkeit an, und die monatliche Rechnung macht die Kosten transparent. Preislich bewegt sich EnBW im mittleren Bereich: ist nicht immer am günstigsten, aber an fast allen Säulen nutzbar.
- *Shell Recharge* kommt ohne Grundgebühr aus und erreicht europaweit etwa 700.000 Ladepunkte. Eine Besonderheit sind die dynamischen Preise an Shell-eigenen Schnellladern. Diese orientieren sich an der Strombörse und schwanken je nach Tageszeit. Nachts laden Sie günstiger, zur Hauptverkehrszeit teurer. Das Prinzip ähnelt den Spritpreisen, nur dass Sie hier aktiv planen können. Bei Fremdanbietern wie *Ionity* zahlen Shell-Kunden allerdings mehr als EnBW-Nutzer.
- Der *ADAC e-Charge* richtet sich an ADAC-Mitglieder und bietet über die Kooperation mit *Aral pulse* Zugang zu etwa 500.000 Ladepunkten. Die ADAC-Mitgliedschaft kostet Sie etwa 50 € im Jahr, dafür entfällt eine separate Grundgebühr für die Ladekarte. Preislich bewegt sich der ADAC im fairen Mittelfeld. Der Vorteil: Die ADAC-Pannenhilfe greift auch bei Problemen mit dem Elektroauto, und Sie erreichen 98 % der deutschen Ladeinfrastruktur.
- *Maingau Autostrom* positioniert sich als günstigster Anbieter. Ohne Grundgebühr erreichen Sie etwa 600.000 Ladepunkte europaweit. Besonders beim normalen DC-Schnell-

laden liegen die Preise deutlich unter denen der Konkurrenz. Nur bei *Ionity* müssen Maingau-Kunden tiefer in die Tasche greifen. Die App erreicht nicht den Komfort von EnBW, funktioniert aber zuverlässig. Für preisbewusste Fahrer, die hauptsächlich an normalen Schnellladern tanken, ist Maingau die beste Wahl.

- *Plugsurfing* deckt ebenfalls etwa 600.000 Ladepunkte ab, glänzt aber besonders in Osteuropa. Wer regelmäßig nach Polen, Tschechien oder Ungarn fährt, findet hier oft eine bessere Abdeckung als bei anderen Anbietern. Die Preise schwanken allerdings stark je nach Ladenetz, was die Kostenkontrolle erschwert. Auch hier entfällt die Grundgebühr. Die App bietet gute Filterfunktionen und zeigt detaillierte Informationen zu jeder Station.
- Das *Tesla Supercharger*-Netz galt lange als exklusiv für Tesla-Fahrer. Mittlerweile öffnet Tesla etwa 300 der europaweit über 1.200 Supercharger-Standorte auch für andere Marken. Tesla-Fahrer zahlen deutlich weniger als Fahrer anderer Marken, denen ein Aufschlag von etwa 30 bis 40 % berechnet wird. Trotzdem bietet das Supercharger-Netz die zuverlässigste Infrastruktur mit meist vielen freien Plätzen und sehr hoher Ladeleistung bis 250 kW. Für Tesla-Besitzer ist es ohnehin die erste Wahl, für andere Marken funktioniert es auf der Langstrecke als verlässliches Backup.

Die Übersicht in Tabelle 17.1 zeigt Ihnen auf einen Blick, welche Karte in welchem Bereich punktet. Die Sterne zeigen das Preisniveau: ★★★ = sehr günstig, ★★ = mittel, ★ = teuer.

Anbieter	Grundgebühr	AC-Laden	DC-Laden	Ionity	Abdeckung	Empfehlung
EnBW mobility+	5,99 €/Mon. (Entfällt jedoch mit Autostromvertrag.)	★★	★★	★★★	800.000+	Universal-Karte
Shell Recharge	keine	★★	★★	★	700.000+	ohne Grundgebühr
ADAC e-Charge	keine (jedoch ist eine ADAC-Mitgliedschaft erforderlich; ~50 €/Jahr)	★★	★★	★★	500.000+	ADAC-Mitglieder
Maingau	keine	★★★	★★★	★	600.000+	für Preisbewusste

Anbieter	**Grundgebühr**	**AC-Laden**	**DC-Laden**	**Ionity**	**Abdeckung**	**Empfehlung**
Plugsurfing	keine	★★	★ bis ★★	★	600.000+	Osteuropa
Tesla	keine	–	Tesla-Fahrer: ★★★ Andere Marken: ★★	–	1.200+	Tesla

Tabelle 17.1: Übersicht über einige Anbieter

Beachten Sie, dass sich die konkreten Preise ändern, die Verhältnisse zwischen den Anbietern aber relativ stabil bleiben.

Ladepunkte versus Ladesäulen: Der Unterschied zählt

Wenn ich in diesem Buch von 800.000+ Ladepunkten spreche, meine ich damit alle Lademöglichkeiten zusammengezählt: die großen Schnellladesäulen an Autobahnen, die kleineren Säulen auf Parkplätzen und sogenannte Destination Charger in Hotels oder Tiefgaragen. In den Medien lesen Sie oft: »Es gibt zu wenig Ladesäulen.« Damit sind meist nur die Schnelllader gemeint. Tatsächlich existieren aber deutlich mehr Ladepunkte in der Fläche.

17.3 Wann lohnt sich welche Karte?

Ihre Wahl hängt von Ihrem Fahrprofil ab. Fahren Sie hauptsächlich Kurzstrecke und laden zu Hause, benötigen Sie keine Grundgebühr. *Maingau Autostrom* oder *Shell Recharge* passen dann gut, weil Sie nur bezahlen, wenn Sie wirklich unterwegs laden. Die gelegentlichen Ladevorgänge bleiben günstig, und Sie binden sich nicht an monatliche Kosten.

Regelmäßige Langstreckenfahrer in Deutschland profitieren von *EnBW mobility+*. Die beste Abdeckung, zuverlässige Technik und faire Preise rechtfertigen die Grundgebühr, die sich bei häufiger Nutzung schnell amortisiert. Besonders auf Autobahnen finden Sie mit EnBW praktisch immer eine funktionierende Lösung.

ADAC-Mitglieder haben mit *ADAC e-Charge* einen natürlichen Favoriten. Die Mitgliedschaft besitzen Sie ohnehin, die Ladekarte verursacht keine Zusatzkosten und bietet moderate Preise. Die Kombination aus Pannenhilfe und Ladezugang ist sinnvoll, zumal Sie damit 98 % der deutschen Infrastruktur erreichen.

Autobahn-Vielfahrer, die oft über Ionity-Stationen fahren, sollten das *Ionity Passport*-Abo prüfen. Für etwa 12 € im Monat laden Sie an allen Ionity-Stationen deutlich günstiger als mit Roaming-Karten. Das Abo rentiert sich bereits ab zwei Ionity-Ladungen pro Monat. Ähnlich funktioniert das *Fastned-Gold*-Mitgliedschaftsmodell für Fahrer, die regelmäßig durch die Niederlande oder an Fastned-Standorten in Deutschland laden.

Europa-Reisende mit Fokus auf Osteuropa greifen zu *Plugsurfing*. Die Abdeckung in Polen, Tschechien und Ungarn übertrifft dort oft andere Anbieter. Wer dagegen hauptsächlich in Westeuropa unterwegs ist, fährt mit *EnBW* oder *Shell* besser.

Tesla-Fahrer nutzen selbstverständlich das *Supercharger*-Netz. Die Integration ins Fahrzeug, die günstigen Preise und die Zuverlässigkeit machen jede Alternative überflüssig. Fahrer anderer Marken können Supercharger als Backup betrachten, sollten aber primär auf andere Netze setzen, da der Preisaufschlag deutlich spürbar wird.

17.4 Roaming-Kosten verstehen

Die Preisunterschiede zwischen Direktkunden und Roaming-Nutzern fallen deutlich aus. Nehmen Sie als Beispiel eine Ladung von 50 kWh an einer Ionity-Säule. Als EnBW-Kunde zahlen Sie etwa 30 bis 35 €. Ein Ionity-Direktkunde mit Passport-Abo kommt für dieselbe Ladung mit etwa 18 € aus. Die Ersparnis von rund 12 € pro Ladung bedeutet: Das Abo rentiert sich bereits ab zwei Ionity-Ladungen im Monat.

Bei Fastned zeigt sich ein ähnliches Bild. Shell Recharge-Kunden zahlen an Fastned-Säulen einen Aufschlag gegenüber Fastned-Direktkunden. Wer das Fastned-Gold-Abo für etwa 12 € monatlich abschließt, spart bei jeder Ladung etwa 10 € gegenüber dem Roaming-Tarif. Das lohnt sich bei regelmäßiger Fastned-Nutzung schnell.

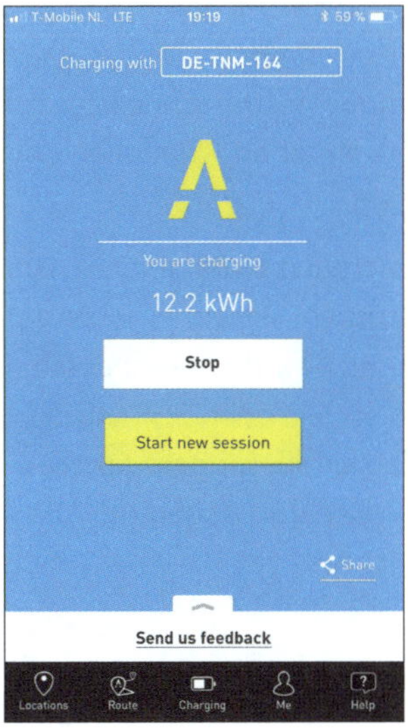

Abbildung 17.1: Mit der Fastned-App hat man die laufende Ladung und deren Kosten jederzeit im Blick.

Tesla öffnet seine Supercharger schrittweise für andere Marken, verlangt aber einen Aufschlag von etwa 30 bis 40 Prozent. Ein VW ID.4-Fahrer, der 40 kWh lädt, zahlt an einem geöffneten Supercharger etwa 8 € mehr als ein Fahrer eines Tesla Model 3. Dieser Aufschlag fällt besonders bei häufiger Nutzung ins Gewicht.

Am teuersten wird es beim spontanen Laden ohne jede Karte. Dieses *Ad-hoc-Laden* per Kreditkarte direkt an der Säule kostet oft 30 bis 50 % mehr als mit einer Vertragskarte. Bei 50 kWh an einer Ionity-Säule zahlen Sie statt 30 € plötzlich 40 € oder mehr. Nutzen Sie das *Ad-hoc-Laden* deshalb nur im absoluten Notfall, wenn Ihre Ladekarte ausnahmsweise nicht funktioniert.

Die Lektion ist klar: Je direkter Ihr Zugang ist, desto günstiger laden Sie. *Roaming* kostet immer einen Aufschlag, aber dieser bleibt meist moderat. Das *Ad-hoc-Laden* hingegen wird richtig teuer und sollte die absolute Ausnahme bleiben. Wenn Sie an bestimmten Stationen regelmäßig laden, prüfen Sie, ob sich ein *Direkt-Abo* lohnt. Oft sparen Sie damit über das Jahr mehrere Hundert Euro.

17.5 Laden in Europa: Länder-Guide

Die Ladeinfrastruktur in Europa entwickelt sich unterschiedlich schnell. Nordeuropäische Länder führen das Feld an, während Südeuropa aufholt und Osteuropa noch Lücken aufweist. Ihre deutschen Ladekarten funktionieren in den meisten EU-Ländern, allerdings mit unterschiedlicher Abdeckung und zu verschiedenen Preisen.

- **Frankreich** zeigt sich gegenüber E-Auto-Fahrern aufgeschlossen. Neben *Ionity* baut vor allem *Total Energies* sein Schnellladenetz massiv aus, oft zu günstigeren Preisen als an den bekannten Autobahnstationen. *Electra* errichtet zunehmend Schnellladeparks in Städten. Ihre deutschen Ladekarten von EnBW, Shell oder dem ADAC funktionieren zuverlässig. Die Preise liegen etwa auf deutschem Niveau, teilweise etwas darüber. Planen Sie für AC-Laden und DC-Schnellladen ähnliche Kosten wie in Deutschland ein, wobei Ionity weiterhin die teuerste Option bleibt. Ein Tipp: Electra-Schnelllader in größeren französischen Städten bieten oft bessere Preise als Autobahn-Stationen und liegen praktisch in der Nähe von Restaurants und Geschäften.
- **Spanien** baut seine Infrastruktur rasant aus. *Iberdrola* dominiert den Markt und betreibt ein dichtes Netz entlang der Küsten und Hauptverkehrsrouten. *Wenea* ergänzt das Angebot. *EnBW* und *Shell* funktionieren gut, während *Plugsurfing* noch ausbaufähig bleibt. Die Preise liegen leicht über deutschem Niveau, besonders beim Schnellladen. Iberdrola-Direktkunden zahlen deutlich weniger, weshalb sich für längere Spanien-Aufenthalte die Installation der Iberdrola-App lohnt. Die Preise dort liegen oft 20 bis 30 % unter den Roaming-Tarifen.
- **Italien** präsentiert sich fragmentierter. *Enel X* führt als größter Anbieter, gefolgt von *A2A* und *Free To X*. *Ionity* deckt die Autobahnen ab. *EnBW* funktioniert gut, *Shell Recharge* weist vereinzelt Lücken auf. Die Preise fallen höher aus als in Deutschland, besonders

beim Schnellladen. Viele lokale Betreiber bieten eigene Apps an, die günstiger sind als Roaming-Tarife. Free To X betreibt das größte private Netz und akzeptiert auch Kreditkarten direkt an der Säule. Laden Sie die *Free To X*-App herunter, wenn Sie längere Zeit in Italien unterwegs sind. Die Preisersparnis kann erheblich ausfallen.

- **Skandinavien** ist für E-Auto-Fahrer die beste Region in Europa. Norwegen führt mit exzellenter Infrastruktur und oft günstigeren Preisen als in Deutschland. *Recharge*, *Mer* und *Circle K* betreiben dichte Netze, ergänzt durch *Ionity*. Schweden und Dänemark stehen kaum nach. Ihre deutschen Karten funktionieren dort hervorragend, und die Preise überraschen positiv. In Norwegen zahlen Sie beim DC-Schnellladen oft 10 bis 20 % weniger als in Deutschland, weil der Strom dort günstiger ist. Die norwegische Ladeinfrastruktur gilt als Vorbild für ganz Europa: viele Standorte, hohe Zuverlässigkeit, faire Preise.
- Die **Niederlande** glänzen mit *Fastned*-Schnellladeparks an praktisch jeder Autobahn. *Shell Recharge* und *Allego* ergänzen das Angebot. Alle deutschen Karten funktionieren perfekt. Fastned-Standorte bieten oft angenehme Pausenmöglichkeiten mit Toiletten und kleinen Shops. Für Fahrer, die regelmäßig durch die Niederlande kommen, lohnt sich die *Fastned-Gold*-Mitgliedschaft. Die Preise liegen sonst im mittleren bis oberen Bereich, aber die Zuverlässigkeit und der Komfort rechtfertigen dies oft.
- **Österreich** und die **Schweiz** unterscheiden sich deutlich. In Österreich funktioniert das Laden ähnlich komfortabel wie in Deutschland. *Smatrics* betreibt ein gutes Netz, ergänzt durch *Ionity*. Die Preise bewegen sich auf deutschem Niveau. Die Schweiz hingegen schockiert mit hohen Preisen. *Gofast* und andere Betreiber verlangen oft 20 bis 40 % mehr als in Deutschland. Der ungünstige Wechselkurs verschärft die Situation zusätzlich.

  Mein Tipp: Laden Sie in Österreich möglichst voll, bevor Sie in die Schweiz fahren. Wenn möglich, durchqueren Sie die Schweiz mit einer Ladung oder planen Sie Stopps gezielt an günstigeren Standorten.
- **Osteuropa** erfordert mehr Planung. Polen, Tschechien und Ungarn bauen ihre Netze schnell aus, aber die Abstände zwischen Stationen fallen größer aus als in Westeuropa. *Ionity* deckt die Hauptrouten ab, dazu kommen lokale Anbieter. *EnBW* und *Plugsurfing* funktionieren meist gut, *Shell* weist vereinzelt Lücken auf. Die Preise variieren stark. Oft laden Sie günstiger als in Deutschland, manchmal zahlen Sie aber auch Aufschläge. Prüfen Sie vorab die Route und planen Sie Alternativen ein. Apps wie *Chargemap* zeigen Ihnen die aktuelle Verfügbarkeit und Nutzerbewertungen.

Deutsche Ladekarten im Ausland

Die folgende Übersicht zeigt, wie gut deutsche Ladekarten in verschiedenen Ländern funktionieren:

- **EnBW mobility+** arbeitet in Frankreich, Spanien, Skandinavien, den Niederlanden und Österreich/Schweiz sehr gut. In Italien funktioniert die Karte gut, vereinzelt gibt es Lücken bei kleineren Anbietern.

- **Shell Recharge** glänzt in Skandinavien und den Niederlanden, funktioniert gut in Frankreich, Österreich und der Schweiz. In Spanien und Italien weist die Abdeckung stellenweise Lücken auf, besonders abseits der Hauptrouten.
- **ADAC e-Charge** hat eine gute Abdeckung in allen westeuropäischen Ländern. In Skandinavien und den Niederlanden funktioniert die Karte sehr gut, in den anderen Ländern gut bis zufriedenstellend.
- **Maingau und Plugsurfing** decken alle Länder ab, wobei Plugsurfing in Osteuropa oft eine bessere Abdeckung bietet. In Westeuropa bewegen sich beide im guten Bereich, erreichen aber nicht die Zuverlässigkeit von EnBW.

17.6 Praktische Reisetipps

Gute Vorbereitung macht den Unterschied zwischen entspannter Reise und stressigem Erlebnis. Laden Sie vor Auslandsreisen die Apps der Ladekarten-Anbieter herunter und legen Sie ein Profil darin an, inklusive Ihrer Kreditkarte.

Installieren Sie *Chargemap* oder *PlugShare* als Backup – diese zeigen oft aktuelle Nutzerbewertungen und Störungsmeldungen, die bei unbekannten Stationen im Ausland besonders wertvoll sind.

Die grundlegende Routenplanung mit *ABRP* (*A Better Routeplanner*) und die optimale Nutzung von Lade-Apps habe ich bereits in Kapitel 16 erklärt. ABRP nutzen Sie am effektivsten, wenn Sie Ihr Fahrzeugmodell genau eingeben. Die App berechnet dann präzise, wo Sie laden müssen und wie lange jeder Stopp dauert. Passen Sie die Durchschnittsgeschwindigkeit Ihrem Fahrstil an: 120 km/h auf der Autobahn und 90 km/h auf Landstraßen sind realistische Werte. Berücksichtigen Sie das Wetter. Im Winter erhöht sich der Verbrauch um 20 bis 30 %, im Sommer bei Hitze um etwa 10 bis 15 %. ABRP rechnet dies automatisch ein, wenn Sie die Wetterdaten aktivieren.

Setzen Sie Ihre Ladepräferenzen sinnvoll. Bevorzugen Sie Ladeanbieter, die Sie kennen und bei denen Ihre Karte gut funktioniert. Ionity, Fastned oder Tesla Supercharger sind meist zuverlässig. Legen Sie eine Mindest-Ladeleistung fest, etwa 50 kW, um nicht an langsamen Säulen zu stranden. Begrenzen Sie die maximale Ladezeit pro Stopp auf 30 bis 40 Minuten. ABRP optimiert dann die Route so, dass Sie in diesem Zeitrahmen bleiben und mehrere kurze Stopps statt einem langen einplanen.

Ein Beispiel verdeutlicht die Planung: Von München nach Rom sind es etwa 950 km. ABRP schlägt Ihnen drei Ladestopps vor: am Brenner, bei Verona und bei Bologna. Die Gesamtladezeit beträgt etwa 90 Minuten, die Fahrzeit inklusive Pausen etwa 10 bis 11 Stunden. Diese Pausen brauchen Sie ohnehin, um konzentriert zu bleiben. Nutzen Sie die Zeit zum Essen, für Toilettenpausen oder zum Sightseeing.

Wenn Ihre Ladekarte unterwegs nicht funktioniert, bewahren Sie Ruhe. Prüfen Sie zuerst, ob die Säule Kreditkarten akzeptiert. Viele moderne Stationen bieten direktes Bezahlen per Kreditkarte über einen QR-Code oder das Display. Installieren Sie notfalls die App des Säulenbetreibers und zahlen Sie ad-hoc per Kreditkarte. Das kostet zwar mehr, löst aber die Situation.

Fragen Sie andere E-Auto-Fahrer vor Ort. Die Community hilft sich gegenseitig, und oft kann jemand mit seiner Karte für Sie den Ladevorgang starten. Sie bezahlen die Person bar oder per Überweisung. Im schlimmsten Fall fahren Sie zur nächsten Ionity-Station. Dort funktionieren praktisch alle deutschen Karten zuverlässig.

Abbildung 17.2: Die RFID-Kontaktfläche ist auf den meisten Ladesäulen klar zu erkennen.

Ihre Kreditkarte dient als finales Backup. *Visa* und *Mastercard* werden an vielen europäischen Ladesäulen akzeptiert, *American Express* seltener, aber von großen Netzen wie Ionity oder Fastned meist auch. Hinterlegen Sie Ihre Kreditkarte in den Apps von EnBW oder Shell. So können Sie notfalls auch ohne physische Ladekarte an vielen Säulen laden.

Kapitel 18
Die eigene Ladeinfrastruktur

Eine eigene Ladestation zu Hause ist der Schlüssel zu entspanntem E-Auto-Fahren. Während Sie schlafen, lädt Ihr Auto auf. Morgens starten Sie mit einer vollen Batterie in den Tag. Doch beim Kauf einer Wallbox stehen Sie vor einer verwirrenden Auswahl an Produkten, Funktionen und Preisen. In diesem Kapitel erkläre ich Ihnen, worauf es ankommt.

Zwischen praktischem Nutzen und Herstellerinteressen

Eine einfache Wallbox reicht in vielen Fällen vollkommen aus. Trotzdem versuchen Verkäufer und Hersteller regelmäßig, Ihnen das teuerste Modell zu verkaufen, denn sie verdienen daran am meisten. Viele Funktionen sind aber einfach nicht wirklich nötig, wenn Sie es einfach und unkompliziert halten wollen.

18.1 Wallbox-Varianten und ihre Funktionen

Eine *Wallbox* ist im Grunde ein intelligenter Stecker, der sicheres und schnelles Laden ermöglicht. Anders als eine normale Steckdose kann sie höhere Ströme liefern und kommuniziert mit Ihrem Auto über Ladeprotokolle. Die Grundfunktion ist bei allen Modellen gleich: Die Wallbox leitet Strom vom Hausnetz sicher an das Fahrzeug weiter.

Die einfachsten Wallboxen haben nur die nötigsten Funktionen: Ein- und Ausschalten, Fehlererkennung und Kommunikation mit dem Auto. Sie besitzen meist ein kleines Display oder ein LED-Lämpchen, die den Ladezustand anzeigen. Ein Typ2-Stecker oder ein fest montiertes Kabel gehört zur Grundausstattung. Diese Basismodelle kosten zwischen 400 und 800 € und erfüllen alle wesentlichen Anforderungen.

Die mittlere Kategorie bietet zusätzliche Komfortfunktionen: RFID-Kartenerkennung zur Zugangssteuerung, größere Displays mit detaillierten Informationen und manchmal auch WLAN-Konnektivität. Einige Modelle können verschiedene Ladeprofile für mehrere Nutzer verwalten. Diese Wallboxen kosten meist zwischen 800 und 1.500 €.

Irgendwo dazwischen rangieren Wallboxen, mit denen Sie variable Stromtarife nutzen können oder Ihren Solar-Überschuss aus einem kleinen Batteriespeicher laden können.

Am oberen Ende finden Sie High-Tech-Wallboxen mit umfangreichen Smart-Home-Funktionen. Sie bieten App-Steuerung, Cloud-Anbindung, Energie-Management für Solaranlagen, dynamische Lastverteilung und detaillierte Verbrauchsstatistiken. Manche können sogar mit

Heimspeichern kommunizieren oder variable Stromtarife nutzen. Ihre Preise beginnen bei etwa 1.000 € und können bis zu 3.000 € erreichen.

Abbildung 18.1: Eine eigene Wallbox zu Hause erleichtert das Laden des E-Autos erheblich.

Alle Wallboxen müssen bestimmte Sicherheitsstandards erfüllen. Dazu gehören Fehlerstrom-Schutzeinrichtungen (RCD), Temperaturüberwachung und Not-Aus-Funktionen. Die Ladeleistung variiert zwischen 3,7 kW (einphasig) und 22 kW (dreiphasig). Für die meisten Anwendungen reichen 11 kW völlig aus; das entspricht etwa 60 km Reichweite pro Ladestunde.

18.2 Smart vs. einfache Wallboxen – was braucht man wirklich?

Hier spreche ich aus eigener Erfahrung: Ich halte es gerne einfach mit der Wallbox. Es gibt heute technisch ausgeklügelte Varianten mit viel Technik, Cloud-Anbindung, Apps und unzähligen Einstellungsmöglichkeiten. Obwohl ich es durchaus begrüße, wenn man variable Stromtarife nutzen kann und Zeiten sowie Ladestände programmieren kann, um zu bestimmen, wann eine Ladung starten oder stoppen soll, halte ich die meisten intelligenten Wallboxen für zu kompliziert. Sie rauben mir dann mehr Zeit, als ihre Funktionen mir geben sollen.

Letztendlich soll eine Wallbox das Laden daheim einfach machen und nicht den Tag mit einem neuen Hobby füllen. Da mein Auto vom Fenster aus sichtbar ist und ich so gut an den LEDs den Ladestand ablesen kann, hat mir eine App mit Ladestandsanzeige aus der Ferne nie einen Mehrwert gebracht. Wenn Sie diese Möglichkeit der direkten Beobachtung nicht haben, werden Sie so etwas natürlich haben wollen, wenn die Fahrzeug-App dies nicht bietet.

Eine einfache Wallbox erfüllt alle wesentlichen Anforderungen: sicheres Laden mit 11 kW Leistung, Fehlererkennung und Kommunikation mit dem Auto. Sie stecken das Kabel ein, das Auto lädt, fertig. Kein Einrichten von Apps, kein Registrieren bei Cloud-Services, keine komplizierten Menüs. Diese Einfachheit hat ihren Wert: Sie funktioniert jahrelang zuverlässig, ohne dass Sie sich darum kümmern müssen.

Smart-Wallboxen bieten zweifellos nützliche Funktionen. Zeitgesteuertes Laden nutzt günstige Nachtstromtarife. Solarüberschussladen speist nur selbst erzeugten Strom ins Auto. Lastmanagement verhindert Überlastungen der Hausinstallation. Apps zeigen Verbrauchsstatistiken und ermöglichen Fernsteuerung. Für technikaffine Nutzer oder spezielle Anwendungsfälle können diese Features wertvoll sein.

Doch viele Smart-Funktionen erweisen sich im Alltag als überflüssig. Zeitgesteuertes Laden? Ihr Auto steht sowieso über Nacht auf dem Stellplatz. Fernabfrage des Ladestands? Moderne E-Autos zeigen den Batteriestand in der Hersteller-App. Verbrauchsstatistiken? Interessant für Statistik-Liebhaber, aber für den normalen Nutzer irrelevant.

Der entscheidende Nachteil von Smart-Wallboxen ist oft ihre Komplexität. Software-Updates können Probleme verursachen. Cloud-Services können ausfallen oder eingestellt werden. Apps funktionieren nicht mehr, wenn der Hersteller den Support einstellt. Eine einfache Wallbox lädt einfach, jahrelang und ohne Probleme.

Cloud-Anbindung und App-Steuerung: Möglichkeiten und Datenschutz

Moderne Wallboxen und Elektroautos bieten umfangreiche Cloud-Funktionen und App-Steuerung. Hersteller werben mit Fernüberwachung, Energiestatistiken, Wetterprognosen und automatischen Updates. Die Frage ist: Welche dieser Funktionen benötigen Sie wirklich und welchen Preis zahlen Sie dafür mit Ihren Daten?

18.3 Installation, Kosten und Förderung

Die Installation einer Wallbox gehört in die Hände eines Fachmanns. Auch wenn manche Hersteller mit »einfacher Installation« werben, Arbeiten an der elektrischen Anlage sind nichts für Laien. Ein Fehler kann tödlich sein oder einen Brand verursachen.

Die Kosten setzen sich aus mehreren Komponenten zusammen: Die Wallbox selbst kostet zwischen 400 und 3.000 €, je nach Ausstattung. Einfache 11-kW-Modelle namhafter Hersteller gibt es ab etwa 600 €. Hinzu kommen die Installationskosten, die stark von den örtlichen Gegebenheiten abhängen.

Bei einer Standard-Installation mit kurzen Kabelwegen und vorhandenem Starkstromanschluss rechnen Sie mit 500 bis 1.000 € für die Elektroarbeiten. Müssen neue Leitungen verlegt werden, steigen die Kosten schnell auf 1.500 bis 3.000 €. Besonders aufwendig wird es, wenn der Hausanschluss verstärkt oder ein neuer Zählerschrank installiert werden muss.

Zusätzliche Kosten entstehen für Fundamentarbeiten, falls die Wallbox freistehend montiert wird, für spezielle Kabel oder Schutzrohre bei längeren Strecken und für eventuell nötige Genehmigungen. Planen Sie insgesamt 1.500 bis 4.000 € für eine vollständige Installation ein.

Die gute Nachricht: Viele Bundesländer, Kommunen und Energieversorger fördern private Wallboxen. Die KfW-Bank bot zeitweise bis zu 900 € Zuschuss pro Ladepunkt. Solche

Programme können jederzeit wieder aufgelegt werden. Informieren Sie sich bei Ihrem Energieversorger über lokale Fördermöglichkeiten.

Manche Stromversorger (und sogar manche Auto-Hersteller) bieten vergünstigte Wallboxen im Paket mit speziellen Ladestromtarifen an. Das kann interessant sein, bindet Sie aber oft langfristig an den Anbieter. Prüfen Sie das Gesamtpaket sorgfältig und vergleichen Sie es mit der Eigenfinanzierung.

Steuerlich können Sie die Wallbox als haushaltsnahe Dienstleistung absetzen, wenn sie an Ihrem Privatwohnsitz installiert wird. Bei vermieteten Immobilien können die Kosten als Werbungskosten geltend gemacht werden. Firmen können Wallboxen vollständig abschreiben und profitieren von erweiterten Förderprogrammen.

Wichtig: Lassen Sie sich vor der Installation mehrere Kostenvoranschläge geben. Die Preise variieren stark zwischen verschiedenen Elektrikern. Achten Sie darauf, dass alle Nebenkosten (Anfahrt, Material, Inbetriebnahme) enthalten sind, und fragen Sie nach einer Garantie auf die Installationsarbeiten.

18.4 Anschluss der Wallbox ans Hausnetz

Der Anschluss einer Wallbox erfordert eine Starkstromleitung mit drei Phasen (400 V). Das ist mehr als die normale Haushaltsteckdose (230 V, eine Phase). Deshalb muss in den meisten Fällen eine neue Leitung vom Sicherungskasten zur Wallbox verlegt werden.

Zunächst prüft der Elektriker Ihre vorhandene Installation. Der Hausanschluss muss ausreichend dimensioniert sein, für eine 11-kW-Wallbox sind das mindestens 16 A pro Phase. Bei älteren Häusern mit schwachen Hausanschlüssen kann eine Verstärkung nötig werden, die der Netzbetreiber durchführen muss. Der Sicherungskasten braucht freie Plätze für die neuen Sicherungen. Eine 11-kW-Wallbox benötigt einen 16-A-Drehstromautomat plus einen FI-Schutzschalter (RCD).

Abbildung 18.2: Die beliebte »go-e«-Wallbox »Gemini Flex 11 kW«, hier flexibel an einer CEE-Dose angeschlossen

Bei vollem Sicherungskasten muss dieser erweitert oder erneuert werden. Die Kabelführung bestimmt den Installationsaufwand. Idealerweise verläuft die Leitung direkt durch den Keller oder die Garage zur Wallbox. Müssen Wände durchbrochen oder lange Strecken im Erdreich verlegt werden, erhöht sich der Aufwand. Hochwertige Kabel für den Außenbereich sind erforderlich, wenn die Wallbox wetterexponiert montiert wird. Moderne Wallboxen haben einen integrierten DC-Fehlerstromschutz, was die Installation vereinfacht. Ältere oder günstigere Modelle benötigen einen speziellen FI-Schutzschalter Typ B, der aufwendiger in der Installation ist. Informieren Sie sich vor dem Kauf über diese technischen Details.

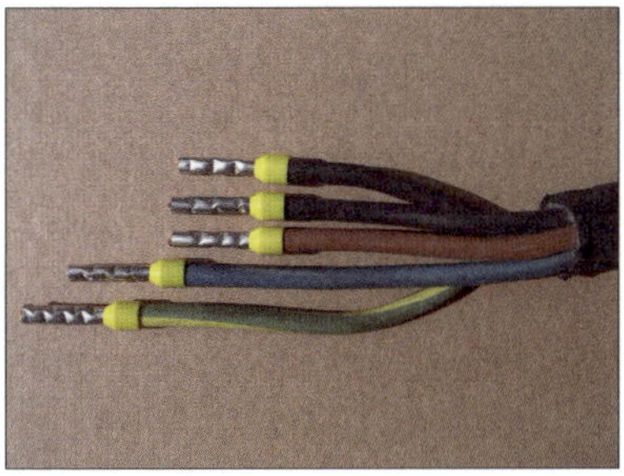

Abbildung 18.3: Wenn sie fest montiert wird, ist eine professionelle Verkabelung der Wallbox notwendig.

Die Erdung ist besonders wichtig für die Sicherheit. Wallboxen benötigen eine zuverlässige Erdverbindung zum Potenzialausgleich. In alten Häusern ohne moderne Erdungsanlage kann dies problematisch werden und erfordert manchmal eine neue Erdungsanlage. Ein wichtiger Punkt ist das Lastmanagement bei mehreren Wallboxen oder energieintensiven Geräten. Laden gleichzeitig zwei E-Autos, läuft eine Wärmepumpe und ist der Backofen eingeschaltet, kann der Hausanschluss überlastet werden. Intelligente Lastverteilung regelt automatisch die Leistung und verhindert Ausfälle.

Lassen Sie die Installation dokumentieren. Sie brauchen die Unterlagen für die Gewährleistung, die Versicherung und eventuelle Förderanträge. Ein ordentlicher Elektriker erstellt ein Übergabeprotokoll mit allen wichtigen technischen Daten und Messwerten.

18.5 Meldepflicht beim Netzbetreiber

Jede Wallbox ist beim örtlichen Netzbetreiber meldepflichtig, das schreibt die *Niederspannungsanschlussverordnung* (NAV) vor. In der Praxis werden normalerweise Wallboxen ab 3,7 kW gemeldet. Dies ist aber kein gesetzlich verankertes Minimum. Diese Regel ist vielen E-Auto-Besitzern unbekannt, aber wichtig für die Netzstabilität und rechtlich verpflichtend.

Die Anmeldung muss vor der Installation erfolgen. Der Netzbetreiber prüft, ob das örtliche Stromnetz die zusätzliche Last verkraften kann. In dicht besiedelten Gebieten mit vielen E-Autos kann das Netz bereits an seine Grenzen stoßen. Dann können Verstärkungsmaßnahmen nötig werden, die Zeit und Geld kosten.

Wallboxen über 12 kVA, also circa 11 kW, sind nicht nur meldepflichtig, sondern brauchen eine ausdrückliche *Genehmigung* des Netzbetreibers. Das betrifft vor allem 22-kW-Wallboxen. Der Netzbetreiber kann die Genehmigung verweigern oder Auflagen machen, wenn das Netz überlastet würde. Er hat nach Eingang des Antrags maximal zwei Monate Zeit, zu reagieren.

Die *Anmeldung* übernimmt normalerweise Ihr Elektriker. Er kennt die Formulare und Prozesse des örtlichen Netzbetreibers. Die meisten Netzbetreiber bieten Online-Anmeldungen, die unkompliziert und kostenlos sind. Benötigt werden technische Daten der Wallbox, der geplante Installationsort und die maximale Ladeleistung.

Bei der Anmeldung können spezielle Anforderungen gestellt werden. Manche Netzbetreiber verlangen, dass die Wallbox fernsteuerbar ist, um sie bei Netzüberlastung abschalten zu können. Andere schreiben vor, dass nur zu bestimmten Zeiten mit voller Leistung geladen werden darf.

Vergessen Sie die Anmeldung nicht! Wird eine nicht angemeldete Wallbox entdeckt, drohen Bußgelder. Außerdem kann der Netzbetreiber die sofortige Stilllegung anordnen oder den Anschluss sperren. Bei Schäden durch nicht angemeldete Anlagen können Versicherungen ihre Leistung verweigern; dies hängt aber auch von den individuellen Vertragsbedingungen ab.

Positive Nebeneffekte hat die Anmeldung auch: Der Netzbetreiber bekommt einen Überblick über die E-Auto-Dichte in seinem Gebiet und kann entsprechend sein Netz ausbauen. Außerdem werden Sie über geplante Stromausfälle oder Wartungsarbeiten informiert.

Die Bearbeitungszeit variiert je nach Netzbetreiber. In der Regel dauert sie eine bis vier Wochen. Planen Sie das bei Ihrem Installationstermin ein: Ohne Anmeldung darf die Wallbox nicht in Betrieb genommen werden.

18.6 Die 3,6-kW-Wallbox

Bevor Sie sich für eine teure 11-kW-Wallbox entscheiden, sollten Sie eine oft übersehene Alternative prüfen: die einfache 3,6-kW-Wallbox. Diese kleinen Ladestationen sind günstiger und können für viele E-Auto-Fahrer völlig ausreichen.

Eine 3,6-kW-Wallbox lädt mit einphasigem Wechselstrom und benötigt nur eine normale 16-Ampere-Sicherung. Sie kostet etwa 300 bis 500 € und die Installation ist deutlich einfacher, da keine Starkstromleitung nötig ist. Oft reicht eine Abzweigung von einer vorhandenen Steckdosenleitung. Das spart Installationskosten und macht die Lösung auch für Mieter interessanter.

Der scheinbare Nachteil – die langsamere Ladegeschwindigkeit – erweist sich im Alltag oft als unwichtig. Ein Auto steht nachts sowieso viele Stunden herum. Ob es vier oder zehn Stunden lädt, spielt keine Rolle, solange morgens die Batterie voll ist. Bei einem sparsamen

Elektroauto mit 15 bis 20 kWh Verbrauch pro 100 km lädt eine 3,6-kW-Wallbox etwa 24 km Reichweite pro Stunde nach. Über acht Stunden sind das fast 200 km, für die meisten Alltagsfahrten also mehr als genug.

Besonders bei effizienten E-Autos und Haushalten mit nur einem Fahrzeug ist diese Lösung ideal. Ein Hyundai Ioniq oder Kona oder VW ID.3 lädt an der kleinen Wallbox problemlos über Nacht voll. Selbst größere Batterien schaffen Sie damit, es dauert nur etwas länger. Außerdem: Die Batterie ist selten ganz leer. Für Vielfahrer oder zwei E-Autos im Haushalt kann es zwar knapp werden, aber probieren Sie es aus, bevor Sie in teure Technik investieren.

Ist ein Schnelllader in der Nähe?

Wenn Sie in der näheren Umgebung einen Schnelllader haben, können Sie sogar komplett auf eine Wallbox mit 11 kW oder mehr verzichten. Falls wirklich einmal Not am Mann ist und Sie schnell viel Energie brauchen, fahren Sie einfach zum Schnelllader und laden ruckzuck voll. Das geht dann sogar schneller als mit der besten Wallbox daheim. Moderne Schnelllader schaffen in 20 Minuten mehr als eine 11-kW-Wallbox in zwei Stunden. Diese Strategie funktioniert besonders gut in städtischen Gebieten mit guter Ladeinfrastruktur. Sie sparen nicht nur bei der Anschaffung, sondern haben auch keine Anmeldepflichten oder komplizierte Installationen. Probieren Sie zunächst die einfache Lösung, erweitern können Sie immer noch.

Für den Einstieg in die Elektromobilität ist eine 3,6-kW-Wallbox (bei einem sparsamen E-Auto) oft eine praktikable Lösung. Sie erfüllt die Grundfunktion – sicheres Laden zu Hause – ohne unnötige Komplexität oder hohe Kosten. Manchmal ist weniger wirklich mehr.

18.7 Schnittstellen und Kommunikationsprotokolle in Wallboxen

Für die Fans der Heimautomatisierung: Moderne Wallboxen unterstützen oft zusätzliche Protokolle für erweiterte Funktionen. *OCPP* (das *Open Charge Point Protocol*) ist ein Standard für die Kommunikation zwischen Ladesäulen und Backend-Systemen. Es bietet die Möglichkeit zur Fernüberwachung, Abrechnung und Updates. Viele gewerbliche Wallboxen nutzen OCPP.

Für die Smart-Home-Integration verwenden Wallboxen oft *Modbus*, ein weit verbreitetes Industrieprotokoll. Darüber können sie mit Wechselrichtern, Energie-Management-Systemen oder der Heimautomation kommunizieren. Das ermöglicht intelligente Funktionen wie das Solarüberschussladen oder das Lastmanagement.

RFID-Schnittstellen zur Zugangssteuerung nutzen meist 13,56 MHz nach ISO-14443-Standard. Das sind die gleichen Chips wie in Bankkarten oder Mitarbeiterausweisen. Manche Wallboxen können auch NFC von Smartphones lesen, was praktisch ist, wenn man die RFID-Karte vergessen hat.

Für Internetverbindung nutzen Wallboxen WLAN, Ethernet oder sogar Mobilfunk. WLAN ist am einfachsten zu installieren, aber nicht immer zuverlässig in Garagen oder Tiefgaragen. Ethernet ist stabiler, erfordert aber eine Verkabelung. Mobilfunk-Module sind teuer im Betrieb, aber unabhängig von der Heiminfrastruktur.

ISO 15118 (*Plug & Charge*) ermöglicht auch bei Heimwallboxen die automatische Authentifizierung über das Ladekabel - die gleiche Technologie, die Sie von öffentlichen Ladesäulen kennen. Die ausführliche Funktionsweise von Plug & Charge habe ich in Abschnitt 7.6, »Plug & Charge vs. Ad-hoc-Laden«, erklärt.

Achten Sie unbedingt auf offene Standards. Proprietäre Protokolle binden Sie an einen Hersteller. Offene Standards garantieren Kompatibilität und Zukunftssicherheit. Ihre Wallbox sollte mindestens die Norm IEC 61851 beherrschen, alles andere ist optional.

18.8 Sicherheit beim Laden (Gewitter, Überspannung)

Sicherheit hat beim Laden zu Hause oberste Priorität. Elektroautos arbeiten mit hohen Spannungen und Strömen. Ein Fehler kann Sachschäden oder sogar Personenschäden verursachen. In moderne Wallboxen sind deshalb umfangreiche Sicherheitssysteme eingebaut.

Gewitter stellen ein besonderes Risiko dar. Die Gefahr eines direkten Blitzeinschlags ist zwar gering, aber Überspannungen im Stromnetz können empfindliche Elektronik beschädigen. Beide - Wallbox und Fahrzeug - haben zwar Schutzschaltungen, aber ein Blitzeinschlag hat andere Dimensionen als normale elektrische Störungen.

Die sicherste Maßnahme bei Gewitter ist das Trennen der Ladeverbindung. Ziehen Sie den Stecker ab und warten Sie, bis das Unwetter vorbeigezogen ist. Das mag übertrieben erscheinen, aber Vorsicht ist besser als Nachsicht. Bisher sind zwar keine Schäden durch Blitzeinschläge bei E-Auto-Ladevorgängen bekannt geworden, aber theoretisch besteht das Risiko.

Für einen dauerhaften Schutz sollten Sie Überspannungsschutzgeräte installieren lassen. Diese werden im Sicherungskasten zwischen dem Hauptschutzschalter und der Unterverteilung eingebaut. Sie leiten Überspannungen sicher ab und schützen die gesamte Hausinstallation. Die Investition von 200 bis 500 € kann teure Schäden verhindern.

Wie oben schon erwähnt: Fehlerstrom-Schutzeinrichtungen (FI-Schalter oder RCD) sind Pflicht bei jeder Wallbox-Installation. Sie erkennen Isolationsfehler und Körperschlüsse und schalten binnen Millisekunden ab. Das schützt vor elektrischem Schlag. Wichtig: E-Auto-Ladesysteme können Gleichfehlerströme verursachen, deshalb sind spezielle FI-Schalter nötig.

Die Wallbox selbst hat weitere Schutzfunktionen: Die *Temperaturüberwachung* verhindert Überhitzung, die *Erdungsüberwachung* erkennt fehlerhafte Erdverbindungen und die

Kontaktüberwachung stellt sicher, dass der Stecker korrekt eingesteckt ist. Nur wenn alle Systeme ordnungsgemäß funktionieren, wird Strom freigegeben.

Regelmäßige Wartung erhöht die Sicherheit. Prüfen Sie Ladekabel auf Beschädigungen, halten Sie die Wallbox sauber und frei von Feuchtigkeit, und kontrollieren Sie die Befestigung. Bei Problemen oder ungewöhnlichen Geräuschen kontaktieren Sie sofort einen Fachmann.

Auch das Fahrzeug trägt zur Sicherheit bei. Moderne E-Autos überwachen permanent den Ladevorgang und können bei Fehlern abschalten. Die Batterie ist gegen Überladung, Tiefentladung und thermische Probleme geschützt.

Versicherungstechnisch sollten Sie Ihre Hausratversicherung über die Wallbox informieren. Manche Versicherer verlangen Nachweise über die fachgerechte Installation und Wartung. Bei gewerblicher Nutzung oder öffentlichem Zugang können zusätzliche Versicherungen nötig werden.

Die wichtigste Sicherheitsmaßnahme ist die fachgerechte Installation durch einen qualifizierten Elektriker. Sparen Sie nicht an der falschen Stelle, eine ordentlich installierte Wallbox lädt jahrelang sicher und zuverlässig. Pfusch kann lebensgefährlich werden.

Kapitel 19
Ihr Elektroauto und erneuerbare Energien

Die Kombination aus Elektroauto und erneuerbaren Energien ist der Schlüssel zu einer nachhaltigen und wirtschaftlichen Mobilität. Wer sein E-Auto mit selbst erzeugtem Solarstrom lädt, macht sich unabhängiger von steigenden Strompreisen und reduziert seinen *CO_2-Fußabdruck* drastisch. Doch die Technik dahinter ist komplex und die rechtlichen Rahmenbedingungen sind oft verwirrend.

19.1 Kopplung von Wallbox mit PV-Anlage

Sie verbinden Ihre Wallbox mit der Photovoltaikanlage und verwandeln Ihr Zuhause in eine klimaneutrale Tankstelle. Statt 30 Cent pro Kilowattstunde aus dem Netz oder 40 bis 60 Cent an öffentlichen Ladesäulen zu zahlen, nutzen Sie Ihren eigenen Sonnenstrom.

Die wirtschaftliche Betrachtung: Wenn Sie den selbst erzeugten Strom nicht verbrauchen, speisen Sie ihn für etwa 8 Cent pro kWh ins Netz ein. Nutzen Sie ihn selbst, vermeiden Sie den Bezug von Netzstrom für 30 Cent pro kWh. Der Eigenverbrauch spart Ihnen also 22 Cent pro kWh (30 Cent vermiedene Kosten minus 8 Cent entgangene Einspeisevergütung). Die Einsparungen summieren sich: Bei 15.000 km Fahrleistung und 18 kWh Verbrauch pro 100 km sparen Sie jährlich etwa 500 bis 600 € gegenüber dem Laden mit Netzstrom, im Vergleich zu öffentlichen Ladesäulen sogar über 1.000 €.

Abbildung 19.1: Ein Carport mit einer 17 kWh Solaranlage als Dach

Das Grundprinzip ist einfach: Ihre PV-Anlage erzeugt tagsüber Strom, der zunächst den Hausverbrauch deckt. Überschüssige Energie fließt in Ihr Elektroauto, anstatt für eine geringe Einspeisevergütung ins Netz abgegeben zu werden. Bei den aktuellen Einspeisevergütungen von etwa 8 Cent pro kWh, aber Haushaltsstromkosten von 30 Cent ist diese Eigenverbrauchsoptimierung wirtschaftlich sinnvoll.

Moderne Wallboxen können direkt mit der PV-Anlage kommunizieren. Über Schnittstellen wie *Modbus* oder *EEBUS* tauschen sie Daten über die aktuelle Solarproduktion aus. So lädt Ihr Auto nur dann mit hoher Leistung, wenn genügend Solarüberschuss vorhanden ist. Bei wenig Sonnenschein reduziert sich die Ladegeschwindigkeit automatisch.

Drei verschiedene Modi sind möglich:

- Im *PV-Modus* lädt das Auto ausschließlich mit Solarüberschuss. Das ist umweltfreundlich, aber bei bewölktem Himmel langsam.
- Der *Mischbetrieb* kombiniert Solar- und Netzstrom für eine konstantere Ladegeschwindigkeit.
- Im *Schnelllademodus* wird die volle Netzleistung genutzt, wenn Sie das Auto schnell vollladen müssen.

Für optimale Ergebnisse sollte Ihre PV-Anlage mindestens 6 bis 8 kWp Leistung haben. Kleinere Anlagen produzieren zu wenig Überschuss für sinnvolles E-Auto-Laden. Die beste Ladezeit liegt zwischen 10 und 16 Uhr, wenn die Sonne am höchsten steht. Dann produziert eine Südanlage die meiste Energie.

Ein wichtiger Aspekt ist die Wetterprognose. Intelligente Systeme berücksichtigen die Wettervorhersage und laden bei angekündigtem Sonnenschein mit niedrigerer Leistung vor, um tagsüber maximalen Solarstrom nutzen zu können. So optimieren Sie automatisch den Eigenverbrauch ohne manuellen Aufwand.

19.2 Integration mit Heimspeichersystemen

Ein Batteriespeicher macht die Kombination aus PV-Anlage und E-Auto flexibler. Er entkoppelt die Stromproduktion vom Verbrauch und erlaubt auch nachts das Laden mit gespeichertem Sonnenstrom. Die Dimensionierung hängt von Ihrem Bedarf ab: Für ein Einfamilienhaus ohne E-Auto reichen oft 5 bis 8 kWh, mit E-Auto sind 10 bis 15 kWh sinnvoll. Größere Speicher erhöhen die Eigenverbrauchsquote weiter.

Die Kosten für *Heimspeicher* sind in den letzten Jahren deutlich gesunken. Einfache kleine Pufferspeicher für Balkonkraftwerke gibt es bereits ab etwa 400 €, vollwertige Heimspeichersysteme mit 10 kWh Kapazität kosten zwischen 6.000 und 10.000 € inklusive Installation. Die Amortisationsrechnung: Sie verzichten auf 8 bis 12 Cent Einspeisevergütung pro kWh, vermeiden aber gleichzeitig 30 Cent Netzstrombezug. Diese Differenz von 18 bis 22 Cent pro gespeicherter und selbst genutzter Kilowattstunde führt zur Amortisation innerhalb von 8 bis 12 Jahren. Schneller geht es, wenn Sie viel gespeicherten Strom ins E-Auto laden.

19.2.1 Intelligente Energieflüsse

Der Heimspeicher fungiert als Puffer zwischen PV-Anlage und Elektroauto. Tagsüber speichert er überschüssigen Solarstrom, der abends und nachts für den Hausverbrauch und das Laden des E-Autos zur Verfügung steht. So steigt Ihr Eigenverbrauchsanteil von typischen 30–40 % ohne Speicher auf 60–80 % mit Speicher.

Die Ladereihenfolge folgt einer klaren Hierarchie: Zuerst versorgt die PV-Anlage den aktuellen Hausverbrauch. Überschüssiger Strom lädt den Batteriespeicher. Ist dieser voll, fließt die Energie ins E-Auto. Nur wenn alle Verbraucher gesättigt sind, wird ins Netz eingespeist. Diese Priorisierung maximiert die Eigenverbrauchsquote und minimiert teure Netzbezüge.

Intelligente Energie-Management-Systeme koordinieren alle Komponenten. Sie berücksichtigen die Wetterprognose, Ihre Fahrgewohnheiten und Stromtarife. Entsprechend entscheiden sie automatisch, wann der Speicher geladen wird und wann das E-Auto Priorität erhält. Bei angekündigtem schlechtem Wetter laden sie den Speicher voll, um genügend Reserve für die kommenden Tage zu haben.

Abbildung 19.2: Auch ein Zaun kann beim Laden helfen: Montieren Sie darauf bifaziale Solarpanels, die Sonnenlicht von beiden Seiten nutzen.

19.2.2 Notstromfunktion und Langlebigkeit

Ein Heimspeicher bietet zusätzlich eine Notstromfunktion. Bei Stromausfällen kann er wichtige Geräte über einen separaten Ausgang weiterhin versorgen und er kann sogar das E-Auto (langsam) laden, falls noch Kapazität vorhanden ist. Die Batterielebensdauer ist ein wichtiger Faktor bei der Wirtschaftlichkeitsrechnung. Lithium-Eisenphosphat-Batterien (LFP) halten etwa 6.000 bis 8.000 Ladezyklen, was bei täglichem Zyklus 15 bis 20 Jahren entspricht. Die zusätzlichen Zyklen durch die E-Auto-Integration verkürzen die Lebensdauer theoretisch, in der Praxis arbeiten die meisten Speicher jedoch nicht täglich am Limit. Moderne Batterie-Management-Systeme optimieren die Zyklenbelastung und verlängern so die Nutzungsdauer.

19.3 Wirtschaftlichkeitsberechnung der Kombination

Die Wirtschaftlichkeit der Kombination aus PV-Anlage, Speicher und E-Auto hängt von vielen Faktoren ab: Anlagenkosten, Strompreisen, Fahrleistung und lokalen Förderungen. Eine realistische Betrachtung zeigt, wann sich die Investition lohnt. Die Kombination aus PV-Anlage, Speicher und E-Auto rechnet sich langfristig, besonders bei höherer Fahrleistung, steigenden Strompreisen und verfügbaren Förderungen. Die Investition zahlt sich weniger durch schnelle Amortisation aus als durch die langfristige Unabhängigkeit von Strompreiserhöhungen und fossilen Energieträgern. Wer das System primär aus finanziellen Gründen anschafft, sollte realistisch mit 15 bis 20 Jahren Amortisationszeit rechnen.

19.3.1 Investitionskosten im Überblick

Eine 8-kWp-PV-Anlage kostet etwa 12.000 bis 16.000 €, ein 10-kWh-Heimspeicher weitere 6.000 bis 10.000 €. Die zusätzlichen Kosten für eine einfache Wallbox liegen bei 600 bis 1.000 €, solar-optimierte Modelle kosten 1.000 bis 1.500 €. Insgesamt investieren Sie also etwas zwischen 19.000 bis 27.000 € in das Gesamtsystem. (Wobei seit 2023 die Mehrwertsteuer auf PV-Anlagen und Speicher bei Privathaushalten entfällt, was die realen Kosten um 19 % senkt.)

19.3.2 Einsparungen und Amortisation

Die jährlichen Einsparungen ergeben sich aus mehreren Komponenten:

- reduzierte Strombezugskosten durch höheren Eigenverbrauch
- gesparte Kosten für das Laden des E-Autos
- vermiedene Preissteigerungen bei Netzstrom

Bei einer Familie mit 4.000 kWh Hausverbrauch und 15.000 km Fahrleistung (das entspricht 2.700 kWh für das E-Auto bei 18 kWh/100 km) summieren sich die Einsparungen auf 1.200 bis 1.800 € jährlich.

Ein konkretes Rechenbeispiel:

- Ohne PV-Anlage zahlen Sie 30 Cent pro kWh für Haushaltsstrom und E-Auto-Ladung. Bei 6.700 kWh Gesamtverbrauch also 2.010 € jährlich.

- Mit PV-System produzieren Sie Strom zu Eigenkosten von 8–10 Cent pro kWh. Bei 70 % Eigenverbrauchsanteil (etwa 4.700 kWh) zahlen Sie nur 470 € für selbst produzierten Strom plus 600 € für die restlichen 2.000 kWh aus dem Netz, insgesamt 1.070 €. Die jährliche Ersparnis beträgt somit 940 €.

Bei Investitionskosten von 20.000 € (nach Mehrwertsteuer-Befreiung) amortisiert sich das System nach etwa 21 Jahren. Das gilt allerdings nur, wenn Sie keine Förderungen in Anspruch genommen haben. Mit typischen Förderungen von 2.000 bis 5.000 € verkürzt sich die Amortisationszeit auf 16 bis 19 Jahre. Bei steigenden Strompreisen (jährlich 3–5 %) reduziert sich die Amortisationszeit weiter auf 12 bis 15 Jahre.

19.3.3 Förderungen und steuerliche Vorteile

Viele Bundesländer und Kommunen bezuschussen PV-Anlagen, Speicher und Wallboxen mit unterschiedlichen Programmen. Die KfW bietet günstige Kredite für erneuerbare Energien (KfW 270). Manche Netzbetreiber gewähren Rabatte für steuerbare Verbrauchseinrichtungen gemäß § 14a EnWG. Informieren Sie sich frühzeitig über verfügbare Programme, da die Fördertöpfe oft begrenzt sind und nach dem Windhundprinzip vergeben werden.

Die steuerliche Behandlung wurde seit 2023 erheblich vereinfacht: Die Mehrwertsteuer auf PV-Anlagen und Speicher entfällt komplett. Einkommensteuer auf Erträge aus Eigenverbrauch oder Einspeisung fällt bei Anlagen bis 30 kWp (bzw. 15 kWp bei Mehrfamilienhäusern) nicht mehr an. Diese Vereinfachungen machen die Anlagen deutlich attraktiver und reduzieren den bürokratischen Aufwand erheblich.

19.3.4 Variable Stromtarife als zusätzlicher Hebel

Variable Stromtarife mit stündlichen Preisschwankungen können die Wirtschaftlichkeit weiter verbessern. Bei dynamischen Tarifen laden Sie das E-Auto gezielt in günstigen Stunden (nachts oder bei hoher Windeinspeisung) und nutzen die gespeicherte Solarenergie in teuren Zeiten. Die Preisdifferenzen betragen teilweise 15–25 Cent pro kWh zwischen günstigen und teuren Stunden. Allerdings erfordern solche Tarife eine intelligente Steuerung und lohnen sich erst ab einer gewissen Verbrauchsmenge.

19.4 Technische Voraussetzungen und Steuerungsoptionen

Die Integration von PV-Anlage, Speicher und Wallbox erfordert kompatible Komponenten. Nicht alle Geräte können miteinander kommunizieren, achten Sie deshalb schon beim Kauf auf offene Kommunikationsstandards wie Modbus, EEBUS oder SunSpec.

Die Details bei den Kommunikationsstandards

- Der Branchenverband *SunSpec Alliance (SunSpec)* hat einen offenen Standard für die Kommunikation von Komponenten (Wechselrichter, Speicher, Energiezähler) entwickelt, insbesondere für das Modbus-Protkoll.
- Das *Modbus*-Protokoll ist in industriellen und PV-/Speicher-Anwendungen weit verbreitet.
- Der Standard *EBUS* (oft auch als *EEBus* oder *EEBus/Smart-Home/Smart-Grid* bezeichnet) wird von vielen Herstellern im Bereich Gebäudesteuerung, Ladeinfrastruktur (und Ähnliches) als interoperabler Kommunikationsstandard genutzt. Beispielsweise wird in der Gebäudetechnik und Ladeinfrastruktur oft empfohlen, Komponenten mit EEBus- bzw. Smart-Grid-Fähigkeit zu wählen.

19.4.1 Energie-Management und Hausanschluss

Das Energie-Management-System koordiniert alle Komponenten: Es steuert, wann die Wallbox lädt, wann der Speicher gefüllt wird und wann Strom ins Netz eingespeist wird. Prüfen Sie vor der Installation die Kapazität Ihres Hausanschlusses: Eine 11-kW-Wallbox plus normaler Hausverbrauch kann im schlimmsten Fall einen alten Standard-Hausanschluss überlasten. Dynamisches Last-Management löst dieses Problem, indem es die E-Auto-Ladegeschwindigkeit automatisch reduziert, wenn der Hausverbrauch hoch ist.

19.4.2 Smart Meter und variable Tarife

Für erweiterte Funktionen wie variable Stromtarife benötigen Sie einen Smart Meter. Er misst den Stromfluss in beide Richtungen und macht zeitabhängige Tarife nutzbar. Moderne Messstellenbetreiber bieten spezielle Services für PV-Anlagen-Betreiber an. Der Einbau erfolgt meist kostenlos im Rahmen des Smart-Meter-Rollouts.

19.4.3 Notstromfunktion

Notstromfähigkeit erfordert spezielle Technik: Der Speicher benötigt eine Ersatzstromschaltung, wichtige Verbraucher werden auf einen separaten Stromkreis gelegt, und die PV-Anlage muss schwarzstartfähig sein (also auch ohne Netz wieder anlaufen können). Diese Funktion kostet etwa 1.000 bis 2.000 € Aufpreis.

19.4.4 Cloud- vs. lokale Steuerung

Viele Hersteller bieten Cloud-Services mit Apps zur Fernüberwachung, Wetterprognosen und automatischen Updates. Diese erweitern die Funktionalität, schaffen aber Abhängigkeiten: Was passiert, wenn der Hersteller den Service einstellt? Lokale Steuerungssysteme arbeiten zuverlässiger und funktionieren auch ohne Internetverbindung. Wägen Sie ab, welche Funktionen Sie wirklich benötigen.

19.5 Bidirektionales Laden (V2H, V2G, V2V)

Bidirektionales Laden macht es möglich, gespeicherte Energie aus der E-Auto-Batterie zurückzuspeisen. Ihr Auto wird dadurch vom reinen Verbraucher zum aktiven Bestandteil des Energiesystems. Die Technologie steckt zwar noch in den Anfängen, ihr Potenzial ist aber enorm:

- **Vehicle to Grid (V2G)** bezeichnet die Rückspeisung von Strom aus der Fahrzeugbatterie ins öffentliche Netz. Ihr E-Auto fungiert als mobiler Energiespeicher, der bei Bedarf zur Netzstabilisierung beiträgt. Ein eindrucksvolles Beispiel: Als im Juni 2023 ein Kraftwerksausfall und der Defekt einer Kuppelleitung nach Norwegen dem deutschen Stromnetz Leistung entzogen, reagierten Algorithmen in Sekundenschnelle und rund 4.500 Fahrzeugbatterien sprangen als Reserve ein.
- **Vehicle to Home (V2H)** beschränkt sich auf die Hausversorgung, ohne das öffentliche Netz einzubeziehen. Das ist technisch einfacher und rechtlich weniger problematisch. Bei Stromausfällen kann Ihr Auto das ganze Haus mehrere Tage lang versorgen. Eine E-Auto-Batterie mit 60 kWh Kapazität versorgt einen durchschnittlichen Haushalt etwa eine Woche.
- **Vehicle to Load (V2L)** ermöglicht die direkte Versorgung von Geräten am Auto über eingebaute 230-V-Steckdosen. Die verfügbare Leistung liegt meist zwischen 1,5 und 3 kW, ausreichend für Campingausrüstung, Werkzeuge oder kleinere Haushaltsgeräte.

19.5.1 Technische Anforderungen und Kosten

Bidirektionale Wallboxen kosten 3.000 bis 5.000 €, deutlich mehr als normale Geräte (600–1.000 €). Das Auto muss V2G/V2H-fähig sein, was bisher nur wenige Modelle unterstützen. Die Kommunikation erfolgt über die Typ2-Ladeschnittstelle, erweitert um bidirektionale Funktionen nach ISO 15118.

19.5.2 Regulatorische Situation

In Deutschland ist die Nutzung von Vehicle-to-Grid (V2G) bislang wirtschaftlich unattraktiv, weil für Strom sowohl beim Laden als auch beim Zurückspeisen ins Netz Netzentgelte anfallen. Dadurch zahlen Betreiber faktisch doppelt für die Netznutzung. Frankreich hat diese Hürde bereits beseitigt und die V2G-Technologie seit 2018 als erstes Land weltweit für den kommerziellen Einsatz freigegeben.

Das Potenzial ist groß: Die in Deutschland zugelassenen Elektrofahrzeuge bieten momentan zusammen bis zu 33,6 GWh Speicherkapazität. Wäre eine hiesige Nutzung möglich, könnten Sie Ihr Auto laden, wenn der Strom günstig ist, und ihn bei hohen Preisen wieder einspeisen und somit etwas Geld mit Ihrem herumstehenden Auto verdienen.

19.6 Ihr Auto als Stromspeicher für Ihr Haus

Das Konzept V2H nutzt die ungenutzte Speicherkapazität Ihres E-Autos für die Hausversorgung. Fahrzeuge stehen durchschnittlich 95 % der Zeit geparkt – eine gewaltige Kapazität, die meist ungenutzt bleibt. Für Krisenfälle und längere Stromausfälle ist die Technik sicherlich interessant. Für den Alltag möglicherweise eher nicht. Prüfen Sie deshalb Ihre individuelle Situation und Gegebenheiten.

19.6.1 Funktionsprinzip und praktische Anwendungen

Tagsüber lädt die PV-Anlage sowohl den Heimspeicher als auch das E-Auto mit Solarstrom. Abends und nachts versorgt das Auto zusätzlich zum Heimspeicher das Haus. Die verfügbare Speicherkapazität steigt von typischen 10 kWh Heimspeicher auf 70 kWh Gesamtkapazität, das Siebenfache!

Bei Stromausfällen übernimmt das E-Auto die Notstromversorgung für mehrere Tage. Variable Stromtarife nutzen Sie optimal: nachts günstigen Strom laden, tagsüber teuren Netzstrom vermeiden. Die Stromkosten sinken deutlich, während die Unabhängigkeit steigt.

Die zentrale Herausforderung: Das Auto muss zu Hause stehen, wenn das Haus Strom benötigt, aber trotzdem genügend Reichweite für die nächste Fahrt behalten. Moderne V2H-Systeme lösen dies durch künstliche Intelligenz: Sie lernen Ihre Fahrgewohnheiten und berücksichtigen GPS-Daten und Kalendereinträge, um die Batterie optimal zwischen Mobilität und Hausversorgung aufzuteilen. Sie legen beispielsweise fest: »Morgens um 7 Uhr müssen mindestens 40 kWh für die Fahrt zur Arbeit verfügbar sein.«

Ein großer Heimspeicher (60 kWh) kostet manchmal so viel wie ein E-Auto. Die V2H-Fähigkeit Ihres E-Autos bietet somit eine ähnliche Kapazität. Sie benötigen nur eine bidirektionale Wallbox für 3.000 bis 5.000 €.

19.7 Vor- und Nachteile verschiedener Setups

Die Vielfalt möglicher Kombinationen aus PV-Anlage, Speicher, Wallbox und bidirektionalem Laden kann überwältigend sein. Betrachten wir die drei typischen Setups im Überblick:

- **Setup 1: Einfache PV-Anlage mit normaler Wallbox**

  Die PV-Anlage deckt tagsüber den Hausverbrauch und lädt bei Überschuss das E-Auto. Nachts laden Sie mit Netzstrom.

  - **Investition:** 13.000 bis 17.000 €
  - **Vorteile:** Niedrige Investitionskosten, einfache Technik, hohe Zuverlässigkeit. Sie sparen sofort Stromkosten und fahren tagsüber CO_2-neutral. Amortisation nach 15–18 Jahren.

  - **Nachteile:** Geringer solarer E-Auto-Anteil (nur 30–40 %), da Solarstrom nur tagsüber verfügbar ist. Bei bewölktem Himmel lädt das Auto mit teurem Netzstrom. Keine Notstromfunktion.
  - **Geeignet für:** Einsteiger, die unkompliziert in die solare Mobilität starten wollen. Sie können später problemlos einen Speicher nachrüsten.

- **Setup 2: PV-Anlage mit Heimspeicher und intelligenter Wallbox**

  Der Speicher ermöglicht solares Laden auch nachts und optimiert den Eigenverbrauch deutlich.

  - **Investition:** 19.000 bis 27.000 €
  - **Vorteile:** Hoher solarer Anteil beim E-Auto-Laden (70–80 %), Unabhängigkeit von Strompreisschwankungen, Notstromfähigkeit möglich. Amortisation nach 12–15 Jahren.
  - **Nachteile:** Höhere Anschaffungskosten, komplexere Technik, Abhängigkeit von Software. Bei Defekten kann das gesamte System betroffen sein.
  - **Geeignet für:** Technikenthusiasten mit höherem Budget, die maximalen Eigenverbrauch und Komfort wünschen. Die Komponenten sind ausgereift und zuverlässig.

- **Setup 3: Vollintegriertes System mit bidirektionalem Laden**

  Das E-Auto wird zum aktiven Speicher und kann sogar am Energiemarkt teilnehmen.

  - **Investition:** 28.000 bis 40.000 €
  - **Vorteile:** Minimale Netzabhängigkeit, Teilnahme am Energiehandel möglich (zukünftig), riesige Speicherkapazität ohne zusätzlichen Heimspeicher, Notstromversorgung für mehrere Tage. Potenzielle Amortisation nach 10–12 Jahren.
  - **Nachteile:** Hohe Investition, sehr komplexe Technik, rechtliche Unsicherheiten bei V2G in Deutschland, Abhängigkeit von Fahrzeugherstellern und Software-Updates. Wenige kompatible Fahrzeuge verfügbar.
  - **Geeignet für:** Pioniere, die Zukunftstechnologie nutzen wollen und mit Kinderkrankheiten leben können. Höchstes Potenzial, aber auch höchstes Risiko.

Mein Tipp: Beginnen Sie einfach und rüsten Sie bei Bedarf nach. Eine gut dimensionierte PV-Anlage (mindestens 8 kWp) ist das Fundament für alle späteren Erweiterungen. Überstürzen Sie nichts; die Technik entwickelt sich schnell, wird günstiger und zuverlässiger.

19.8 Das Stromnetz und die Elektromobilität

Die Angst vor einem Stromnetz-Kollaps gehört zu den hartnäckigsten Vorbehalten gegen Elektromobilität. An Stammtischen und in sozialen Medien hört man regelmäßig: »*Wenn alle gleichzeitig ihr E-Auto laden, bricht das Netz zusammen.*« Diese Behauptung lässt sich bei nüchterner Betrachtung der Fakten nicht aufrechterhalten.

19.8.1 Die Ausgangslage: Wie viel Strom brauchen Elektroautos wirklich?

Das *Bundesministerium für Umwelt, Naturschutz und nukleare Sicherheit* hat die Zahlen durchgerechnet. Wenn alle derzeit rund 45 Millionen Pkw in Deutschland elektrisch fahren würden, läge der jährliche Strombedarf bei etwa 100 Terawattstunden (TWh). Das entspricht lediglich einem Sechstel des gesamten deutschen Stromverbrauchs. Die Bundesregierung strebt bis 2030 rund 15 Millionen Elektrofahrzeuge an, das erhöht den Stromverbrauch um moderate 3 bis 4 %.

Das *Fraunhofer-Institut* errechnete für das Jahr 2030 einen Stromverbrauch der Elektromobilität von 130 TWh, der bis 2035 auf 260 TWh ansteigen wird. Diese Zahlen mögen auf den ersten Blick beeindruckend wirken, relativieren sich jedoch bei einer Betrachtung der Stromproduktion: Bereits 2024 produzierten erneuerbare Energien in Deutschland 284 TWh Strom – mehr, als für die mittelfristige Elektromobilität benötigt wird. Der Anteil erneuerbarer Energien am Bruttostromverbrauch erreichte 55 %, Tendenz weiter steigend.

19.8.2 Die E.on-Studie: Frühzeitige Entwarnung

Bereits 2019 untersuchte der Energiekonzern *E.on* gemeinsam mit der Unternehmensberatung *Consentec* die Belastbarkeit des Stromnetzes. Das Ergebnis überraschte viele Skeptiker: Das damalige Netz verkraftete bereits einen Elektroauto-Anteil von 30 %. Selbst ein kompletter Umstieg auf Elektromobilität bis zum Jahr 2045 erschien machbar. Die Investitionen für den notwendigen Netzausbau bezifferte E.on auf 2,5 Milliarden € über einen Zeitraum von 25 Jahren. Bei damals bereits laufenden jährlichen Investitionen von 1 Milliarde € ist das ein überschaubarer Zusatzaufwand. Etwa zwei Drittel dieser Summe entfallen auf Transformatorstationen in den örtlichen Verteilnetzen.

Die Studie zeigte einen weiteren wichtigen Aspekt: Intelligentes Lademanagement halbiert die notwendigen Investitionen. Wenn Ladevorgänge flexibel gesteuert werden, stehen die Fahrzeuge meist deutlich länger an der Ladestation, als der eigentliche Ladevorgang dauert. Die Batterie lässt sich problemlos in günstigeren Stromzeiten nachladen, ohne dass der Fahrzeugbesitzer Komforteinbußen hinnehmen muss.

19.8.3 Die Praxis: Erkenntnisse aus Feldversuchen

Theoretische Modelle sind das eine, die Praxis ist oft das andere. Deshalb führte die EnBW-Tochter *Netze BW* bereits vor dem E-Mobilitäts-Boom umfangreiche Feldversuche durch. In der Belchenstraße in Ostfildern bei Stuttgart entstand das bundesweit erste *NETZlabor*. Zehn Haushalte erhielten für die Projektdauer jeweils ein Elektrofahrzeug und die notwendige Ladeinfrastruktur. Die Ergebnisse beruhigten die Nutzer, die zuerst Befürchtungen hegten, deutlich: Die Teilnehmer vertrauten dem Füllstand ihrer Batterie im Laufe der Zeit immer mehr und luden immer seltener. Nie hingen mehr als fünf Fahrzeuge gleichzeitig am Netz.

In Baden-Württemberg stützten weitere Pilotprojekte diese Erkenntnisse: An acht Standorten stattete man 113 Haushalte mit Elektroautos und Ladeinfrastruktur aus. Die Auswertung zeigte: Nur 22 bis 88 % der Fahrzeuge luden gleichzeitig, im Mittel lag der Wert bei 50 %. Die Befürchtung, alle Fahrzeuge würden abends zur gleichen Zeit geladen, bestätigte sich nicht. Die unterschiedlichen Lebensumstände und Gewohnheiten der Menschen sorgen ganz natürlich für eine Entzerrung der Ladezeiten.

Ein bundesweites Pilotprojekt der Volkswagen-Tochter *Elli* und *MITNETZ STROM* mit der Unternehmensberatung *E-Bridge* untersuchte intelligentes Laden. Rund 20 Fahrer von VW ID.3, ID.4 und ID.5 nutzten private Wallboxen mit Smart-Charging-App. Ein Algorithmus koordinierte die Ladevorgänge zwischen Elektroautos und Netzbetreiber. Das Ergebnis: Vorhandene Netze lassen sich auf diese Weise besser auslasten, gleichzeitig sinken die CO_2-Emissionen bei der Stromerzeugung um rund 30 %.

19.8.4 Die Infrastruktur: Rasanter Ausbau der Lademöglichkeiten

Ende 2024 fuhren laut *Kraftfahrt-Bundesamt* etwa 1,6 Millionen Elektroautos auf deutschen Straßen. Die öffentliche Ladeinfrastruktur wuchs im ersten Halbjahr 2025 auf über 180.000 Ladepunkte mit einer Gesamtleistung von 8,5 Gigawatt (GW). Davon entfallen über 40.000 auf Schnellladepunkte. Der Ausbau der Ladeinfrastruktur verläuft damit schneller als das Wachstum der Fahrzeugflotte.

Die Bundesregierung stellte für den Ausbau der Ladeinfrastruktur 6,3 Milliarden € bereit. Das Ziel: 1 Million öffentliche Ladepunkte bis 2030. Bei 15 Millionen geplanten Elektrofahrzeugen ergibt das ein Verhältnis von 15 Fahrzeugen pro Ladepunkt – wobei der Großteil der Ladevorgänge zu Hause oder am Arbeitsplatz stattfindet.

19.8.5 Die Technik: Intelligente Netze als Lösung

Seit Januar 2024 müssen alle neu angeschlossenen Wallboxen steuerbar sein. Im unwahrscheinlichen Fall einer Netzüberlastung dürfen Netzbetreiber die Ladeleistung auf 4,2 kW drosseln. Im Gegenzug verpflichtet das Energiewirtschaftsgesetz sie, in den Ausbau des betroffenen Netzabschnitts zu investieren. Diese Regelung verhindert Zusammenbrüche der Stromversorgung und gibt den Netzbetreibern Zeit für notwendige Ausbauten.

Die Zukunft gehört intelligenten Stromnetzen, sogenannten *Smart Grids*. Diese setzen auf intelligente Netzmanagement- und Speichertechnologien, um örtliche und zeitliche Netzbelastungen auszugleichen. Die Entwicklung zum Smart Grid läuft aufgrund der Energiewende bereits auf Hochtouren, denn die Einspeisung von Energie hängt zunehmend von Sonne und Wind ab und erfolgt dezentral aus Solar-Dachanlagen. Elektrofahrzeuge fügen sich als flexible Stromabnehmer perfekt in dieses System ein und können es sogar stabilisieren.

19.8.6 Die Kosten: Positive Effekte für Strompreise

Eine Studie der *Fraunhofer-Einrichtung für Energieinfrastrukturen und Geothermie* (IEG) gemeinsam mit dem *Fraunhofer-Institut für System- und Innovationsforschung* (ISI) untersuchte die Auswirkungen auf Strompreise. Das überraschende Ergebnis: Bei einer lokalen Durchdringungsrate von 30 % Elektrofahrzeugen könnten die Verbraucherpreise im Jahr 2030 um rund 3,5 % sinken. Die zusätzliche Stromnachfrage verbessert die Netzauslastung, gleichzeitig glätten zeitlich gesteuerte Ladevorgänge die Lastkurven. Beides senkt die spezifischen Netzentgelte, ein Kostenfaktor für die Nutzung des Stromnetzes.

19.8.7 Fazit: Keine Gefahr für das Stromnetz

Die Angst vor einem Stromnetz-Kollaps durch Elektromobilität erweist sich als unbegründet. Das deutsche Stromnetz besitzt ausreichend Kapazitäten, erneuerbare Energien decken bereits heute mehr als die Hälfte des Strombedarfs, und intelligente Ladelösungen verhindern Überlastungen. Feldversuche belegen, dass nie alle Fahrzeuge gleichzeitig laden. Die natürlichen Unterschiede in den Lebensgewohnheiten der Menschen sorgen für eine Entzerrung der Ladezeiten. Mit überschaubaren Investitionen und intelligenten Technologien meistert Deutschland den Übergang zur Elektromobilität, ohne dass jemandem das Licht ausgeht.

Kapitel 20
Die Nachteile eines E-Autos

Wenn Sie bis hierhin gelesen haben, kennen Sie die Vorteile von Elektroautos sehr gut. Umso wichtiger ist es, jetzt bewusst einen Schritt zurückzutreten und auch die realen Nachteile zu betrachten – nicht um die Entscheidung infrage zu stellen, sondern um sie realistisch einzuordnen. Denn seien wir realistisch: E-Autos sind nicht perfekt. Es gibt echte Nachteile, die Sie kennen sollten, bevor Sie kaufen. Aber genauso wichtig ist es, konstruierte Probleme von realen zu unterscheiden. In diesem Kapitel spreche ich über beides: die tatsächlichen Einschränkungen und die vermeintlichen Nachteile, die sich bei genauerer Betrachtung relativieren.

20.1 Die echten Nachteile

Die folgenden Nachteile sind real und lassen sich nicht wegdiskutieren. Ob sie für Sie relevant sind, hängt stark von Ihrem persönlichen Nutzungsprofil ab.

20.1.1 Der höhere Anschaffungspreis

Der hohe Kaufpreis bleibt der größte und abschreckendste Nachteil – E-Autos sind einfach teurer. Ein vergleichbarer Verbrenner scheint oft 5.000 bis 10.000 € günstiger in der Anschaffung. (Vergleichen Sie auch die Ausstattung.) Bei Kleinwagen fällt dieser Unterschied besonders ins Gewicht. Ein Dacia Spring kostet als E-Auto deutlich mehr als ein vergleichbarer Kleinstwagen mit Verbrenner.

Diese Preisdifferenz amortisiert sich zwar im Laufe der Nutzungsdauer durch niedrigere Fahrt- und Betriebskosten, aber die Einstiegshürde bleibt. Wer das Auto nach drei Jahren wieder verkauft, hat die Mehrkosten nicht reingeholt.

Wie gehen Sie damit um?

Rechnen Sie nach, wie Ihre Situation aussieht: Bei beispielsweise 20.000 km Jahresfahrleistung sparen Sie etwa 1.500 bis 2.000 € pro Jahr an Energie- und Wartungskosten. Nach fünf bis acht Jahren haben Sie den Mehrpreis ausgeglichen. Fahren Sie weniger, dauert es länger. Fahren Sie mehr, amortisiert es sich schneller.

Der Gebrauchtwagenmarkt hilft: Drei Jahre alte E-Autos kosten teilweise 40 bis 50 % weniger als Neuwagen. Hier verschwindet der Preisunterschied zum Verbrenner fast komplett.

20.1.2 Der Anhängerbetrieb ist wirklich problematisch

Wenn es um das Ziehen von Anhängern geht, hat das E-Auto ein echtes Problem. Die Reichweite halbiert sich beim Ziehen eines Wohnwagens oder schweren Anhängers - aus 400 km werden 200. Dazu kommt: Viele E-Auto-Modelle haben überhaupt keine Anhängerkupplung oder nur geringe Anhängelasten von 750 kg.

Abbildung 20.1: Wer regelmäßig mit dem Wohnwagen in den Urlaub fährt oder plant, schwere Anhänger zu ziehen, sollte vorerst nicht auf Elektroautos umsteigen.

Für Wohnwagen-Urlauber, Pferdesportler oder Handwerker mit schwerem Anhänger bedeutet das: Die Auswahl an geeigneten E-Auto ist gering. Sie müssen alle 150 bis 200 km laden, und das Rangieren mit Anhänger an der Ladesäule ist eine Zumutung.

Wie gehen Sie damit um?

Wenn Sie regelmäßig schwere Anhänger ziehen: Bleiben Sie vorerst beim Verbrenner oder Plug-in-Hybrid. Für gelegentliche leichte Anhänger (Fahrradträger, kleiner Gartenanhänger) funktionieren größere E-SUVs mit Anhängerkupplung aber durchaus.

Manche Tesla-Besitzer berichten von akzeptablen Erfahrungen mit leichten Wohnwagen unter 1.000 kg auf kurzen Strecken. Aber ehrlich: Wer jeden Sommer 1.000 km mit dem Wohnwagen über die Alpen nach Italien fährt, sollte noch warten.

20.1.3 Langstrecken brauchen Planung, Spontanität ist schwierig

Mit dem Verbrenner fahren Sie einfach los. Tank voll, Radio an, losfahren. Mit dem E-Auto checken Sie vorher die Route: Wo sind Ladestationen? Funktionieren die? Sind sie belegt?

Bei spontanen Fahrten in weniger erschlossene Regionen – Osteuropa, Süditalien, ländliche Gebiete – wird es aufwendig.

Diese Mehrplanung nervt besonders dann, wenn Sie spontan sind oder beruflich viel in unbekannten Gebieten unterwegs sein müssen. Der mentale Aufwand, immer an die Ladeinfrastruktur zu denken, besonders in einem fremden Land, ist real.

Wie gehen Sie damit um?

Mit der Zeit entwickeln Sie Routine. Apps wie *A Better Routeplanner* oder Ihr Fahrzeug-Navi übernehmen die Planung automatisch. Nach ein paar Monaten wissen Sie, wo Ihre Stamm-Ladestationen liegen.

Für die Hauptrouten in Deutschland, Österreich, Schweiz, Frankreich, Benelux und Skandinavien ist die Infrastruktur heute gut genug, dass Spontanität funktioniert. Für Abenteuerurlaube in abgelegenen Regionen ist sie aber noch problematisch.

20.1.4 Extrembedingungen addieren sich

Der Winter allein kostet rund 20 % (oder mehr) Reichweite. Das Fahren auf der Autobahn bei hoher Geschwindigkeit kostet auch etwa 20 %. Beides zusammen, also eine winterliche Autobahnfahrt mit 150 km/h und Heizung auf volle Pulle? Das kostet schnell 50 % Ihrer Reichweite. Oder müssen Sie einen Anhänger durch die Berge ziehen? Die Reichweite kann auf die Hälfte schrumpfen. Das ist ein echtes Problem und erfordert deutlich mehr Ladestopps.

Wie gehen Sie damit um?

Akzeptieren Sie im Winter längere Reisezeiten oder fahren Sie langsamer. Bei 110 statt 130 km/h gewinnen Sie 20 % Reichweite zurück. Vorheizen am Ladekabel spart noch mal 10 bis 15 %. Die gute Nachricht: Im Sommer und bei moderaten Geschwindigkeiten (bis 120 km/h) erreichen Sie meist die angegebene Reichweite oder sogar mehr.

20.1.5 Begrenzte Modellauswahl in Nischen

Wer neu ein günstiges Cabrio, einen echten Geländewagen für Offroad, einen Kleinwagen unter 20.000 € oder einen bezahlbaren Sportwagen sucht, hat schlechte Karten. Diese Segmente sind bei E-Autos (noch) Mangelware.

Wie gehen Sie damit um?

Für 90 % der Käufer gibt es passende E-Autos: Limousinen, Kombis, SUVs, Transporter. Wenn Sie zu den 10 % gehören, die etwas Spezielles brauchen: Warten Sie oder bleiben Sie beim Verbrenner. Der Markt entwickelt sich aber rasant. Was heute fehlt, kommt in zwei bis drei Jahren möglicherweise dazu.

20.2 Die vermeintlichen Nachteile

Einige Kritikpunkte an E-Autos sind berechtigt, andere beruhen auf Annahmen, die nicht uneingeschränkt gelten. Dieser Abschnitt nimmt die häufigsten davon genauer in den Blick.

20.2.1 Laden dauert viel länger als Tanken

Im Alltag laden Sie ein Elektroauto meist zu Hause. Sie stecken das Kabel in wenigen Sekunden ein, und am nächsten Morgen ist das Auto voll geladen. Zusätzliche Wege oder Zeitaufwand entstehen dabei nicht - das Laden passiert automatisch, während Sie schlafen.

Nur auf Langstrecken dauert das Laden länger als ein Tankstopp. Aber auch hier gilt: Eine Pause von 30 bis 40 Minuten nach mehreren Stunden Fahrt tut gut - Kaffee trinken, kurz bewegen, durchatmen. Die Zeit vergeht dabei meist schneller, als man erwartet.

20.2.2 Die 12-Volt-Batterie ist ein Schwachpunkt

Ja, die 12-Volt-Batterie ist die häufigste Pannenursache bei E-Autos. Auch beim Verbrenner ist sie eine Achillesferse. Fast 45 % aller Pannen - bei beiden Fahrzeugtypen - gehen auf die 12-Volt-Batterie zurück.

Das ist kein E-Auto-Problem. Das ist ein Auto-Problem. Jedes Fahrzeug mit moderner Elektronik hat diese kleine Batterie, und die geht eben alle paar Jahre kaputt. Behandeln Sie sie wie beim Verbrenner: alle vier bis sechs Jahre wechseln, fertig.

20.2.3 Höheres Gewicht belastet die Reifen

E-Autos wiegen mehr durch die Batterie, meist 200 bis 400 kg mehr. Ein klassischer BMW X5 Verbrenner wiegt auch über 2.000 kg, ein Audi Q7 ebenso. Schwere SUVs mit Verbrennungsmotor belasten die Reifen genauso.

Das Gewicht ist kein E-Auto-spezifisches Problem, sondern ein Fahrzeugklassen-Problem. Ein leichter E-Golf verschleißt Reifen langsamer als ein schwerer Diesel-SUV.

20.2.4 Die Abhängigkeit von der Software ist gefährlich

In modernen Verbrennern werkelt genauso viel Software wie in E-Autos. Wenn die Motorsteuerung streikt, bleibt auch der Diesel stehen. Elektronische Handbremsen, digitale Tachos, Start-Stopp-Automatik, das ist alles Software.

Der Unterschied: E-Autos bekommen häufiger Updates. Das kann Probleme verursachen, aber auch beheben. Verbrenner-Software wird seltener aktualisiert, hat dafür aber ihre eigenen Macken.

20.2.5 Der Wertverlust ist höher

Frühe E-Autos (vor 2018) verloren stark an Wert, weil sich Reichweite und Ladetechnik rasant verbesserten. Auch heute liegt der durchschnittliche Wertverlust von Elektroautos noch über dem von Verbrennern, vor allem wegen sinkender Neupreise, vieler Leasingrückläufer und der schnellen technischen Entwicklung. Gleichzeitig zeigt sich: Bei modernen, gefragten Modellen schrumpft der Abstand deutlich – einzelne E-Autos halten ihren Wert inzwischen ähnlich gut wie vergleichbare Verbrenner, in manchen Marktphasen sogar besser.

20.2.6 Batteriedegradation ist ein Problem

Ein häufig vorgebrachter Kritikpunkt betrifft die Alterung der Batterie: Sie verliert mit der Zeit Kapazität, so die Sorge, und mache das Fahrzeug langfristig wirtschaftlich unattraktiv. Ein vergleichbarer Blick auf Fahrzeuge mit Verbrennungsmotor fällt dagegen oft deutlich milder aus. Auch ein Verbrenner mit 150.000 km Laufleistung befindet sich technisch nicht mehr im Neuzustand: Zylinder und Ventile verschleißen, der Turbolader arbeitet weniger effizient, der Verbrauch steigt, die Leistungsentfaltung nimmt ab. Diese Veränderungen verlaufen schleichend und werden im Alltag selten systematisch erfasst oder monetär bewertet.

Bei Elektroautos wird der Kapazitätsverlust der Batterie hingegen häufig stark gewichtet. In der Praxis bedeutet eine Degradation von wenigen Prozent nach 150.000 km bei den meisten aktuellen Modellen lediglich eine etwas geringere Reichweite – etwa 370 statt 400 km. Der Elektromotor selbst liefert weiterhin die volle Leistung, ohne Mehrverbrauch oder zusätzliche mechanische Abnutzung.

Betrachtet man den technischen Gesamtzustand, zeigt sich daher häufig ein differenziertes Bild: Ein Elektroauto mit hoher Laufleistung ist in vielen Fällen technisch weniger verschlissen als ein vergleichbarer Verbrenner. Die Batterie altert langsam und vorhersehbar, während der Verschleiß beim Verbrennungsmotor oft erst durch teure Reparaturen sichtbar wird.

Entscheidend ist letztlich das persönliche Nutzungsprofil. Wer regelmäßig schwere Anhänger zieht, lange Strecken in Regionen mit schwacher Ladeinfrastruktur fährt oder spezielle Fahrzeugtypen benötigt, stößt heute noch an Grenzen. Für die Mehrheit der Nutzer bleiben die realen Nachteile jedoch überschaubar.

Kapitel 21
Ökobilanz und ethische Aspekte

Die Elektromobilität bewegt sich heute im Spannungsfeld zwischen umwelttechnischen Hoffnungen und kritischen Stimmen. Ich zeige Ihnen in diesem Kapitel, was wissenschaftliche Studien tatsächlich sagen und wie Sie als Verbraucher eine sachliche Bewertung vornehmen können. Dabei betrachte ich den gesamten Lebenszyklus der Fahrzeuge – von der Rohstoffgewinnung bis zum Recycling.

21.1 CO_2-Bilanz im Lebenszyklus

Um die tatsächliche Umweltfreundlichkeit von Elektroautos zu bewerten, nutzen Wissenschaftler die Lebenszyklusanalyse (*Life Cycle Assessment, LCA*). Dies ist eine methodische Untersuchung aller Phasen eines Produkts von der Rohstoffgewinnung über die Nutzung bis zum Recycling.

21.1.1 Aktuelle Studienlage

Die neuesten Studien von 2024/2025 zeigen eindeutig: Elektroautos sind über ihren gesamten Lebenszyklus deutlich klimafreundlicher als Verbrenner, und dieser Vorsprung wächst kontinuierlich. Das IFEU-Institut (*Institut für Energie- und Umweltforschung Heidelberg*) veröffentlichte im Februar 2025 eine umfassende Aktualisierung mit aktuellem Strommix und modernster Batterietechnologie. Das Ergebnis: Elektroautos verursachen 59 % weniger CO_2 als vergleichbare Diesel und 53 % weniger als Benziner, über die gesamte Lebensdauer von 200.000 km.

Das *Umweltbundesamt Österreich* bestätigt diese Zahlen in einer 2024 erschienenen Studie und kommt zu noch beeindruckenderen Ergebnissen: Bei Nutzung von Ökostrom verursachen E-Autos bis zu 79 % weniger CO_2 als Verbrenner. Der *Break-Even-Punkt* – also der Moment, ab dem das E-Auto trotz energieintensiver Batterieherstellung klimafreundlicher ist – liegt beim aktuellen deutschen Strommix bei etwa 45.000 bis 60.000 km. Bei ausschließlicher Nutzung von Ökostrom oder eigenem Solarstrom sind es sogar nur 25.000 bis 30.000 km. Bei durchschnittlicher Fahrleistung von 15.000 km pro Jahr bedeutet das: Nach zwei bis vier Jahren ist der »CO_2-Rucksack« der Produktion ausgeglichen.

21.1.2 Die Herstellung

Die Batterieproduktion benötigt laut Studien etwa 15 % mehr Energie als die Fertigung eines Verbrennungsmotors mit Getriebe und Abgasanlage. (Dazu folgt gleich noch mehr in Abschnitt 21.2.) Dieser initiale Nachteil wird jedoch durch emissionsarmes Fahren schnell kompensiert. Entscheidend ist, dass fast alle großen Batteriehersteller bereits überwiegend erneuerbare Energien nutzen.

Viele ältere Studien (insbesondere die viel zitierte »Schweden-Studie« von 2017) gingen fälschlicherweise davon aus, dass Batterien mit dem deutschen Strommix produziert werden. Diese Annahme ist längst überholt und führte zu systematischer Überschätzung der Produktionsemissionen.

21.1.3 Die Nutzungsphase

Während der Nutzung vergrößert sich der Vorsprung des E-Autos kontinuierlich. Ein Verbrenner stößt bei 15.000 km jährlich etwa 2,5 Tonnen (t) CO_2 aus (bei 6 Litern Dieselverbrauch). Ein Elektroauto verursacht beim deutschen Strommix 2025 (etwa 420 g CO_2/kWh) bei 18 kWh/100 km nur etwa 1,1 t CO_2, somit weniger als die Hälfte. Mit jedem neu installierten Windrad und jeder Photovoltaikanlage verbessert sich diese Bilanz weiter.

21.1.4 Nicht in den Studien berücksichtigt: ein wichtiger Faktor zu Fahrzeuggröße und Platzangebot

Ein oft übersehener Aspekt beim Vergleich: E-Autos bieten dank ihrer Skateboard-Plattform (Batterie im Unterboden, keine Kardanwelle, kein Getriebetunnel) deutlich mehr Innenraum als vergleichbar große Verbrenner. Ein VW ID.3 (4,26 m) hat mehr Beinfreiheit und Kofferraum als ein VW Passat (4,77 m). Ein Hyundai Ioniq 5 (4,64 m) hat den Innenraum eines Audi Q7 (5,05 m).

Das bedeutet: Sie können eine Fahrzeugklasse kleiner kaufen und haben trotzdem gleich viel Platz. Ein kleineres Fahrzeug bedeutet aber auch:

- leichtere Batterie – weniger Material, geringere Produktionsemissionen
- geringerer Verbrauch – weniger Gewicht, bessere Aerodynamik
- niedrigere Gesamtemissionen über die Lebensdauer

Dieser Effekt wird in den meisten Studien nicht berücksichtigt, weil sie »Kompaktklasse« mit »Kompaktklasse« vergleichen. Tatsächlich ersetzen viele Käufer aber einen Passat durch einen ID.3 oder einen Q7 durch einen Ioniq 5 und verbessern dadurch die CO_2-Bilanz noch einmal erheblich.

21.2 Die Herstellungsemissionen: Was wird wirklich berücksichtigt?

Bei der Diskussion um die CO_2-Bilanz von Elektroautos steht die energieintensive Batterieproduktion oft im Fokus. Dabei entsteht schnell der Eindruck, als würde nur die Batterie die Ökobilanz des E-Autos belasten, während die Herstellung von Verbrennungsmotoren kaum Emissionen verursacht. Doch stimmt das wirklich?

Die Zahlen scheinen eindeutig: Bei einem Elektroauto mit 82 kWh Batteriekapazität verursacht die Produktion des Antriebsstrangs 10,12 t CO_2-Äquivalent, wovon 83 % auf die Batterieproduktion entfallen. Das ergab eine Studie der *VDI-Gesellschaft Fahrzeug- und Verkehrstechnik* (FVT) aus dem Jahr 2023. Bei einem Verbrenner mit Benzinmotor sind es für den Antriebsstrang dagegen nur 1,21 t CO_2-Äquivalent. Auf den ersten Blick ein gewaltiger Unterschied.

Doch diese 1,21 t für Motor und Getriebe erscheinen überraschend niedrig, wenn man bedenkt, was alles in einem Verbrennungsmotor steckt: mehrere Hundert Einzelteile, ein komplexes Mehrganggetriebe mit aufwendiger Mechanik, eine Abgasanlage mit Katalysator, Kraftstoffpumpe, Einspritzsystem, Kühl- und Schmiersysteme. Jede dieser Komponenten durchläuft energieintensive Produktionsprozesse: Verhüttung, Gießen, Fräsen, Härten. Hinzu kommen die Transporte der einzelnen Teile von verschiedenen Zulieferern zum Montagewerk. Und das soll im Verhältnis 1:8 weniger CO_2 benötigen?

Ein Forschungsteam der *Hochschule Trier* um Professor Eckard Helmers ging deshalb einen außergewöhnlichen Weg: Die Wissenschaftler demontierten einen VW Caddy mit Benzinmotor vollständig, analysierten jedes Bauteil und bauten das Fahrzeug anschließend mit Elektroantrieb wieder auf. So konnten sie die sogenannten »*Materialkuchen*« beider Versionen direkt vergleichen. Die Studie, die zwischen 2017 und 2020 durchgeführt wurde, berücksichtigte auch die Transportwege der Komponenten, vom Benzinmotor aus Salzgitter über das Getriebe aus Kassel bis zur Starterbatterie aus Hannover, die alle zum Montagewerk in Polen transportiert wurden.

Ein Elektromotor besteht dagegen aus deutlich weniger Teilen: im Wesentlichen aus einem Rotor, einem Stator mit Kupferwicklungen und einem einfachen Untersetzungsgetriebe. Die Fertigung erscheint auf den ersten Blick simpler, und doch zeigen manche Studien für die Herstellung des E-Autos ohne Batterie höhere Emissionswerte als für den Verbrenner. Wie passt das zusammen?

Die Antwort liegt vermutlich in der Datenlage. Während die Batterieproduktion intensiv erforscht und dokumentiert wurde, gibt es für die Herstellung von Verbrennungsmotoren weniger transparente Daten, da vieles von Zulieferern gefertigt wird. Bei Elektroantrieben hingegen werden noch vergleichsweise kleine Stückzahlen gefertigt, was zu höheren spezifischen Emissionswerten führt.

Die *Internationale Vereinigung für sauberen Transport* (ICCT) führte 2021 eine der umfassendsten Lebenszyklusanalysen durch. Sie berücksichtigt die Herstellung des Fahrzeugs, der Batterie beim E-Auto, die Kraftstoff- und Stromproduktion sowie die Wartung. Das Ergebnis: Batterieelektrische Fahrzeuge in der Kompaktklasse verursachen bereits heute 66 bis 69 % weniger Treibhausgasemissionen über den gesamten Lebenszyklus als vergleichbare Benziner. Aufgrund des sich stetig verbessernden Strommixes erhöht sich dieser Vorteil für Neufahrzeuge im Jahr 2030 auf etwa 74 bis 77 %.

Die Studie der Hochschule Trier kam zu einem ähnlichen Ergebnis: Elektroautos amortisieren sich gegenüber Verbrennern nach 20.000 bis 200.000 km, abhängig von Bauart, Gewicht, Batteriegröße, Strommix und Fahrprofil. Ökobilanziell lassen sich die CO_2-Emissionen durch die Elektrifizierung von Autos auf ein Drittel senken.

Was bedeutet das für die Praxis? Die Studien zeigen: Selbst dann, wenn die *Herstellungsemissionen* von Motor und Getriebe möglicherweise geschönt werden, schneiden Elektroautos trotzdem in der Gesamtbilanz deutlich besser ab als Verbrenner. Der Vorteil würde sogar noch größer ausfallen, wenn die Produktion von Verbrennungsmotoren genauso detailliert erfasst würde wie die Batterieherstellung. Mich würde es nicht wundern, wenn Elektroautos dann sogar ab Werk schon besser abschneiden als Verbrenner.

Hinzu kommt: Mit zunehmendem Anteil erneuerbarer Energien im Strommix verbessert sich die Bilanz der E-Autos kontinuierlich weiter, während Verbrenner über ihre gesamte Lebensdauer fossile Kraftstoffe benötigen.

Die Kritik an der Batterieproduktion ist berechtigt und wichtig. Und sie hat auch schon zu Verbesserungen bei Herstellungsprozessen und Energiequellen geführt. Doch eine ehrliche Debatte erfordert den gleichen kritischen Blick auf alle Antriebsformen. Die verfügbaren Daten zeigen trotz möglicher Unschärfen schon ein klares Bild: Der Umstieg auf Elektromobilität reduziert die Klimabelastung des Individualverkehrs erheblich, und dieser Vorteil wächst mit jedem gefahrenen Kilometer und jedem Jahr, das vergeht.

21.3 Stromproduktion und Erneuerbaren-Mix

Der entscheidende Vorteil der Elektromobilität liegt in der Flexibilität der Energiequelle. Während ein Verbrennungsmotor ausschließlich fossile Kraftstoffe nutzen kann, lässt sich ein Elektroauto mit Strom aus erneuerbaren Energien betreiben.

Die Zahlen sprechen eine deutliche Sprache: Eine Kilowattstunde Strom aus dem deutschen Energiemix verursacht derzeit etwa 363 g CO_2. Erdöl schlägt mit 890 g CO_2 pro Kilowattstunde zu Buche – hinzu kommen Transport, Raffinierung und die Herstellung von AdBlue, dem synthetischen Harnstoff für moderne Dieselfahrzeuge. Ein Elektroauto, das mit normalem Strom aus dem deutschen Energiemix fährt, erreicht damit mindestens eine doppelt so gute Umweltbilanz wie ein vergleichbares Fahrzeug mit Verbrennungsmotor.

Die Entwicklung zeigt klar in Richtung sauberer Energie. Der deutsche Strommix verschiebt sich kontinuierlich zu erneuerbaren Energien, und die meisten Ladesäulenbetreiber verwenden bereits heute ausschließlich Ökostrom. Diese Tendenz verstärkt den Umweltvorteil von Elektroautos Jahr für Jahr.

Abbildung 21.1: An vielen Ladepunkten wird explizit mit Ökostrom geladen.

21.4 Ressourcenverbrauch und kritische Rohstoffe

Ein differenzierter Blick auf den Rohstoffverbrauch räumt mit verbreiteten Mythen auf. Die oft kritisierten seltenen Erden werden keineswegs hauptsächlich für Elektroautos gefördert. Tatsächlich entfällt nur ein Drittel der weltweiten Förderung auf den gesamten Individualverkehr – und das für Verbrenner wie Elektroautos gleichermaßen. Die restlichen zwei Drittel fließen in Katalysatoren, Zündkerzen, Keramik, Glas, Magnete, Solarzellen, Brennstoffzellen, medizinische Produkte, die Halbleiterindustrie und Batterien für Smartphones oder Laptops.

Ähnlich verhält es sich mit Kobalt: Nur etwa 8 % der weltweiten Kobaltproduktion dient der Herstellung von Elektroauto-Batterien. Der Großteil wird für die Metallhärtung, Entschwefelung von Kraftstoffen und andere industrielle Prozesse verwendet. Kobalt steckt übrigens auch in jedem Smartphone, Laptop und vielen anderen Geräten unseres täglichen Lebens.

21.5 Umweltauswirkungen beim Rohstoffabbau

Für alle Industriezweige gilt: Der Abbau von Rohstoffen hinterlässt Spuren in der Umwelt. In einem modernen Pkw, egal welcher Antriebsart, sind zwischen 10.000 und 40.000 Einzelteile verbaut. Rund 1.000 Firmen fertigen diese Komponenten, weitere 200 Unternehmen liefern sie an die Automobilhersteller. Die Rohstoffe stammen aus aller Welt, mitunter aus Gebieten mit problematischen Abbaubedingungen.

Diese Herausforderung betrifft jedoch nicht nur die Elektromobilität. Denken Sie an die Umweltkatastrophen der Ölindustrie: Fracking, die Versenkung der Brent Spar, das Tankerunglück der Exxon Valdez und die Explosion auf der Bohrplattform Deepwater Horizon, die eine Ölpest im Golf von Mexiko verursachte. Hinzu kommen Jahrzehnte der Gesundheitsschädigung durch verbleites Benzin. Diese Auswirkungen werden in kritischen Studien zur Elektromobilität oft ausgeblendet, obwohl sie handfeste Folgen haben.

21.6 Soziale und ethische Aspekte der Rohstoffgewinnung

Neben den ökologischen Aspekten und dem Umweltschutz ist natürlich auch wichtig, wie es um die sozialen und ethischen Aspekte steht. Woher kommen die Rohstoffe, die ein E-Auto braucht?

21.6.1 Kobaltgewinnung im Kongo

Die Demokratische Republik Kongo fördert etwa 60 % des weltweit eingesetzten Kobalts. Rund 20 % dieser Menge stammen aus dem Kleinbergbau, in dem teilweise Kinder arbeiten. Diese Kinderarbeit ist inakzeptabel und muss bekämpft werden – das steht außer Frage. Wichtig ist jedoch die Einordnung: Kinderarbeit ist ein weltweites Problem, das alle Industriezweige betrifft, nicht nur die Elektromobilität.

Viele Automobilhersteller und Batterieproduzenten haben bereits reagiert. Sie schließen Lieferverträge nur noch mit zertifizierten Minen ab, die Kinderarbeit ausschließen und faire Arbeitsbedingungen garantieren. BMW beispielsweise bezieht Kobalt direkt aus australischen und marokkanischen Minen und umgeht damit die problematischen Handelsstrukturen im Kongo.

Tesla hat angekündigt, langfristig ganz auf kobaltfreie Batterien zu setzen. Die *LFP-Batterietechnologie* (Lithium-Eisenphosphat) kommt bereits heute ohne Kobalt aus und wird in immer mehr Fahrzeugen eingesetzt.

21.6.2 Lithiumgewinnung in Chile

Chile produziert etwa 36 % des weltweit verwendeten Lithiums. Die Gewinnung erfolgt durch Verdunstung aus Grundwasser unter Salzseen in der Atacama-Wüste. Eine typische Produktionsanlage verbraucht täglich etwa 21 Millionen Liter Wasser, das entspricht dem Jahresverbrauch von rund 166.000 Menschen in Deutschland.

Diese Zahl klingt beeindruckend, muss aber in den richtigen Kontext gestellt werden. Die Lithiumgewinnung findet in einer der trockensten Wüsten der Welt statt, wo dieses Wasser ohnehin nicht für die Trinkwasserversorgung genutzt werden kann. Im Gegensatz zum Fracking wird das Wasser nicht mit Chemikalien versetzt und in den Boden gepumpt, es verdunstet schlicht an der Oberfläche.

Abbildung 21.2: Abbau von Lithium in Bolivien

Ein einzelnes Elektroauto benötigt etwa 8 bis 12 kg reines Lithium für seine Batterie. Da Lithium jedoch nicht in reiner Form vorkommt, gewinnen Bergbauunternehmen es als *Lithiumkarbonat* oder *Lithiumhydroxid* aus Salzseen oder Gestein. Für die genannte Menge reines Lithium brauchen Hersteller etwa 20 bis 30 kg Lithiumkarbonat. Die chilenische Jahresproduktion von 14.000 t Lithiumkarbonat würde theoretisch für 280.000 bis 460.000 Elektroautos reichen. Allerdings fließen nur 50 % des weltweit geförderten Lithiums in Fahrzeugbatterien, der Rest landet in Laptops, Smartphones und anderen elektronischen Geräten.

Lithiumgewinnung aus Gestein

Neben der Solegewinnung in Südamerika stammen etwa 60 Prozent des weltweiten Lithiums aus Hartgestein, vor allem aus Australien. Dort bauen Unternehmen das Mineral *Spodumen* im Tagebau ab, dass bis zu 3,7 Prozent Lithium enthält. Nach dem Abbau zerkleinern und trocknen die Betreiber das Gestein, bevor sie es durch magnetische Verfahren konzentrieren. Anschließend erhitzen sie das Konzentrat auf hohe Temperaturen, um das Lithium herauszulösen. Aus diesem Material stellen Raffinerien dann Lithiumkarbonat oder Lithiumhydroxid her, dieselben Endprodukte wie bei der Solegewinnung.

21.6.3 Die Umweltbilanz der Lithiumgewinnung

Die Umweltbilanz beider Verfahren fällt unterschiedlich aus. Der Gesteinsabbau verbraucht deutlich mehr Energie, weil die Hochtemperaturprozesse viel Strom benötigen, der oft aus fossilen Quellen stammt. Außerdem setzt die Verarbeitung mit Schwefelsäure die Umwelt zusätzlich unter Druck. Die Solegewinnung in Chile nutzt dagegen hauptsächlich Sonnenenergie zur Verdunstung und verbraucht weniger Wasser als der Gesteinsabbau. Allerdings besteht bei der Soleförderung das Risiko, dass sich Salzwasser mit Süßwasservorräten vermischt und diese unbrauchbar macht. Unterm Strich erzeugen beide Methoden zwischen fünf und 15 Tonnen CO_2 pro Tonne gewonnenem Lithium.

Um das gedanklich einordnen zu können, sucht man den Vergleich zum Öl. Diese Zahl lässt sich gegenüber Öl allerdings schwer einordnen, weil Lithium in Tonnen gemessen wird, Öl in Barrel, und beide Rohstoffe völlig unterschiedliche Funktionen erfüllen. Ein ungefährer Vergleich gelingt über die Fahrleistung: Um ein Auto 200.000 Kilometer weit zu bewegen, verursacht die Lithiumgewinnung für eine 60-kWh-Batterie etwa 100 Kilogramm CO_2. Die Herstellung von 14.000 Litern Benzin für dieselbe Strecke schlägt dagegen mit 7.000 bis 10.000 Kilogramm CO_2 zu Buche, allein nur für Förderung und Raffinierung, ohne die Verbrennung im Motor. Und auch wenn die Berechnung dieses Vergleichs schwierig ist: Der Faktor liegt etwa bei 70 bis 100: Die Lithiumgewinnung belastet das Klima damit deutlich weniger als die Benzinproduktion für dieselbe Fahrleistung.

Die Umweltrisiken der Lithiumgewinnung bleiben zudem lokal begrenzt: trockene Böden und mögliche Grundwasserkonflikte in Südamerika, feste Abraumhalden in Australien. Die Ölindustrie dagegen hinterlässt regelmäßig ihre Spuren auf mehreren Kontinenten und im Meer. Die beiden Verfahren zur Lithiumgewinnung lassen sich durch erneuerbare Energien und neue Technologien zukünftig noch sauberer gestalten, zudem schließt Recycling den Kreislauf. Bei der Ölförderung existiert diese Option nicht: Was einmal verbrannt wurde, lässt sich nicht zurückholen.

21.6.4 Lieferkettentransparenz und Zertifizierungen

Die Automobilindustrie arbeitet intensiv an transparenteren Lieferketten. Blockchain-Technologien ermöglichen es heute, den Weg von Rohstoffen von der Mine bis ins fertige Fahrzeug nachzuvollziehen. Zertifizierungsprogramme wie die *Responsible Minerals Initiative* schaffen Standards für ethischen Bergbau.

Auch Verbraucher können Einfluss nehmen: Wer beim Autokauf gezielt nach Herstellern fragt, die auf faire Rohstoffgewinnung achten, verstärkt den Marktdruck für bessere Standards. Diese Nachfrage wirkt bereits - immer mehr Unternehmen investieren in nachhaltige Lieferketten.

21.6.5 Entwicklungen zu faireren Rohstoffen

Die Batteriechemie entwickelt sich kontinuierlich weiter. Kobaltfreie Batterien wie *LFP (Lithium-Eisenphosphat)* oder *LMFP (Lithium-Mangan-Eisenphosphat)* kommen bereits heute in Serienfahrzeugen zum Einsatz. Diese Technologien reduzieren die Abhängigkeit von kritischen Rohstoffen erheblich.

Natrium-Ionen-Batterien werden derzeit intensiv von der Forschung entwickelt und könnten mittelfristig sogar das seltene Lithium ersetzen. Natrium ist in unbegrenzten Mengen verfügbar - schließlich ist es der Hauptbestandteil von Kochsalz.

21.6.6 Ein Vergleich mit den Umweltauswirkungen der konventionellen Autoherstellung

Ein fairer Vergleich muss die gesamte Wertschöpfungskette betrachten. Die Ölindustrie baut seit Jahrzehnten in politisch instabilen Regionen ab, finanziert Kriege und Diktaturen und verursacht massive Umweltschäden. Die Raffinierung von Rohöl zu Kraftstoffen erfordert enorme Mengen an Energie und Wasser, denn in Erdöl-Raffinerien wird Kobalt in Katalysatoren eingesetzt, um Schweröl aufzuspalten und zu entschwefeln. Beim sogenannten *Hydrotreating* kommen CoMo-Katalysatoren (Kobalt-Molybdän) zum Einsatz, die schwere Erdölfraktionen in Benzin und Diesel umwandeln und gleichzeitig den Schwefel entfernen.

Hinzu kommt dann noch der Transport: Tanker bringen Öl über die Weltmeere, Pipelines durchziehen ganze Kontinente, und Tanklastzüge verteilen Kraftstoffe zu den Tankstellen. Diese Infrastruktur verursacht kontinuierliche Umweltbelastungen, von Leckagen bis zu Unfällen.

Im Vergleich dazu transportieren Stromtrassen Elektrizität lautlos, sauber und ohne Schadstoffe. Die Infrastruktur zur Verteilung von Strom besteht bereits, weil Strom schon heute unsere zweitwichtigste Energiequelle darstellt. Der Ausbau für E-Autos läuft im Rahmen der normalen jährlichen Erweiterungen und Investitionen. E.on berechnete die notwendigen Investitionen für den Netzausbau bis 2045 auf 2,5 Milliarden Euro. Bei bereits laufenden jährlichen Investitionen von einer Milliarde Euro stellt das einen überschaubaren Zusatzaufwand dar (siehe Abschnitt 19.8.2 für mehr Informationen dazu).

21.7 Der Rebound-Effekt und die Mobilitätswende

Der *Rebound-Effekt* beschreibt ein paradoxes Phänomen: Wenn eine Technologie effizienter und günstiger wird, steigt oft der Gesamtverbrauch. Bei Elektroautos kann dies bedeuten, dass Menschen häufiger Auto fahren, weil die Betriebskosten niedriger sind. Bei 30.000 km Jahresfahrleistung kann der Wechsel von einem Mittelklasse-Verbrenner zu einem vergleichbaren Elektroauto Einsparungen von rund 200 € pro Monat bringen.

Dieser finanzielle Vorteil könnte dazu führen, dass Menschen weniger überlegt ins Auto steigen und dadurch insgesamt mehr fahren. Obwohl der Ressourcenverbrauch pro Kilometer geringer ist, steigt er in der Summe möglicherweise an.

Die wahre Mobilitätswende erfordert daher mehr als nur den Wechsel der Antriebstechnologie. Sie braucht ein Umdenken in der Verkehrsplanung: mehr öffentliche Verkehrsmittel, bessere Radwege, kompakte Städte mit kurzen Wegen. Elektroautos sind ein wichtiger Baustein dieser Wende, aber nicht die Komplettlösung.

Kapitel 22
Die Zukunft der Elektromobilität

Die Elektromobilität in Europa entwickelt sich anders als in Asien: langsamer, zögerlicher und stärker gebremst durch Lobbyarbeit und politische Rücksichtnahme. Trotzdem gibt es Fortschritte: Die Ladeinfrastruktur wächst, Batteriepreise sinken, und die Modellvielfalt steigt. In diesem Kapitel erfahren Sie, welche technologischen Trends auch uns erreichen und was auf Sie zukommt.

22.1 Kommende Batterietechnologien mit reduziertem Rohstoffbedarf

Die Batterieforschung arbeitet an neuen Ansätzen. Feststoffbatterien gelten als Heiliger Gral der Energiespeicherung: Sie sollen höhere Energiedichten erreichen, schneller laden und sicherer sein als heutige Lithium-Ionen-Batterien. Allerdings befinden sich diese Technologien noch im Laborstadium.

Realistischer ist die Weiterentwicklung bewährter Chemie. *LFP-Batterien (Lithium-Eisenphosphat)* kommen bereits ohne Kobalt aus und werden in immer mehr Fahrzeugen eingesetzt. *LMFP-Batterien (Lithium-Mangan-Eisenphosphat)* bieten höhere Energiedichten bei ähnlicher Rohstoffsicherheit.

Natrium-Ionen-Batterien stehen vor der Marktreife. Sie nutzen das in Meerwasser unbegrenzt verfügbare Natrium anstelle des seltenen Lithiums. Chinesische Hersteller wie CATL haben bereits erste Serienprodukte angekündigt.

22.2 Entwicklung der Ladeinfrastruktur

In Deutschland ist das öffentliche Ladenetz in den letzten Jahren deutlich gewachsen: Wurden 2020 noch rund 40.000 öffentliche Ladepunkte gezählt, waren es Ende 2025 bereits über 180.000. Die Bundesregierung hat sich zum Ziel gesetzt, bis 2030 rund eine Million öffentliche Ladepunkte zu schaffen. Das ist eine ambitionierte Zahl, aber mit der aktuellen Ausbau-Dynamik erreichbar. Entscheidend ist nicht nur die Quantität, sondern auch die Qualität. Schnellladestationen mit 350-kW-Leistung verkürzen Ladezeiten auf wenige Minuten. Intelligente Lademanagementsysteme verteilen die verfügbare Netzkapazität optimal und vermeiden Lastspitzen.

Lademanagement-Systeme für Garagen

Für Privathaushalte und Mehrfamilienhäuser entwickeln sich smarte Lösungen. Dynamische Lastverteilung sorgt dafür, dass mehrere Elektroautos gleichzeitig laden können, ohne die Hausinstallation zu überlasten. Solar-optimiertes Laden nutzt überschüssigen Photovoltaikstrom und reduziert die Stromkosten.

Vehicle-to-Home (V2H) und *Vehicle-to-Grid (V2G)* machen das Elektroauto zum mobilen Energiespeicher. Künftige Fahrzeuge können Strom ins Hausnetz oder ins öffentliche Netz zurückspeisen und so bei Stromausfällen oder Lastspitzen helfen.

22.3 Recycling und Kreislaufwirtschaft

Das *Batterierecycling* entwickelt sich zu einem wichtigen Industriezweig. Unternehmen wie *Fortum* in Finnland recyceln bereits heute über 80 % der Batteriematerialien mit hydrometallurgischen Verfahren. Kobalt, Nickel, Mangan und Lithium werden zurückgewonnen und für neue Batterien verwendet.

In Deutschland etablieren sich Recyclingunternehmen wie beispielsweise *Duesenfeld* in der Nähe des Volkswagen-Werks in Braunschweig. Verschiedene andere Firmen arbeiten mit Automobilherstellern an einer kompletten Wertschöpfungskette für Batteriezellen, vom Recycling bis zur Neufertigung.

Second-Life-Anwendungen können die Nutzungsdauer von Autobatterien verlängern. Selbst wenn eine Batterie für den Fahrzeugbetrieb nicht mehr ausreicht, sind oft noch über 70 % ihrer ursprünglichen Kapazität vorhanden. Oft können diese Batterien eine neue Verwendung als stationäre Speicher für Solaranlagen oder Ladesäulen finden.

Die EU plant schärfere Recyclingquoten. Bis 2030 müssen 70 % der Batteriematerialien recycelt werden. China hat bereits heute eine gesetzliche Rücknahmepflicht für Elektroauto-Batterien - ein Modell, das auch in Europa Schule machen könnte.

22.4 Integration ins Stromnetz

Elektroautos werden zu rollenden Kraftwerken. Millionen von Fahrzeugbatterien können als dezentrale Energiespeicher das Stromnetz stabilisieren. Bei Windstille und bewölktem Himmel geben sie Strom ab, bei Überschuss nehmen sie Energie auf.

Diese bidirektionale Kopplung erfordert intelligente Netze (*Smart Grids*) und standardisierte Kommunikationsprotokolle. Die ISO-Norm 15118 definiert bereits die Schnittstellen zwischen Fahrzeug und Ladesäule. Künftige Entwicklungen werden diese Standards erweitern und automatisierte Energiehandelssysteme ermöglichen.

Dabei können Tausende von Elektroautos zu virtuellen Kraftwerken gebündelt werden. Diese Pools können am Energiemarkt handeln und zur Netzstabilität beitragen – ein neues Geschäftsmodell, das Fahrzeughaltern zusätzliche Einnahmen ermöglichen könnte.

22.5 Politische und gesellschaftliche Perspektiven

Die Politik vieler EU-Länder fördert die Elektromobilität intensiv. In Norwegen führte diese Strategie bereits de facto dazu, dass Neuwagen mit Verbrennungsmotor kaum noch eine Rolle spielen, obwohl ein gesetzliches vollständiges Verbot noch nicht gilt.

Auf EU-Ebene wurde im Frühjahr 2023 eine Verordnung beschlossen, nach der ab 2035 neue Personenkraftwagen und leichte Nutzfahrzeuge in der EU ohne CO_2-Emissionen ausgeliefert werden sollen. Das hätte praktisch einem Verbot von Neuwagen mit Verbrennungsmotor entsprochen. Im Dezember 2025 legte die EU-Kommission jedoch einen Vorschlag zur Aufweichung dieser Regelung vor. Nach dem neuen Plan müssen die CO_2-Flottenemissionen ab 2035 nur noch um 90 Prozent sinken statt um 100 Prozent.

Das bedeutet: Hybridfahrzeuge, Plug-in-Hybride, Range Extender und klassische Verbrenner dürften nach 2035 weiterhin neu zugelassen werden, allerdings unter strengen Auflagen. Hersteller müssten die verbleibenden zehn Prozent der Emissionen kompensieren, etwa durch den Einsatz von in der EU produziertem, CO_2-armem Stahl oder durch klimaneutrale Kraftstoffe wie E-Fuels oder Biokraftstoffe. Der Vorschlag muss noch vom EU-Parlament und vom Rat der EU-Mitgliedstaaten genehmigt werden. Die Verhandlungen dürften mehrere Monate dauern, zudem gibt es bereits Widerstand aus mehreren Mitgliedstaaten, darunter Frankreich.

All diese Zeitpläne bedeuten: Die nächsten zehn bis fünfzehn Jahre werden die Transformation zur E-Mobilität deutlich sichtbar machen. Wer heute noch über den Sinn der Elektromobilität diskutiert, verpasst möglicherweise den Anschluss. Die gesellschaftliche Akzeptanz steigt kontinuierlich. Studien zeigen: Kaum jemand, der auf ein Elektroauto umgestiegen ist, kehrt freiwillig zum Verbrenner zurück. Elektroauto-Fahrer weisen einen messbar reduzierten Stresspegel auf – vermutlich aufgrund der geringeren Lärmbelastung und des entspannteren Fahrverhaltens.

Die nächste Generation wächst bereits mit Elektromobilität auf. Für diese jungen Menschen wird das leise, lokal emissionsfreie Fahren zur Normalität – der röhrende Verbrennungsmotor wird zum Relikt vergangener Zeiten.

Die Elektromobilität steht nicht mehr zur Diskussion, sondern ist technische und gesellschaftliche Realität geworden. Die verbleibenden Herausforderungen – von der Rohstoffgewinnung bis zur Netzintegration – sind lösbar und werden bereits angegangen. Die Zukunft der Mobilität ist elektrisch.

Kapitel 23
Gestern, heute, morgen

Als ich für dieses Buch recherchierte, bemerkte ich, wie viel sich in den letzten Jahren getan hatte. Seitdem ich das erste Mal für dieses Thema recherchiert habe, hat sich so unendlich viel verändert. Manche Entwicklung hätte ich niemals so vorhergesehen. Besonders überraschte mich, wie weit sich die E-Mobilität in verschiedenen Weltregionen unterschiedlich entwickelt hat. Deshalb hätte ich beispielsweise nie den kompletten Austausch der Traktionsbatterien während einer Pause – damit meine ich den Tausch einer leergefahrenen Batterie gegen eine vollgeladene Batterie *on-the-go* – für möglich gehalten.

Austauschbare Batterien

Ich habe bewusst auf eine ausführliche Darstellung der Batteriewechsel-Technologie von Nio verzichtet, ebenso wie auf ein paar andere technologische Möglichkeiten, die in anderen Ländern längst Alltag, aber bei uns nicht flächendeckend verfügbar sind. Denn in Deutschland gibt es derzeit nur 20 solcher Batterie-Wechselstationen, in ganz Europa 60. Ehrlich gesagt fehlt uns hier schlicht die Erfahrung mit manchen Technologien, um uns ein fundiertes Urteil darüber zu erlauben.

Trotzdem schauen wir jetzt einmal über den Tellerrand und damit auf dem größten Automarkt der Welt: China. Nicht, weil Sie dort kaufen sollen. Sondern weil Sie verstehen sollten, was technisch bereits funktioniert und wohin sich der Markt entwickelt.

Abbildung 23.1: Ein Ladeplatz im Parkhaus eines Einkaufzentrums auf den Philippinen

Bleiben wir beim vorherigen Beispiel: Nio betreibt in China über 3.400 Batteriewechselstationen, davon 1.000 direkt an Autobahnen. Sie können dort in fünf Minuten eine leere gegen eine volle Batterie tauschen, während Sie hierzulande nach wie vor noch nach der nächsten Schnellladestation suchen. Ich schreibe die Zahl noch mal ganz langsam und deutlich: **dreitausendvierhundert!**

Diese Diskrepanz zeigt eine größere Entwicklung. Der globale E-Auto-Markt hat sich schneller verändert, als viele erwartet hatten. Wer heute ein Elektroauto kauft, sollte verstehen, woher die Innovationen kommen und was das für die Auswahl bedeutet.

23.1 Die Zahlen: Eine stille Verschiebung

Zahlen erzählen manchmal die klarste Geschichte. Sehen Sie sich diese Entwicklung in China an, dem größten Automarkt der Welt:

- **2019:** Chinesische Hersteller hatten rund 40 % Marktanteil im eigenen Land. Deutsche Premiummarken kamen zusammen auf etwa 25 %.
- **2022:** Der heimische Marktanteil chinesischer Hersteller stieg auf 46 %. Die deutschen Marken fielen auf rund 20 %.
- **2023:** BYD löste Volkswagen als meistverkaufte Marke ab. Chinesische Hersteller erreichten 50 %.
- **2024:** Im August markierten einheimische Marken in China einen Rekord von 62 %. Deutsche Hersteller rutschten unter 15 %.

Diese Verschiebung passierte nicht über Nacht. Sie begann schleichend während der Corona-Pandemie, als chinesische Hersteller die Zeit nutzten, um technologisch aufzuholen. Was folgte, war ein Wendepunkt. BYD verkaufte allein im September 2024 fast 418.000 Fahrzeuge, ein Plus von 45 % gegenüber dem Vorjahr. Tesla steigerte seinen Absatz in China um 66 % auf 72.000 Autos. Im gleichen Monat verlor BMW fast 30 % und Mercedes 13 %.

Warum ist das relevant für Ihr Kaufverhalten in Deutschland?

China ist der größte Automarkt der Welt. Was dort nachgefragt wird, beeinflusst die Entwicklungsprioritäten aller Hersteller. Technologien, die sich dort durchsetzen, kommen später auch zu uns. Diese Entwicklung zu kennen, hilft Ihnen, zukünftige Trends einzuschätzen und den Verlust an Momentum und Bedeutung unserer hiesigen Autoindustrie einschätzen zu können.

23.2 Die Informationslücke: Was Sie nicht erfahren sollen

Um zu erfassen, wie sich die Elektromobilität in den nächsten Jahren entwickeln wird, hilft der Blick über den Tellerrand sehr. Natürlich ist es für uns entscheidend, was in Deutschland passiert, aber wir können viel davon lernen, wie der Rest der Welt mit diesem Thema umgeht. Allen voran China zeigt, was schon *heute* technisch möglich ist. Aus der räumlichen Distanz – China ist ja weit weg, Entwicklungen dort können nicht einfach auf unsere Situation übertragen werden – wird so ganz schnell eine zeitliche Diskrepanz. Man hat das Gefühl, dass in manchen Teilen der Welt die Uhren schneller laufen. Drei Zeitebenen existieren gleichzeitig und zeigen, wie unterschiedlich die Welt auf die Elektromobilität blickt:

- **Gestern** ist dort, wo Teile Deutschlands noch immer stehen. Wir diskutieren 2025 über E-Fuels, über die angebliche Überlegenheit des Verbrenners und darüber, ob Elektroautos überhaupt eine Zukunft haben. Zeitungen drucken Artikel über explodierende Elektroautos in Tiefgaragen, Automobilclubs warnen vor mangelnder Reichweite und Talkshows laden Experten ein, die erklären, warum der Verbrenner noch Jahrzehnte bleiben wird. Diese Debatten laufen parallel zu einer Realität, in der bereits Millionen Menschen elektrisch fahren.
- **Heute** läuft in China. Dort fahren Menschen Elektroautos, die technisch so weit voraus sind, dass ein direkter Vergleich peinlich wird. Mit 3.400 Batteriewechselstationen, mit riesigen Ladeparks, ganzen Taxiflotten von BYD, die rein elektrisch unterwegs sind, mit Software, die monatlich Updates bekommt, und mit Preisen, die unter denen von Verbrennern liegen. Die Debatte dort ist beendet. Man fährt elektrisch, weil es praktischer ist.
- **Morgen** entscheidet sich daran, wann wir erkennen, was technisch längst möglich ist.

23.2.1 Drei Märkte, drei Realitäten

China ist uns in der E-Auto-Technologie voraus. Aber bevor Sie daraus Schlüsse für Deutschland ziehen: Die drei großen Automärkte – USA, Europa und China – funktionieren so grundlegend anders, dass ein direkter Vergleich kompliziert ist.

- In den **USA** ist Benzin günstig, die Entfernungen sind riesig, und die Ladeinfrastruktur ist schwächer als in Europa. Kulturell spielt das eigene Auto eine andere Rolle. Pick-up-Trucks dominieren. Der E-Auto-Anteil lag 2025 bei etwa 8 %, mit den Hybriden bei etwa 20 %. Die USA sind langsam, aber nicht, weil die Technologie nicht funktioniert, sondern weil die Rahmenbedingungen anders sind.
- In **Europa** haben wir eine dichte Ladeinfrastruktur in Ballungsräumen, hohe Spritpreise und politischen Druck in Richtung Klimaschutz. Norwegen fährt insgesamt zu 97 % elektrisch, Deutschland zu etwa 28 %. Europa ist fragmentiert, aber insgesamt fährt man schon zu über der Hälfte mit elektrifizierten Fahrzeugen. In manchen Ländern funktioniert E-Mobilität also bereits, in anderen stockt sie noch etwas.
- In **China** fördert die Regierung massiv den Umstieg auf die E-Mobilität. Die Luftqualität in Städten ist ein Riesenthema, und heimische Hersteller dominieren mit günstigen Fahrzeugen. Der E-Auto-Anteil lag 2024 bei 25 % reinen Elektroautos, zusammen mit Plug-in-Hybriden bei 48 %. China ist schnell, weil die Regierung es will und die Industrie liefert.

Diese Unterschiede erklären, warum Sie keine einfachen Schlüsse ziehen können. »In China funktioniert es« heißt nicht automatisch »in Deutschland funktioniert es genauso«. Und »in den USA stockt es« heißt nicht »die Technologie taugt nichts«.

23.2.2 Was das für Sie bedeutet

Die klassischen Bedenken gegen E-Autos – zu teuer, zu unpraktisch, zu geringe Reichweite – gelten technisch längst als überwunden. Das beweist China. Das beweisen auch die 26 wissenschaftlichen Studien vom ifeu-Institut, von Fraunhofer, vom VDI, auf die sich meine Aussagen in diesem Buch stützen. Das sind deutsche Forschungsinstitute, deren Methodik Sie selbst prüfen können.

Wenn Sie heute ein E-Auto kaufen, kaufen Sie keine »unreife Technologie«. Sie kaufen etwas, das anderswo bereits Massenmarkt ist. Ja, in Deutschland fehlt noch Infrastruktur. Ja, die Preise für ein E-Auto sind meist höher. Aber die Technologie selbst ist ausgereift.

Solange Sie glauben, E-Autos seien grundsätzlich unpraktisch, werden Sie keins kaufen. Solange Sie denken, chinesische Entwicklungen seien für Deutschland irrelevant, übersehen Sie, was technisch möglich ist. Und solange Sie nicht wissen, dass die Wissenschaft eindeutig ist, akzeptieren Sie Argumente, die längst widerlegt sind.

Ich zeige Ihnen diese globale Perspektive, damit Sie verstehen: Die Kinderkrankheiten sind überwunden. Batterien halten länger als Autos. Das Stromnetz verkraftet Millionen E-Autos. Die Klimabilanz ist besser als beim Verbrenner. Das sind Fakten, keine Meinungen.

Was Sie damit machen, liegt bei Ihnen. Vielleicht kaufen Sie trotzdem noch einen Verbrenner, aus guten Gründen. Aber dann wissen Sie, worauf Sie verzichten und worauf Sie sich einlassen.

Solange wir im Gestern verharren, werden andere das Morgen gestalten.

23.3 Technologie im Praxistest: Was heute möglich ist

Lassen Sie mich Ihnen keine Wertung aufdrücken. Ich zeige Ihnen einfach, was verschiedene Fahrzeuge heute leisten. Ziehen Sie Ihre eigenen Schlüsse daraus.

23.3.1 Software und Updates

Chinesische Hersteller veröffentlichten zwischen März 2023 und Februar 2024 durchschnittlich 40 Over-the-Air-Updates pro Fahrzeug. Traditionelle westliche Hersteller schafften im gleichen Zeitraum zwei Updates.

Was bedeutet das konkret? Ein Nio-Fahrer bekommt jeden Monat neue Funktionen, Verbesserungen der Reichweite oder optimierte Assistenzsysteme. Ein BMW-Fahrer erhält alle sechs Monate ein größeres Update.

Viele Updates bedeuten nicht automatisch »besser«. Manche Käufer schätzen ständige Verbesserungen, andere bevorzugen wenig Veränderung. Entscheidend ist: Die Fähigkeit zu häufigen und stabilen Updates zeigt, dass Software-Entwicklung dort ernst genommen wird und funktioniert.

23.3.2 Integration und Alltag

In China entwickelte Fahrzeuge integrieren Apps wie WeChat, Zahlungssysteme und Smart-Home-Steuerung direkt ins Infotainment. Sie bezahlen Parkgebühren über das Auto-Display, steuern Ihre Klimaanlage zu Hause vom Fahrersitz aus oder können sich und den Kindern per Karaoke-Funktion die Fahrt fröhlicher gestalten.

Westliche Hersteller setzen dagegen auf Apple CarPlay und Android Auto als Brückenlösung. Das funktioniert, verschiebt aber die Innovation auf die Smartphone-Hersteller. Und die Smartphones sammeln dabei fleißig unsere Daten, die dann in der Cloud landen.

23.3.3 Lade-Geschwindigkeit

Sie möchten die Batterie nicht wechseln? Dann betrachten wir das Schnellladen: Der Xpeng G6 lädt mit 280 kW von 10 auf 80 % in 20 Minuten. Der Hyundai Ioniq 5 schafft ähnliche Werte mit 230 kW. Der Mercedes EQE kommt auf 170 kW, lädt also deutlich langsamer.

Die Ladegeschwindigkeit entscheidet auf Langstrecken über entspannte oder gestresste Pausen. Je schneller Sie laden, desto weniger Zeit verlieren Sie unterwegs.

23.3.4 Trickle-Down – Technologie-Transfer nach unten

Bevor Sie jetzt denken, das alles gelte nur für teure Oberklasse-Modelle: Die Technologie wandert in China extrem schnell nach unten. Was heute im Nio ET9 für 100.000 € verbaut ist, findet sich zwei Jahre später im BYD Dolphin für 30.000 €. Over-the-Air-Updates, Sprachsteuerung und App-Integration sind längst kein Luxus mehr, sondern Standard, selbst in Einstiegsmodellen. Der Xiaomi SU7 kostet in der Basisversion etwa 28.000 Dollar und bietet Features, für die Sie in Deutschland ein Premiumfahrzeug kaufen müssten. In China funktioniert der Trickle-Down-Effekt bei Technologie deutlich schneller als bei uns, weil der Wettbewerb härter ist und die Margen niedriger sind. Was sich nicht in der Mittelklasse verkaufen lässt, überlebt nicht lange.

Preis-Leistung: Vier Beispiele

Hier sind vier aktuelle Modelle mit vergleichbaren Eckdaten. Keine Bewertung, nur Fakten:

- **BYD Seal**

  41.990 € | 570 km Reichweite | 313 PS | 82,5-kWh-Batterie | LFP-Technologie (verträgt häufiges Vollladen ohne Degradation)
- **Tesla Model 3 Performance**

  54.990 € | 528 km Reichweite | 460 PS | 78-kWh-Batterie | Zugang zum Supercharger-Netz
- **BMW i4 eDrive40**

  59.950 € | 590 km Reichweite | 340 PS | 83,9-kWh-Batterie | BMW Operating System 8, dichtes Servicenetz
- **Nio ET5 (in China)**

  Umgerechnet 28.000 € | 560 km Reichweite | 490 PS | 100-kWh-Batterie im Abo | Batteriewechsel in 5 Minuten, KI-Assistent, begrüßt die Kinder mit ihren Namen

  Der Nio ET5 zeigt, warum chinesische Käufer heute anders entscheiden als vor fünf Jahren. Für weniger als den halben Preis eines BMW bekommen sie mehr Leistung, vergleichbare Reichweite und Technologie, die sich persönlicher anfühlt.

Drei Beispiele zeigen, wie sich Erwartungen ändern:

1. Eine chinesische Familie wechselte vom Porsche Taycan zum Nio ET5 – nicht wegen des Preises allein, sondern weil die Software besser funktionierte und das Auto die Kinder mit Namen begrüßt.
2. Ein Geschäftsmann tauschte seinen Audi A6 gegen einen Xiaomi SU7. Für ihn signalisiert das Auto nicht mehr Tradition, sondern technologische Kompetenz.
3. Ein Manager eines deutschen Autobauers besuchte 2023 die *Auto Shanghai*, die wichtigste Automesse Asiens. Er bekam den Auftrag, ein »zukunftsfähiges Betriebssystem« für sein Unternehmen zu konzipieren. Er sollte aufschreiben, welche Features ein modernes Auto heute braucht.

   Er notierte: Sprachsteuerung, die wirklich funktioniert. Apps für Messaging und Bezahlung. Over-the-Air-Updates für alle Systeme. Personalisierung des Innenraums basierend auf dem Fahrerprofil. Integration von Smart-Home-Geräten. Dann schaute er sich um. Alles, was auf seiner Liste stand, war in chinesischen Fahrzeugen bereits Serie. Seine Wunschliste war eine exakte Kopie dessen, was BYD, Nio und Xpeng schon seit Monaten anboten. Sein ernüchternder Kommentar: »Wir haben den vollen Kreis geschlossen. Früher kopierten die Chinesen von uns. Jetzt kopieren wir von ihnen.«

Diese Geschichten zeigen keine Überlegenheit. Sie zeigen einen Markt, der andere Prioritäten setzt: Software vor Verarbeitung, Features vor Marke, Innovation vor Tradition. Ob das besser ist, entscheiden Sie selbst.

23.3.5 Die nächste Generation entscheidet

Falls Sie jetzt denken, dass diese veränderten Erwartungen nur in China gelten und kulturell bedingt sind: Schauen Sie sich an, wie die Generation Z in Deutschland über Autos denkt.

Für Menschen, die mit Smartphones aufgewachsen sind, ist ein Auto ohne Over-the-Air-Updates genauso veraltet wie ein Computer ohne Internet. Sie erwarten nahtlose Integration ihrer Apps, intuitive Bedienung und ständige Verbesserungen durch Software-Updates. »Deutsche Wertarbeit« mit präzisen Spaltmaßen und sattem Türenschließen beeindruckt sie nicht, wenn die Benutzeroberfläche hakelt und die Sprachsteuerung versagt.

Der Unterschied zwischen China und Deutschland ist nicht, dass die Menschen dort anders denken. Der Unterschied ist, dass der chinesische Automarkt jünger ist und diese Generation dort bereits die Kaufentscheidungen prägt. In Deutschland kaufen Menschen, die durchschnittlich 55 Jahre alt sind, Neuwagen. Das ist eine Generation, für die Motorklang und Verarbeitung noch wichtiger sind als Software.

Aber auch das ändert sich. In zehn Jahren werden die heute 25-Jährigen Neuwagen kaufen. Und ihre Prioritäten ähneln denen chinesischer Käufer mehr, als deutsche Hersteller möglicherweise wahrhaben wollen.

Die Zukunft kommt aus China: Was die nächsten Jahre bringen

Durch den Technologietransfer von Asien nach Europa zeichnen sich drei Trends ab, die den Markt prägen werden:

- **Festkörper-Batterien:** CATL und BYD testen bereits Prototypen. Der Serienstart wird um 2028 erwartet. Diese Batterien versprechen 10 bis 30 % mehr Reichweite, schnelleres Laden und höhere Sicherheit durch den festen Elektrolyten.
- **KI im Auto:** Chinesische Hersteller integrieren ChatGPT-ähnliche Systeme. Sie beantworten Fragen, schlagen Restaurants vor oder ändern die Klimaeinstellungen basierend auf Ihren Gewohnheiten. Diese Funktionen klingen nach Spielerei, bis Sie sie nutzen. Dann werden sie schnell zur Selbstverständlichkeit.
- **Autonomes Fahren:** Level 3 und 4 sind in China weiter verbreitet als in Europa. Die rechtlichen Rahmenbedingungen erlauben mehr Tests, die Datenmengen sind größer, die Entwicklung schreitet schneller voran.

23.4 Können unseren hiesigen Autobauer weitermachen wie bisher?

Die Automobilindustrie erlebt ihre größte Transformation seit der Erfindung des Fließbandes. Jahrzehntelang definierte Europa, was ein gutes Auto ausmacht: Verarbeitung, Fahrwerk, Motorleistung. Diese Maßstäbe verschieben sich jetzt, nicht weil europäische Ingenieure schlechter geworden wären, sondern weil andere Märkte andere Prioritäten setzen.

Für Sie als Käufer bedeutet das: mehr Auswahl, mehr Innovation, steilerer Preisverfall bei Neufahrzeugen. Die Marke auf der Motorhaube sagt weniger über Qualität aus als noch vor zehn Jahren. Ein MG oder BYD kann heute technisch mit einem VW mithalten, ihn manchmal sogar übertreffen.

Was zählt, ist Ihre persönliche Situation. Wie oft fahren Sie Langstrecken? Wie wichtig ist Ihnen Software-Integration? Wie sehr verlassen Sie sich auf ein dichtes Servicenetz? Kaufen Sie nach Marke oder nach Funktion?

Die nächsten Jahre werden spannend. Wer heute ein Elektroauto kauft, sollte mit offenem Blick vergleichen, ohne Vorurteile gegenüber neuen Namen, aber auch ohne naive Technikbegeisterung. Prüfen Sie gründlich, vergleichen Sie ehrlich, und entscheiden Sie dann nach Ihren Bedürfnissen.

23.4.1 Wie westliche Hersteller reagieren

Wichtig ist mir aber auch zu betonen, dass die deutschen Autobauer nicht tatenlos herumsitzen. Sie reagieren mit drei parallelen Strategien. Ob diese Strategien erfolgreich sein werden, kann heute niemand sagen. Aber die Richtung ist klar.

Strategie 1: Radikale Lokalisierung

Audi verzichtet in China auf die traditionellen vier Ringe. Der neue *E5 Sportback* trägt nur den Schriftzug *AUDI* in Großbuchstaben. Das Auto ist eine Gemeinschaftsentwicklung mit dem chinesischen Staatskonzern SAIC, wird komplett in China entwickelt und gebaut. Einstiegspreis: umgerechnet 28.000 €. Innerhalb von 30 Minuten nach Verkaufsstart gingen 10.000 Vorbestellungen ein.

Volkswagen folgt demselben Weg. Das Unternehmen baut für 2,5 Milliarden Euro ein neues Werk in Anhui. VW kooperiert mit Xpeng für die Entwicklung neuer Elektrofahrzeuge. Deutsche Ingenieure erhielten intern eine klare Ansage: zuschauen und lernen.

BMW investierte 2,5 Milliarden Euro in sein Werk in Shenyang und übernahm den Joint-Venture-Partner Brilliance komplett. Die »Neue Klasse«, BMWs Hoffnungsträger für die Elektromobilität, soll auch in China produziert werden.

Mercedes eröffnete einen Software-Hub in Shanghai. Chef Ola Källenius sagte auf der Automesse in Peking: »Wenn der chinesische Kunde im Auto Karaoke singen will, dann bekommt er das von uns.«

Strategie 2: Preisnachlässe

Mercedes senkte den Preis für den EQS in China um über 30.000 €. Porsche und BMW gewähren Rabatte von teilweise 20 bis 30 % des Listenpreises auf elektrische Modelle.

Preisnachlässe lösen das Kernproblem nicht. Sie zeigen aber: Die alten Margen zu erwarten, funktioniert nicht mehr. Der Preiskampf tobt.

Strategie 3: Technologie-Partnerschaften

VW gründete ein Joint Venture mit Horizon Robotics, einem auf künstliche Intelligenz spezialisierten Unternehmen. Mercedes arbeitet mit Nvidia zusammen, BMW mit Qualcomm. Beide Kooperationen zielen darauf ab, die Software-Kompetenz zu erhöhen.

Diese Strategien zeigen Anpassungsfähigkeit an einen Markt, der sich schneller verändert als erwartet. Deutsche Ingenieure bauen nach wie vor hervorragende Fahrwerke, leise Innenräume und präzise Lenkungen. Diese Stärken reichen aber nicht mehr aus, wenn Software, Konnektivität und Preis zu entscheidenden Kaufkriterien werden.

23.5 Was das für Sie als deutschen Käufer bedeutet

Diese globalen Entwicklungen klingen weit weg. Sie betreffen Sie aber direkt, auf drei Arten:

1. **Chinesische Marken kommen nach Deutschland**

   MG verkaufte 2024 über 49.000 Fahrzeuge in Deutschland. Das ist mehr, als manche etablierte europäische Marke verkaufte. BYD, Nio und Xpeng bauen ihre Händlernetze aus. Die Preise liegen 20 bis 40 % unter vergleichbaren europäischen Modellen bei ähnlicher oder besserer Ausstattung. Als Antwort darauf hat die EU-Einfuhrzölle eingeführt, die diesen Preisvorteil größtenteils ausgleichen sollen.

   Der BYD Seal kostet 41.990 €, bietet 570 km Reichweite und 313 PS. Ein vergleichbarer BMW i4 kostet 59.950 €. Die Qualität stimmt: Der BYD-Seal erhielt im Euro-NCAP-Crashtest fünf Sterne, ebenso wie der MG4 und der Nio ET7.

2. **Die Innovation kommt aus dem Osten**

   Features wie 1000-Volt-Technik, ultraschnelles Laden oder KI-gestützte Assistenzsysteme kommen heute zuerst in chinesischen Fahrzeugen auf den Markt. Europäische Hersteller ziehen nach, aber mit Verzögerung.

Hier noch mal das Batteriewechselsystem von Nio als Beispiel: Über 3.400 Stationen in China machen es praktikabel. In Deutschland existieren 20 Stationen, zu wenig für echte Relevanz. Aber die Technologie funktioniert, und sie zeigt, was möglich ist, wenn ein Hersteller radikal neu denkt. (Der Nio lässt sich übrigens auch ganz normal an einem Schnelllader laden, man muss die Batterie nicht tauschen, wenn man nicht möchte.)

3. **Die Kritikpunkte sind real, aber wie lange noch?**

   Chinesische Marken haben in Deutschland noch Schwächen. Das Händlernetz ist dünn. Ersatzteile brauchen manchmal länger. Der Wiederverkaufswert ist ungewiss, einfach weil die Marken noch nicht lange genug auf dem hiesigen Markt sind und der hiesige Käufer sehr konservativ ist.

   Auch die Bedienung wirkt manchmal gewöhnungsbedürftig, besonders für Menschen, die jahrelang BMW oder Mercedes gefahren sind. Manche Menüs wirken überladen, manche Funktionen erscheinen nicht intuitiv. Aber vieles davon beruht auf Gewohnheit.

   Diese Kritikpunkte sind berechtigt und sollten in Ihre Kaufentscheidung einfließen. Aber sie sollten Sie nicht blind machen für die Tatsache, dass die Qualität massiv gestiegen ist und die Technik in vielen Bereichen führend ist.

Kapitel 24
Danke fürs Lesen

Sie haben es geschafft. Sie wissen jetzt mehr über Elektroautos als die meisten Menschen um Sie herum.

Dieses Wissen gibt Ihnen etwas Wertvolles: Wahlfreiheit. Sie können jetzt fundiert entscheiden, ob ein Elektroauto zu Ihrem Leben passt, welches Modell Ihre Bedürfnisse erfüllt und wann der richtige Zeitpunkt für den Umstieg ist. Niemand kann Ihnen mehr erzählen, dass Elektroautos unpraktisch sind, pauschal zu teuer sind oder keine Zukunft haben. Sie kennen die Fakten.

Die Mobilitätswende passiert. In manchen Ländern passiert sie schneller, in anderen langsamer, aber sie passiert. Wer heute informiert ist, trifft bessere Entscheidungen als derjenige, der auf Schlagzeilen vertraut.

Danke, dass Sie mir Ihre Zeit geschenkt haben. Ich hoffe, dieses Buch hilft Ihnen bei Ihrer nächsten Kaufentscheidung für ein E-Auto oder zumindest bei der nächsten Diskussion darüber.

Dieses Buch wäre nicht entstanden ohne Menschen, die mir geholfen haben, es besser zu machen. Meinen Lektoren Ariane Podacker und Christoph Meister haben aus meinem Manuskript ein lesbares Buch gemacht. Jeder gute Satz in diesem Buch ist auch ihr Verdienst. Frau Daenecke hat als Korrektorin dafür gesorgt, dass Sie nicht über Tippfehler stolpern. Ihre Präzision und ihr Auge fürs Detail haben diesem Buch den letzten Schliff gegeben. Ein guter Freund, der aus beruflichen Gründen anonym bleiben möchte (mysteriös, oder? :-)), hat das Fachlektorat übernommen und hat (nicht nur) technische Fehler aufgespürt, bevor Sie darüber hätten schmunzeln können. Seine Expertise hat mich vor peinlichen Fehlern bewahrt.

Und dann ist da meine Frau. Sie hat es monatelang ertragen, dass ich schon beim Frühstück über Batteriechemie, Ladekurven und chinesische Autohersteller gesprochen habe. Sie hat zugehört, wenn ich frustriert war, und mich ermutigt, wenn ich zweifelte. Ohne ihre Geduld und Unterstützung würden Sie diese Zeilen nicht lesen.

Falls Sie Fragen haben, Fehler gefunden haben oder einfach Ihre Geschichte teilen möchten: Ich freue mich über Ihre Nachricht an kontakt@rippel.info.

Viel Erfolg auf Ihrer Reise. Bleiben Sie neugierig!

Jörg Rippel

Anhang A
Glossar der Fachbegriffe

AC-Laden (Alternating Current)
Laden mit Wechselstrom, bei dem der fahrzeuginterne Onboard-Charger die Umwandlung in Gleichstrom übernimmt. Typische Ladeleistungen liegen bei 11 oder 22 Kilowatt. Die tatsächliche Leistung hängt von der Anzahl der Phasen ab, die das Fahrzeug verarbeiten kann.

Ad-hoc-Laden
Spontanes Laden ohne Vertrag oder Ladekarte, bei dem direkt an der Säule per Kreditkarte oder QR-Code bezahlt wird. Diese Bezahlmethode kostet mehr als vertragsbasiertes Laden.

ABRP (A Better Route Planner)
Routenplanungs-App, die speziell für Elektrofahrzeuge entwickelt wurde und Ladestopps automatisch in die Route einplant.

Anode
Negative Elektrode einer Batteriezelle. Bei Lithium-Ionen-Batterien besteht sie meist aus Graphit, in das Lithium-Ionen während des Ladevorgangs eingelagert werden.

Asynchronmotor
Elektromotortyp, bei dem das Magnetfeld im Rotor durch Induktion erzeugt wird. Robust und kostengünstig, kommt ohne seltene Erden aus.

AVAS (Acoustic Vehicle Alerting System)
Ein akustisches Warn-/Signalsystem, siehe VESS.

BEV (Battery Electric Vehicle)
Reines Elektrofahrzeug, das ausschließlich mit Strom aus der Batterie fährt, ohne zusätzlichen Verbrennungsmotor.

Bidirektionales Laden
Technologie, die es ermöglicht, gespeicherte Energie aus der E-Auto-Batterie zurückzuspeisen (siehe V2G, V2H, V2L).

BMS (Batterie-Management-System)
Elektronisches System, das jede Batteriezelle überwacht und steuert. Es kontrolliert die Spannung, die Temperatur und den Ladezustand und schützt die Batterie vor Schäden.

Bremsblending
Nahtlose Kombination von regenerativer und mechanischer Bremsung. Das System entscheidet automatisch, wann nur der Elektromotor als Generator arbeitet und wann zusätzlich mechanische Bremsen aktiviert werden.

C-Rate
Maßeinheit für die Lade- oder Entladegeschwindigkeit einer Batterie. Eine C-Rate von 1C bedeutet, dass die Batterie in einer

Stunde vollständig geladen oder entladen wird. 2 C entspricht 30 Minuten.

CCS (Combined Charging System)
Europäischer Standard für Schnellladung, der Typ2-Stecker für AC-Laden mit zusätzlichen Gleichstromkontakten kombiniert. Ermöglicht Ladeleistungen bis 350 Kilowatt.

Cell Balancing
Verfahren zum Ausgleich von Spannungsunterschieden zwischen einzelnen Batteriezellen. Passive Systeme entladen stärkere Zellen über Widerstände, aktive Systeme verschieben Energie zwischen den Zellen.

CHAdeMO
Japanischer Schnellladestandard, der in Europa zunehmend an Bedeutung verliert. Neuere Fahrzeuge setzen vermehrt auf CCS.

CLTC
China Light-Duty Vehicle Test Cycle. Chinesisches Testverfahren, das seit 2021 den NEDC ablöst. Orientiert sich stärker an Stadtverkehr mit niedrigeren Geschwindigkeiten. Reichweitenangaben fallen 15–25 % höher aus als bei WLTP.

Coldgate
Phänomen bei kalten Temperaturen, bei dem die Ladeleistung stark reduziert wird, um die Batterie vor Lithium-Plating zu schützen.

Coulomb Tracking
Präzise Methode zur Batterieüberwachung durch kontinuierliche Bilanzierung aller Ströme. Das System verfolgt exakt, wie viel Energie in die Batterie hinein- und herausfließt.

DC-Laden (Direct Current)
Schnellladung mit Gleichstrom, bei der die Ladesäule die Umwandlung von Wechsel- in Gleichstrom übernimmt. Moderne DC-Säulen erreichen Leistungen von 50 bis 350 Kilowatt.

Differential Voltage Analysis (DVA)
Analyseverfahren zur Bewertung des Zustands einzelner Elektroden, ohne die Batteriezellen zu zerstören. Erkennt Alterungserscheinungen durch charakteristische Peaks in der Spannungskurve.

Drive Unit
Integrierte Einheit aus Elektromotor, Getriebe und oft auch Wechselrichter in modernen Elektrofahrzeugen.

EEBUS
Kommunikationsprotokoll für Smart-Home-Anwendungen, das sich bei der Integration von Wallboxen, PV-Anlagen und Energie-Management-Systemen durchsetzt.

Energiedichte
Maß für die gespeicherte Energie pro Gewicht (Wh/kg) oder Volumen (Wh/l). Moderne Lithium-Ionen-Batterien erreichen bis zu 250 Wh/kg.

EPA
Environmental Protection Agency. US-Umweltbehörde, die unter anderem Reichweiten von Elektroautos testet. EPA-Werte gelten als realitätsnäher als WLTP-Angaben, fallen aber meist niedriger aus.

FCEV (Fuel Cell Electric Vehicle)
Brennstoffzellenfahrzeug, das mit Wasserstoff fährt und den Strom für den Elektromotor selbst in der Brennstoffzelle erzeugt.

FI-Schutzschalter (Fehlerstrom-Schutzschalter)
Sicherheitseinrichtung, die bei Fehlerströmen die Stromzufuhr unterbricht. Bei Wallboxen werden spezielle Typen (Typ A oder B) benötigt.

Flüssigkeitskühlung
Kühlsystem, bei dem eine Wasser-Glykol-Mischung durch Kühlelemente zirkuliert und die Wärme der Batteriezellen oder Leistungselektronik abtransportiert.

Fremderregter Synchronmotor
Elektromotortyp, der Elektromagnete statt Permanentmagnete nutzt und so kritische Rohstoffe wie seltene Erden vermeidet.

Getriebe (Reduktionsgetriebe)
Einfaches Getriebe in Elektrofahrzeugen, meist mit nur einem Gang. Reduziert die hohe Drehzahl des Elektromotors auf die für die Räder benötigte Geschwindigkeit.

HEV (Hybrid Electric Vehicle)
Vollhybrid wie der Toyota Prius, der nicht extern geladen werden kann und die Batterie nur durch Rekuperation und den Verbrennungsmotor lädt.

HPC (High Power Charging)
Hochleistungs-Schnellladung mit 350 Kilowatt, die als aktueller Standard für neue Schnellladeparks gilt.

Hochvoltsystem
Elektrisches System mit Spannungen über 60 Volt. In E-Autos typischerweise 400 oder 800 Volt.

IEC 61851
Internationale Norm für Ladesysteme von Elektrofahrzeugen, die Sicherheitsanforderungen und Kommunikationsprotokolle definiert.

Ionity
Transnationales Schnellladenetz mit 350-kW-Ladern entlang europäischer Hauptverkehrsachsen.

ISO 14443
Standard für RFID-Chips bei 13,56 MHz, die in Ladekarten und kontaktlosen Zahlungssystemen verwendet werden.

ISO 15118
Internationaler Standard für die Kommunikation zwischen Elektrofahrzeug und Ladestation, ermöglicht die Plug & Charge-Funktionalität.

Kathode
Positive Elektrode einer Batteriezelle. Bei Lithium-Ionen-Batterien bestimmt das Kathodenmaterial (NCA, NMC oder LFP) die Eigenschaften der Batterie.

Kilowattstunde (kWh)
Maßeinheit für elektrische Energie. 1 kWh entspricht der Energie, die bei einer Leistung von einem Kilowatt in einer Stunde umgesetzt wird.

Ladekurve
Grafische Darstellung der Ladeleistung über die Zeit oder den Ladestand. Typischerweise sinkt die Ladeleistung ab etwa 80 % Ladestand deutlich.

Lastmanagement (dynamisches)
Intelligente Verteilung der verfügbaren elektrischen Leistung auf mehrere Verbraucher, um Überlastungen zu vermeiden.

LFP (Lithium-Eisenphosphat, $LiFePO_4$)
Batterietechnologie ohne Kobalt und Nickel. Sicherer und langlebiger als NCA/NMC, aber mit geringerer Energiedichte. Kann täglich auf 100 % geladen werden.

Lithium-Ionen-Batterie
Wiederaufladbare Batterietechnologie, bei der Lithium-Ionen zwischen Anode und Kathode wandern. Ermöglichte den Durchbruch praxistauglicher Elektroautos.

Lithium-Plating
Schädlicher Prozess beim zu schnellen Laden kalter Batterien, bei dem sich metallisches Lithium an der Anode ablagert und die Zellen dauerhaft beschädigt.

MHEV (Mild Hybrid Electric Vehicle)
Fahrzeug mit kleinem Elektromotor, der den Verbrennungsmotor nur unterstützt, das Auto aber nie allein antreibt.

Modbus
Weit verbreitetes Industrieprotokoll für die Kommunikation zwischen PV-Wechselrichtern, Speichern und Wallboxen.

Multiquellen-Wärmepumpe
Fortschrittliches System, das mehrere Wärmequellen (Umgebungsluft, Abwärme von Motor und Elektronik, Batterie) gleichzeitig nutzen kann.

NACS (North American Charging Standard)
Ehemals proprietärer Tesla-Ladestecker, der 2022 als offener Standard freigegeben wurde und sich in Nordamerika als neuer Standard etabliert.

NCA (Nickel-Kobalt-Aluminium)
Batterietechnologie mit hoher Energiedichte, wird von Tesla in Premium-Modellen verwendet.

NFC (Near Field Communication)
Drahtlose Kurzstrecken-Kommunikationstechnologie, die bei manchen Wallboxen zur Authentifizierung per Smartphone genutzt werden kann.

NMC (Nickel-Mangan-Kobalt)
Batterietechnologie mit hoher Energiedichte, die in vielen Elektrofahrzeugen zum Einsatz kommt. Bietet eine gute Balance zwischen Leistung, Reichweite und Kosten.

Niedertemperaturkreis (NT)
Kühlkreislauf, der die Batterie bei relativ niedrigen Temperaturen kühlt, getrennt vom Hochtemperaturkreis für Motor und Leistungselektronik.

OCPP (Open Charge Point Protocol)
Offener Standard für die Kommunikation zwischen Ladesäulen und Backend-Systemen. Ermöglicht Fernüberwachung, Abrechnung und Software-Updates.

One-Pedal-Driving
Fahrweise, bei der durch starke Rekuperation praktisch nur das Gaspedal verwendet wird. Beim Loslassen verzögert das Fahrzeug so stark, dass die Bremse meist nicht benötigt wird.

Onboard-Charger
Im Fahrzeug verbautes Ladegerät, das beim AC-Laden den Wechselstrom in Gleichstrom umwandelt.

Permanentmagnet-Synchronmotor
Elektromotortyp mit starken Neodym-Magneten im Rotor. Erreicht hohe Wirkungsgrade, enthält aber kritische Rohstoffe (seltene Erden).

PHEV (Plug-in Hybrid Electric Vehicle)
Fahrzeug mit Elektromotor und Verbrennungsmotor, das extern geladen werden kann. Die Batterie reicht für etwa 30–80 km elektrisches Fahren.

Plug & Charge
Automatisches Authentifizierungs- und Abrechnungssystem nach ISO 15118. Das Fahrzeug identifiziert sich über das Ladekabel, ohne dass eine Karte benötigt wird.

Pyrofuses
Explosive Sicherungen im Batterie-Management-System, die bei extremen Gefahrensituationen die Hochvoltverbindungen physisch durchtrennen.

Rapidgate
Phänomen, bei dem wiederholtes Schnellladen die Batterie so stark aufheizt, dass die Ladeleistung drastisch reduziert werden muss.

RCD (Residual Current Device)
Siehe FI-Schutzschalter

Rekuperation
Energierückgewinnung beim Verzögern oder Bergabfahren. Der Elektromotor arbeitet als Generator und lädt die Batterie. Erreicht hohe Wirkungsgrade.

REX (Range Extender)
Kleiner Verbrennungsmotor in einem ansonsten elektrischen Fahrzeug, der als Stromaggregat dient.

RFID (Radio Frequency Identification)
Funktechnologie zur kontaktlosen Identifikation, wird in Ladekarten zur Authentifizierung an Ladesäulen verwendet.

Roaming
System, bei dem Ladekarten verschiedener Anbieter auch an Ladesäulen anderer Betreiber funktionieren. Verursacht meist Aufschläge gegenüber Direktkunden.

Rollwiderstand
Widerstandskraft, die beim Abrollen der Reifen entsteht. Beeinflusst den Energieverbrauch konstant, unabhängig von der Geschwindigkeit.

Schildkrötenmodus
Notlaufprogramm des Batterie-Management-Systems, das bei kritischen Werten die verfügbare Leistung drastisch reduziert, aber noch die Fahrt zur nächsten Werkstatt oder Ladesäule ermöglicht.

Schnellladen
DC-Ladung mit Leistungen ab 50 Kilowatt aufwärts. Moderne Systeme erreichen 350 kW oder mehr.

SiC (Siliziumkarbid)
Halbleitermaterial für Leistungselektronik, das bei hohen Spannungen (800 V) deutlich effizienter ist als herkömmliches Silizium.

Smart Grid
Intelligentes Stromnetz mit Netzmanagement- und Speichertechnologien zum Ausgleich örtlicher und zeitlicher Belastungen.

SoC (State of Charge)
Ladezustand der Batterie in Prozent. Entspricht der Tankanzeige beim Verbrenner.

SoH (State of Health)
Gesundheitszustand der Batterie im Vergleich zum Neuzustand in Prozent. Eine neue Batterie hat 100 % SoH.

Solarüberschussladen
Intelligente Ladefunktion, die überschüssigen Photovoltaikstrom zum Laden des E-Autos nutzt.

Starkstrom
Umgangssprachlich für Drehstrom mit drei Phasen und 400 V, wie er für 11-kW- und 22-kW-Wallboxen benötigt wird.

Supercharger
Tesla-eigenes Schnellladenetz, das sich durch hohe Zuverlässigkeit und gute Integration ins Fahrzeug auszeichnet. Wird schrittweise für andere Marken geöffnet.

SunSpec
Standard für einheitliche Schnittstellen bei Solarkomponenten.

Synchronmotor
Elektromotortyp, bei dem Rotor und Statorfeld synchron laufen. Kann mit Permanentmagneten oder als fremderregter Motor ausgeführt sein.

Thermisches Durchgehen (Thermal Runaway)
Gefährliche Kettenreaktion in Batteriezellen, bei der sich die Überhitzung von Zelle zu Zelle fortsetzt. Kann Temperaturen über 1000°C entwickeln.

Thermalmanagement
Gesamtsystem zur Temperaturkontrolle von Batterie, Leistungselektronik und Innenraum. Umfasst Kühl- und Heizsysteme sowie Wärmepumpen.

Traktionsbatterie
Hauptbatterie des Elektrofahrzeugs, die den Elektromotor mit Energie versorgt. Nicht zu verwechseln mit der 12-Volt-Bordnetzbatterie.

Typ2-Stecker
Europäischer Standard für das AC-Laden, ursprünglich von der Firma Mennekes entwickelt. Unterstützt dreiphasigen Wechselstrom bis 63 Ampere.

V2G (Vehicle-to-Grid)
Technologie zur Rückspeisung von Strom aus der E-Auto-Batterie ins öffentliche Stromnetz. Das Auto fungiert als mobiler Energiespeicher.

V2H (Vehicle-to-Home)
Rückspeisung von Strom aus der E-Auto-Batterie ins Hausnetz, ohne Einspeisung ins öffentliche Netz.

V2L (Vehicle-to-Load)
Direkte Stromversorgung von Geräten über Steckdosen am Fahrzeug. Typische Leistungen liegen bei 1,5–3 kW.

VESS (Virtual Engine Sound System)
Das E-Auto erzeugt ein Geräusch, wenn es langsam fährt, damit andere Verkehrsteilnehmende (Fußgänger, Radfahrer) das Fahrzeug besser hören. Der Ton muss bei niedriger Geschwindigkeit (z. B. bis ~20 km/h) und beim Rückwärtsfahren hörbar sein. Seit 2019 müssen alle neuen Fahrzeugtypen mit solch einem System ausgestattet sein.

Vorkonditionierung (Preconditioning)
Temperaturanpassung von Batterie und Innenraum vor Fahrtantritt, idealerweise, während das Fahrzeug noch am Ladekabel hängt.

Wallbox
Wandmontierte Ladestation für zu Hause. Lädt sicherer und schneller als eine normale Haushaltssteckdose.

Wärmepumpe
System, das nach dem umgekehrten Kühlschrankprinzip arbeitet und der Umgebung Wärme entzieht. Kann aus 1 kW elektrischer Energie 2–4 kW Heizleistung erzeugen.

Wechselrichter
Elektronisches Gerät, das Gleichstrom in Wechselstrom umwandelt (oder umgekehrt). Steuert den Elektromotor durch Anpassung von Frequenz und Spannung.

Wirkungsgrad

Verhältnis von abgegebener zu aufgenommener Energie. Elektromotoren erreichen über 90 %, Verbrennungsmotoren nur 20–40 %.

WLTP

Worldwide Harmonised Light Vehicle Test Procedure. Standardisiertes Testverfahren zur Messung von Verbrauch und Reichweite bei Fahrzeugen. Löste 2017 den NEFZ ab und bildet reale Fahrbedingungen genauer ab.

Zelle

Kleinste funktionsfähige Einheit einer Batterie. Eine E-Auto-Batterie enthält zwischen 200 und 400 einzelne Zellen, die zu Modulen zusammengefasst sind.

Anhang B
Weiterführende Studien und Quellen

- **Die »Schwedenstudie«**
  - **Titel:** »The Life Cycle Energy Consumption and Greenhouse Gas Emissions from Lithium-Ion Batteries«
  - **Autoren:** Mia Romare und Lisbeth Dahllöf, IVL Swedish Environmental Research Institute
  - **Jahr:** Mai 2017 (Report No. C 243)
  - **URL:** *www.energimyndigheten.se/globalassets/forskning--innovation/transporter/c243-the-life-cycle-energy-consumption-and-co2-emissions-from-lithium-ion-batteries-.pdf*
  - **Inhalt:** Die oft falsch zitierte Meta-Studie analysierte Lebenszyklusanalysen von Lithium-Ionen-Batterien und kam zu 150–200 kg CO_2-Äquivalente pro kWh Batteriekapazität bei der Herstellung. Bei einem Tesla mit 100 kWh bedeutete dies 15–20 Tonnen CO_2 vor der ersten Fahrt. Die Studie betonte bereits damals die Notwendigkeit energieeffizienter Produktion mit fossilfreiem Strom.
  - Warum gilt sie als widerlegt? IVL veröffentlichte im Dezember 2019 eine aktualisierte Version mit deutlich niedrigeren Werten von nur noch 61–106 kg CO_2/kWh (bei transparenten Daten) – ein Rückgang von 50–67 %. Die 2017-Studie basierte auf frühen Produktionsdaten mit hohem Anteil fossiler Energie und wurde von den Autoren selbst als Momentaufnahme einer sich schnell entwickelnden Technologie bezeichnet. Neuere Studien von ICCT (2018) und Auke Hoekstra (TU Eindhoven) bestätigten die deutlich besseren aktuellen Werte.

  Verwendet in Abschnitt 1.1, »E-Autos schaden der Umwelt – Wahrheit und Legende«.

- **Studie der TU Eindhoven**
  - **Titel:** »Comparing the lifetime green house gas emissions of electric cars with the emissions of cars using gasoline or diesel«
  - **Autoren:** Auke Hoekstra und Maarten Steinbuch, Eindhoven University of Technology
  - **Jahr:** August 2020
  - **URL:** *www.researchgate.net/publication/370340767*
  - **Inhalt:** Die Studie für die deutsche Grünen-Bundestagsfraktion verglich die Lebenszeit-Treibhausgas-(THG-)Emissionen verschiedener Fahrzeugpaare. Mit 75 kg CO_2/kWh für Batterieproduktion und 250.000 km Lebensdauer zeigten die Berechnungen:

Ein Tesla Model 3 vs. Mercedes C 220d erreicht den Break-Even bei 30.000 km, ein VW e-Golf vs. Toyota Prius bei 28.000 km, ein Porsche Taycan vs. Bugatti Veyron bereits bei 11.000 km. E-Fahrzeuge emittieren 54–82 % weniger Treibhausgase als Verbrenner über die gesamte Lebensdauer. Auke Hoekstra gilt als »Debunker in Chief« für EV-Mythen und korrigierte methodische Mängel früherer pessimistischer Studien.

Verwendet in Abschnitt 1.1, »E-Autos schaden der Umwelt – Wahrheit und Legende«, und Kapitel 19, »Ihr Elektroauto und erneuerbare Energien«

- **ADAC – Autokosten 2025**
  - **Titel:** »Vollkostenberechnung Elektro- und Verbrennerfahrzeuge«
  - **Autor:** ADAC e.V.
  - **Jahr:** April 2025
  - **URL:** *www.adac.de/rund-ums-fahrzeug/auto-kaufen-verkaufen/autokosten/elektroauto-kostenvergleich*
  - **Inhalt:** Umfassende Vollkostenberechnung verschiedener Fahrzeugklassen über die gesamte Haltedauer. Berücksichtigt werden Anschaffungskosten, Wertverlust, Kraftstoff-/Stromkosten, Wartung, Reparaturen, Versicherung und Steuern. Kernergebnis: In der unteren Mittelklasse und darüber sind E-Fahrzeuge über die gesamte Haltedauer kostengünstiger als vergleichbare Verbrenner. Die niedrigeren Betriebs- und Wartungskosten gleichen höhere Anschaffungspreise aus. Selbst bei Strompreisen von 40 Cent/kWh bleiben die Energiekosten pro Kilometer deutlich unter denen von Benzin oder Diesel. Die Wartungskostenersparnis von mehreren Tausend Euro über die Haltedauer bleibt vom Strompreis unbeeinflusst.

  Verwendet in Kapitel 13, »Kosten und Wirtschaftlichkeit«, Kapitel 13, »Kosten und Wirtschaftlichkeit«, Kapitel 16, »Das Elektroauto im Alltag«

- **Ifeu-Institut 2025 – die aktuellste deutsche Klimabilanz**
  - **Titel:** »Quo vadis Elektroauto? Update der Klimabilanz«
  - **Autoren:** Kirsten Biemann, Hinrich Helms, Claudia Kämper, ifeu – Institut für Energie- und Umweltforschung Heidelberg
  - **Jahr:** Februar 2025
  - **URL:** *www.ifeu.de/publikation/quo-vadis-elektroauto-update-der-klimabilanz*
  - **Inhalt:** Das aktuellste Update der Klimabilanz zeigt für 2023er-Neuzulassungen: E-Autos emittieren 53 % weniger THG als Benziner und 59 % weniger als Diesel über 220.000 km Gesamtfahrleistung. Break-Even-Punkte liegen bei 25.000 km vs. Diesel und 45.000 km vs. Benziner. Die Studie berücksichtigt die Marktverschiebung zu SUVs (50 % der E-Autos), größeren Batterien (68 kWh statt 50 kWh in 2020) und den verbesserten Strommix (~50 % erneuerbare 2023). Prognose für 2030: Der Klima-

vorteil verbessert sich automatisch auf 58–63 % durch weiter steigende erneuerbare Energien, während bei Verbrennern erst ab 2035 nennenswerte Mengen strombasierter Kraftstoffe erwartet werden.

Verwendet in Abschnitt 1.1 »E-Autos schaden der Umwelt – Wahrheit und Legende«, und Kapitel 21, »Ökobilanz und ethische Aspekte«

- **Union of Concerned Scientists – Cradle to Grave**
  - **Titel:** »Cleaner Cars from Cradle to Grave: How Electric Cars Beat Gasoline Cars on Lifetime Global Warming Emissions«
  - **Autoren:** Rachael Nealer, David Reichmuth, Don Anair
  - **Jahr:** November 2015
  - **DOI:** 10.13140/RG.2.2.17633.40806
  - **URL:** *www.ucs.org/resources/cleaner-cars-cradle-grave*
  - **Inhalt:** Eine der ersten umfassenden Lebenszyklusanalysen für den US-Markt untersuchte alle drei Lebensphasen: Herstellung, Betrieb und End-of-Life. BEVs erzeugen etwa halb so viele Emissionen wie vergleichbare Benzinfahrzeuge über ihre gesamte Lebensdauer. Höhere Produktionsemissionen werden bereits nach 6–18 Monaten durchschnittlicher Fahrleistung ausgeglichen. Die Grundaussagen bleiben 2025 relevant, wobei modernere Studien durch sauberere Stromnetze und effizientere Batterieproduktion noch günstigere Werte zeigen.

  Verwendet in Abschnitt 21.1, »CO2-Bilanz im Lebenszyklus«, und Kapitel 21, »Ökobilanz und ethische Aspekte«

- **VDI 2023 – konservative deutsche Analyse**
  - **Titel:** »VDI-Analyse der $CO_{2äq}$-Emissionen von Pkw mit verschiedenen Antriebssystemen« / »Wann wird Autofahren grün?«
  - **Autoren:** VDI-Expertengremium Antriebe, Dr.-Ing. Ralf Marquard (Sprecher), mit Karlsruhe Institute of Technology
  - **Jahr:** Dezember 2023
  - **DOI:** 10.51202/9783949971747
  - **URL:** *www.vdi.de/themen/mobilitaet/vdi-oekobilanz-fuer-pkw-antriebe-1*
  - **Inhalt:** Die VDI-Studie analysiert Kompaktklassefahrzeuge über 200.000 km. Ein E-Auto mit 82-kWh-Batterie verursacht bei der Antriebsstrang-Produktion 10,12 t CO_2 (davon 83 % für die Batterie), während ein Benziner nur 1,21 t benötigt. Trotz diesem »ökologischen Rucksack« sind E-Autos ab 90.000 km klimafreundlicher (bei Ökostrom: ab 65.000 km). Nach 200.000 km: E-Autos 24,2 t, Diesel 28,8 t, Benziner 33,8 t. Die Studie wurde kontrovers diskutiert, da sie höhere CO_2-Werte für die Batterieproduktion ansetzt als andere aktuelle Studien, sie sieht aber dennoch E-Autos langfristig als klimafreundlichste Option.

Verwendet in Kapitel 21, »Ökobilanz und ethische Aspekte«, Abschnitt 21.2, »Die Herstellungsemissionen: Was wird wirklich berücksichtigt?«, und in Kapitel 23, »Gestern, heute, morgen«

- **Studie der Hochschule Trier zur praktischen Demontage**
  - **Titel:** »Sensitivity Analysis in the Life-Cycle Assessment of Electric vs. Combustion Engine Cars under Approximate Real-World Conditions«
  - **Autoren:** Eckard Helmers, Johannes Dietz, Martin Weiss
  - **Jahr:** 2020 (Forschung 2017–2020)
  - **DOI:** *https://doi.org/10.3390/su12031241*
  - **URL:** *www.mdpi.com/2071-1050/12/3/1241*
  - **Inhalt:** Einzigartige Methodik: Ein VW Caddy mit Benzinmotor wurde komplett demontiert, analysiert und mit Elektroantrieb wieder aufgebaut. Die Break-even-Laufleistung variiert dramatisch je nach Stromszenario: Bei Windstrom-Batterie und Ökostrom wird sie nach nur 17.000 km erreicht, bei kohlestrombasierter Batterie und EU-Strommix aber erst nach 310.000 km. E-Autos können CO_2-Emissionen langfristig auf ein Drittel senken, wenn Batterieproduktion und Ladestrom aus erneuerbaren Energien stammen. Die Sensitivitätsanalyse zeigt die enorme Bedeutung grüner Batterieproduktion.

  Verwendet in Abschnitt 21.2, »Die Herstellungsemissionen: Was wird wirklich berücksichtigt?«, und in Kapitel 21, »Ökobilanz und ethische Aspekte«

- **ICCT 2021 – globale Referenzstudie**
  - **Titel:** »A Global Comparison of the Life-Cycle Greenhouse Gas Emissions of Combustion Engine and Electric Passenger Cars«
  - **Autoren:** Georg Bieker (Hauptautor), ICCT-Team
  - **Jahr:** Juli 2021, aktualisiert November 2022
  - **URL:** *https://theicct.org/publication/a-global-comparison-of-the-life-cycle-greenhouse-gas-emissions-of-combustion-engine-and-electric-passenger-cars/*
  - **Inhalt:** Die umfassendste globale Lebenszyklusanalyse für vier Hauptmärkte (Europa, USA, China, Indien = 70 % aller Pkw-Neuzulassungen weltweit). BEVs verursachen bereits heute 66–69 % weniger Treibhausgase (THG) als Benziner in Europa. Für 2030 registrierte Fahrzeuge wird die Reduktion noch größer: 74–77 % durch fortschreitende Dekarbonisierung des Stromnetzes. Die Studie gilt als methodischer Goldstandard mit aktuellen NMC622/NMC811-Batteriedaten (60–68 kg CO_2/kWh). Das ICCT (International Council on Clean Transportation) veröffentlichte 2025 eine Europa-fokussierte Aktualisierung mit noch günstigeren Werten (73 % weniger THG, bei 100 % Ökostrom 78 % weniger).

Verwendet in Kapitel 21, »Ökobilanz und ethische Aspekte«, und in Abschnitt 21.2, »Die Herstellungsemissionen: Was wird wirklich berücksichtigt?«

- **Studie der Uni Stanford: Dynamisches Laden schont Batterien**
  - **Titel:** »Dynamic cycling enhances battery lifetime«
  - **Autoren:** Alexis Geslin, Le Xu, Simona Onori (Lead), William Chueh, Stanford University & SLAC National Accelerator Laboratory
  - **Jahr:** Dezember 2024, Journal: Nature Energy, Volume 10, Pages 172–180 (2025)
  - **DOI:** *https://doi.org/10.1038/s41560-024-01675-8*
  - **URL:** *https://news.stanford.edu/stories/2024/12/existing-ev-batteries-may-last-up-to-40-longer-than-expected*
  - **Inhalt:** Eine bahnbrechende Studie testete 92 kommerzielle Lithium-Ionen-Batterien über zwei Jahre hinweg. Batterien unter realen, dynamischen Bedingungen leben bis zu 38 % länger als unter konstanten Laborbedingungen – das entspricht bis zu 314.000 km zusätzlicher Nutzung. Unerwarteter Befund: Dynamisches Laden/Entladen mit Beschleunigung, regenerativem Bremsen und Ruhephasen schont die Batterien entgegen bisherigen Annahmen. Die Studie stellt fundamentale Annahmen der Batterieforschung infrage und zeigt, dass seit Jahrzehnten verwendete Konstantstrom-Labortests die reale Lebensdauer massiv unterschätzen.

  Verwendet in Kapitel 4, »Die Batterie – das Herzstück des Elektroautos«, und dort in Abschnitt 4.3.3, »Aktuelle Studienergebnisse zur Lebensdauer«

- **P3/Aviloo: 7.000 Fahrzeuge, stabile Performance**
  - **Titel:** »Battery aging in practice: Analysis of over 7,000 vehicles provide deep insights into battery life and vehicle residual value«
  - **Autoren:** Markus Hackmann, Heiko Knörzer, Jannik Pfeuffer, Paul Jeckel, P3 Group GmbH mit Aviloo
  - **Jahr:** November 2024
  - **URL:** *www.p3-group.com/wp-content/uploads/2024/11/241125_Whitepaper_SOH_EN.pdf*
  - **Inhalt:** Mit über 7.000 analysierten Fahrzeugen und Laufleistungen bis 300.000+ km bietet diese Studie die umfangreichste reale Datenbasis zur Batterie-Gesundheit. Der State of Health (SoH) sinkt während der ersten 30.000 km von 100 % auf ~95 % (SEI-Schicht-Formation) und stabilisiert sich dann. Bei 100.000 km liegt er durchschnittlich bei 90 %, bei 200.000–300.000 km stabil bei ~87 % – deutlich über Garantiewerten. Das frühere P3-SoH-Modell (basierend auf Labor-Zelltests) war deutlich zu pessimistisch. Batterie-Management-Systeme und reale Nutzungsprofile reduzieren die Alterung signifikant gegenüber Laborprognosen.

Verwendet in Kapitel 4, »Die Batterie – das Herzstück des Elektroautos«, und dort in Abschnitt 4.3.3, »Aktuelle Studienergebnisse zur Lebensdauer«, sowie in Abschnitt 13.4, »Wertentwicklung und Wiederverkaufswert«.

- **Tesla-Daten: 5 % Degradation nach 250.000 km**
  - **Titel:** »2022 & 2023 Tesla Impact Reports« – Battery Capacity Degradation Data
  - **Autoren:** Tesla, Inc.
  - **Jahr:** 2023 Impact Report (veröffentlicht Mai 2024)
  - **URL:** *www.tesla.com/impact*
  - **Inhalt:** Tesla veröffentlicht jährlich Daten aus Tausenden Fahrzeugen weltweit. Model S/X zeigen durchschnittlich nur 12 % Kapazitätsverlust nach 322.000 km, Model 3/Y Long Range 15 % nach 322.000 km. Bei 250.000 km liegt die Degradation etwa bei 5 bis 8 %. Die 6.000 Ladezyklen (theoretisch 3 Millionen Kilometer bei 500 km Reichweite) stammen aus wissenschaftlicher Forschung von Jeff Dahn und Team (Dalhousie University) in Partnerschaft mit Tesla. Tesla betont: »Batterien sind so konstruiert, dass sie länger halten als das Fahrzeug selbst.«

  Verwendet in Kapitel 13, »Kosten und Wirtschaftlichkeit«, und dort in Abschnitt 13.4, »Wertentwicklung und Wiederverkaufswert«

- **STUDIE 7: Porsche Bank – identische Restwerte nach 4 Jahren**
  - **Titel:** »Total Cost of Ownership – E-Auto vs. Verbrenner (TCO-Vergleich)«
  - **Autoren:** Porsche Bank AG (Österreich), Fuhrparkmanagement-Team
  - **Jahr:** Website-Inhalt Stand 2023–2024
  - **URL:** *www.porschebank.at/fuhrparkmanagement/produkte/e-mobilitaet/tco*
  - **Inhalt:** Total-Cost-of-Ownership-Analysen zeigen eindeutig: E-Fahrzeuge haben trotz höherer Anschaffungskosten einen klaren langfristigen Kostenvorteil durch niedrigere Energie-, Wartungs- und Betriebskosten. Eine Modellrechnung vergleicht den VW ID.3 Pro Life mit dem VW Golf Style TDI DSG über 48 Monate Operating-Leasing mit 30.000 km/Jahr. Kernergebnis: Die Restwerte in Prozent sind bei beiden Modellen nahezu identisch. Trotz höherer Anschaffungspreise ergibt sich ein Preisvorteil für das E-Fahrzeug durch Vorsteuerabzug, 30–40 % geringere Wartungskosten, niedrigere Ladekosten, geringere Versicherungskosten und keine NoVA in Österreich. Die Berechnung inkludiert B2B-Wartung und Flotten-Versicherungstarife.

  Verwendet in Abschnitt 13.4.1 »Faktoren der Wertstabilität«

- **Studie von Fraunhofer ISI – umfassende TCO-Analyse**
  - **Titel:** »Wirtschaftlichkeitsanalyse der Antriebsarten für Pkw« – Factsheet TCO
  - **Autoren:** Dr. Michael Krail, Dr. Patrick Plötz, Fraunhofer ISI

- **Jahr:** März 2023
- **Auftraggeber:** Bundesministerium für Digitales und Verkehr (BMDV)
- **URL:** *www.now-gmbh.de/wp-content/uploads/2023/03/NOW_Factsheet_Vergleich-Antriebsarten-Pkw.pdf*
- **Inhalt:** Die Studie berücksichtigt alle Kostenkomponenten: Anschaffung, Ladeinfrastruktur, Wiederverkauf, Energie, Wartung, Versicherung, Kfz-Steuer, THG-Quote. Kernergebnisse: Mittelklasse-Pkw und SUVs erreichen Kostengleichheit nach 3 Jahren und einen Kostenvorteil von 11.200 € nach 10 Jahren. Kleinwagen benötigen 5–8 Jahre. Optimalszenario mit PV-Strom: zusätzlicher Vorteil von bis zu 12.000 € über 15 Jahre. Wichtigste Faktoren: Ladeinfrastruktur und Wiederverkaufswert, nicht primär Energiepreise. Die Studie zeigt, dass der Einfluss der Strompreise begrenzter ist, als weitläufig angenommen wurde.

Verwendet in Kapitel 13, »Kosten und Wirtschaftlichkeit«, in Abschnitt 13.5, »Kostenvergleich mit Verbrennerfahrzeugen«, und in Abschnitt 13.5.1, »Wissenschaftliche Erkenntnisse zur Gesamtkostenbetrachtung«

- **Studie zu E-Taxis in London: Weniger Lärm, weniger Stress**
  - **Titel:** »Electric Taxi Driver Brain Activity and Stress Study«
  - **Autoren:** Dr. Duncan Williams (University of York), London EV Company (LEVC)
  - **Jahr:** 2018 (Mai, Mental Health Awareness Week)
  - **URL:** *https://electrek.co/2018/05/15/electric-vehicles-reduce-stress-for-drivers-brain-monitoring-study/*
  - **Inhalt:** Die Studie untersuchte mittels EEG die Gehirnaktivität von vier professionellen Taxifahrern in elektrischen Taxis und Diesel-Taxis. Fahrer von E-Taxis zeigten höhere Beta-Gehirnwellen-Aktivität (größere Konzentration) und geringere Herzfrequenzvariabilität (mentale Ruhe). Die Geräuschpegel im E-Taxi waren etwa 5 Dezibel niedriger. Fahrer berichteten über höhere Zufriedenheit, reduzierten Stress und weniger Ablenkung. Die ruhigere Fahrumgebung ermöglicht einen fokussierteren, aber ruhigeren Geisteszustand.

  Verwendet in Abschnitt 14.3.1, »One-Pedal-Driving«

- **Versicherungsstudie aus den USA: Brandrisiko – 0,03 % vs. 1,5 %**
  - **Titel:** »Gas vs. Electric Car Fires Study«
  - **Autoren:** Justin Wright, Eric Stauffer, AutoInsuranceEZ
  - **Jahr:** 2021, aktualisiert 2024
  - **Datenquellen:** National Transportation Safety Board (NTSB), Bureau of Transportation Statistics (BTS)
  - **URL:** *www.autoinsuranceez.com/gas-vs-electric-car-fires*

- **Inhalt:** Diese Analyse von Branddaten und Verkaufszahlen zeigt: Elektrofahrzeuge 25 Brände pro 100.000 Fahrzeuge (0,025 %), Verbrennungsmotoren 1.530 Brände pro 100.000 (1,5 %), Hybride 3.475 Brände pro 100.000 (3,4 %). E-Fahrzeuge haben eine 61-mal geringere Brandrate als Benzinfahrzeuge. Trotz niedrigerer Brandhäufigkeit sind Lithium-Ionen-Batteriebrände schwieriger zu löschen. Die grundsätzliche Tendenz wird von mehreren unabhängigen Quellen bestätigt, darunter Tesla-Daten und schwedische MSB-Statistiken.

Verwendet in Kapitel 1, »Mythen und Fakten rund um E-Autos«, Kapitel 12, »Der Gebrauchtwagenkauf«, Abschnitt 13.3.2, »Besonderheiten beim Versicherungsschutz (Batterie, Brandfall)«, Kapitel 4, »Die Batterie – das Herzstück des Elektroautos«, Kapitel 17, »Ladekarten, Netze und Roaming«, und Kapitel 15, »Batterie-Management und Pflege«

- **Studie der Uni Berkeley: Kaltstart-Emissionen**
  - **Titel:** »Time Resolved Measurements of Speciated Tailpipe Emissions from Motor Vehicles«
  - **Autoren:** Greg T. Drozd, Allen H. Goldstein (UC Berkeley), Allen L. Robinson (Carnegie Mellon)
  - **Jahr:** 2016
  - **DOI:** *10.1021/acs.est.6b04513*
  - **URL:** *https://pubs.acs.org/doi/abs/10.1021/acs.est.6b04513*
  - **Inhalt:** Die Studie untersuchte mit einem Protonen-Transfer-Reaktions-Massenspektrometer 25 benzinbetriebene Fahrzeuge. Kaltstart-Emissionen treten fast vollständig in den ersten 30–60 Sekunden auf. Bei neuen Fahrzeugen entsprechen die Emissionen der ersten 30 Sekunden denen von 160 bis 480 km Fahrt bei warmem Motor. Der Grund: Der Katalysator hat noch nicht seine »Light-off-Temperatur« (200–400 °C) erreicht. Die Forschung zeigt, dass das Kaltstart-Problem relativ wichtiger wird, da die Emissionen während des normalen Betriebs drastisch gesunken sind.

  Verwendet in Kapitel 5, »Antriebstechnik«, Kapitel 12, »Der Gebrauchtwagenkauf« und in Abschnitt 9.2, »Kleinwagen«

- **Studie des Bundesumweltministeriums: 100 TWh für 45 Millionen E-Autos**
  - **Titel:** »Strombedarf und Netze: Ist das Stromnetz fit für die Elektromobilität?«
  - **Herausgeber:** Bundesministerium für Umwelt, Klimaschutz, Naturschutz und nukleare Sicherheit
  - **Jahr:** Website-Inhalt Stand März 2020, kontinuierlich aktualisiert
  - **URL:** *www.bundesumweltministerium.de/themen/verkehr/elektromobilitaet/strombedarf-und-netze*

- **Inhalt:** 45 Millionen Pkw elektrisch = gut 100 Terawattstunden (TWh) pro Jahr, nur ein Sechstel des deutschen Gesamtstromverbrauchs. 2019 wurden aus Erneuerbaren 244 TWh erzeugt – mehr als doppelt so viel wie der Bedarf einer komplett elektrischen Fahrzeugflotte. Die Publikation betont: Perspektivisch sind Anpassungen nötig, besonders bei örtlichen Verteilnetzen. Das Netz muss »smart« werden durch intelligente Management- und Speichertechnologien. Erst nach der Implementierung intelligenter Lösungen muss das Netz ausgebaut werden.

Verwendet in Kapitel 1 »Mythen und Fakten rund um E-Autos«, und in Abschnitt 19.8.1, »Die Ausgangslage: Wie viel Strom brauchen Elektroautos wirklich?«

- **Verschiedene Studien des Fraunhofer-Instituts: 30 TWh (2030), 260 TWh (2035)**
  - **Institution:** Fraunhofer-Institut (ISI oder ISE)
  - **Jahr:** Verschiedene Studien, Zahlen zitiert in Publikationen 2024/2025
  - Hinweis: Die vollständige Studie ist nicht öffentlich verfügbar. Ergebnisse wurden in verschiedenen Medien berichtet, z. B. WirtschaftsWoche (21.05.2019), Auto-Medienportal, Vision Mobility
  - **Inhalt:** Fraunhofer-Berechnungen prognostizieren für 2030 einen Stromverbrauch von 130 TWh für Elektromobilität (Pkw und Lkw), bis 2035 ansteigend auf 260 TWh. Zum Vergleich: 2024 wurden bereits 259 TWh Strom aus erneuerbaren Energien erzeugt, mit weiter steigender Tendenz. Bei 15 Millionen Elektroautos im Jahr 2030 würde sich der Strombedarf nur um 3–4,5 % erhöhen. Weitere Fraunhofer-Studien zeigen: Nicht die Strommenge, sondern die Netzauslastung und intelligentes Lademanagement sind die Herausforderungen.

  Verwendet in Abschnitt 19.8.1, »Die Ausgangslage: Wie viel Strom brauchen Elektroautos wirklich?«

- **Studie von E.ON/Consentec: Das Netz verkraftet volle E-Mobilität**
  - **Titel:** »Stresstest: Stromnetz und Elektromobilität«
  - **Autoren:** E.ON SE, Consentec GmbH (Aachen), Thomas König (E.ON Vorstand Netzgeschäft)
  - **URL:** *www.wiwo.de/unternehmen/energie/e-mobilitaet-e-on-sieht-investitionsbedarf-von-2-5-milliarden-euro/24365530.html*
  - **Jahr:** 2019 (Mai)
  - **Inhalt:** Dieser Stresstest für das E.ON-Netzgebiet (6,5 Millionen Fahrzeuge) untersuchte Szenarien bis 100 % Marktanteil E-Autos bis 2045. Kernergebnisse: Das Bestandsnetz kann bereits 25–30 % E-Auto-Anteil verkraften. Eine komplette Umstellung ist machbar mit Investitionen von 2,5 Milliarden Euro über 25 Jahre (durchschnittlich 400 € pro E-Fahrzeug). Zwei Drittel fließen in punktuelle Baumaßnahmen, ein Drittel in neue Leitungen. Intelligentes Lademanagement kann den Investitions-

bedarf um die Hälfte reduzieren durch Verschiebung der Ladevorgänge aus Abend- in Nachtstunden. Kein Risiko eines Blackouts.

Verwendet in Abschnitt 19.8.2, »Die E.on-Studie: Frühzeitige Entwarnung«

- **Studie des NETZlabor Belchenstraße**
  - **Projektname:** NETZlabor E-Mobility-Allee
  - **Verantwortlich:** Netze BW GmbH (EnBW-Tochter), Stadt Ostfildern
  - **Laufzeit:** Juni 2018 bis Oktober 2019
  - **URL:** *www.netze-bw.de/e-mobility-allee*
  - **Standort:** Belchenstraße in Ostfildern-Ruit bei Stuttgart
  - **Inhalt:** Das bundesweit erste NETZlabor stattete 10 Haushalte mit 11 Elektrofahrzeugen und Wallboxen (bis 22 kW) aus. Alle Haushalte waren an einen gemeinsamen Stromkreis angeschlossen. Ergebnisse: Die Teilnehmer luden im Laufe der Zeit immer seltener, aber mit größeren Energiemengen pro Ladevorgang. Es wurden nie mehr als 5 Fahrzeuge gleichzeitig geladen (maximale Gleichzeitigkeit: 50 %). Das Stromnetz war zu keinem Zeitpunkt an der Belastungsgrenze. Eingesetzte Lösungen: Dezentrale/zentrale Batteriespeicher, Strangregler, intelligentes Lademanagement.

  Verwendet in Abschnitt 19.8.3, »Die Praxis: Erkenntnisse aus Feldversuchen«

- **Studie von NETZlabore Baden-Württemberg mit 113 Haushalten**
  - **Projektname:** NETZlabore zur Netzintegration Elektromobilität (mehrere Teilprojekte)
  - **Verantwortlich:** Netze BW GmbH mit verschiedenen Kommunen
  - **Laufzeit:** 2018 bis ca. 2022
  - **URL:** *www.netze-bw.de/unsernetz/netzinnovationen/netzintegration-elektromobilitaet/netzlabore*
  - **Standorte:** 8 verschiedene Standorte: E-Mobility-Allee (Ostfildern, 10 Haushalte), E-Mobility-Carré (Tamm, 58 Ladepunkte Tiefgarage), E-Mobility-Chaussee (Kusterdingen, 7–8 Haushalte), NETZlabor Intelligentes Heimladen (5 Standorte, 37 Haushalte)
  - **Inhalt:** Circa 112–113 Haushalte insgesamt mit verschiedenen Netztopologien (vorstädtisch, Mehrfamilienhaus, ländlich) wurden getestet. Gleichzeitigkeit des Ladens: E-Mobility-Carré (Mehrfamilienhaus) nur 22 %, E-Mobility-Allee 50 %, E-Mobility-Chaussee 75 %, intelligentes Heimladen durchschnittlich 50 %. Spanne über alle Projekte: 22–88 %, im Mittel 50 %. Durch intelligentes Lademanagement konnten Lastspitzen um 30–50 % reduziert werden, über 90 % der Teilnehmer fühlten sich nicht eingeschränkt.

  Verwendet in Abschnitt 19.8.3, »Die Praxis: Erkenntnisse aus Feldversuchen«

- **Studie von Elli und MITNETZ STROM: 30 % CO_2-Reduktion**
  - **Projektname:** »Innovationsimpuls für zukunftsfähige Netzintegration von E-Mobilität«
  - **Beteiligte:** Elli (VW-Tochter), MITNETZ STROM GmbH, E-Bridge Consulting GmbH
  - **Laufzeit:** Juli bis September 2022, Ergebnisse Januar 2023
  - **URL:** *www.volkswagen-group.com/de/pressemitteilungen/smarte-netzintegration-entlastet-stromnetze-elli-und-mitnetz-strom-veroeffentlichen-testergebnisse-17231*
  - **Inhalt:** Rund 20 Fahrer von VW ID.3, ID.4 und ID.5 nutzten private Wallboxen mit der Smart-Charging-App von Elli. Ein Algorithmus koordinierte die Ladevorgänge zwischen E-Autos und Netzbetreiber über Preisanreize mit regionaler Stromerzeugung aus erneuerbaren Energien. Ergebnisse: Rund 30 % der CO_2-Emissionen bei Stromerzeugung wurden eingespart durch Synchronisierung mit regional produziertem Grünstrom. Bis zu 5-mal so viele E-Autos können an ein lokales Netz angeschlossen werden. Über 40 % der Teilnehmer sparten Stromkosten, Spitzenreiter über 70 € jährlich. Über 80 % wollten weitermachen; sie haben keine Komforteinbußen festgestellt.

  Verwendet in Abschnitt 19.8.3, »Die Praxis: Erkenntnisse aus Feldversuchen«

- **Studie von Fraunhofer IEG/ISI: Strompreise sinken um 3,5 %**
  - **Titel:** »Impact of electric vehicles: Will German households pay less for electricity?«
  - **Autoren:** Judith Stute (Studienleiterin), Matthias Kühnbach, Till Gnann, Martin Wietschel, Marian Klobasa (Fraunhofer IEG/ISI)
  - **Jahr:** 2020, Pressemitteilung Mai 2021
  - **Journal:** Energy Strategy Reviews, Volume 32, Artikelnummer 100568
  - **DOI:** *10.1016/j.esr.2020.100568*
  - **URL:** *www.sciencedirect.com/science/article/pii/S2211467X20301218*
  - **Inhalt:** Die Studie verwendet einen integrierten Modellierungsansatz mit vier verknüpften Energiesystemmodellen. Bei 4 Millionen Elektrofahrzeugen in Deutschland und 30 % lokaler Durchdringungsrate könnten Verbraucherpreise für Haushaltsstrom 2030 um rund 3,5 % sinken. Zwei Hauptmechanismen: Zeitlich gesteuertes Laden glättet die Lastkurve und verbessert die Netzauslastung (sinkende spezifische Netzentgelte), und die Batteriekapazität als Speicher für volatile erneuerbare Energie reduziert Beschaffungskosten im Strommarkt. Die Studie wurde vor der Energiekrise 2022/2023 veröffentlicht, aber die Methodik bleibt wissenschaftlich relevant.

  Verwendet in Abschnitt 19.8.6, »Die Kosten: Positive Effekte für Strompreise«

- **Studie der Universität von Wisconsin: Elektrochemisches LFP-Recycling**
  - **Titel:** »Electrochemical Li Recovery from Spent LiFePO4-Based Li-Ion Batteries«
  - **Autoren:** Do-Hwan Nam, Brian M. Foster, Kyoung-Shin Choi (Professor), University of Wisconsin-Madison
  - **Jahr:** 2025 (Juni)
  - **Journal:** ACS Energy Letters, Volume 10, Issue 6, Seiten 2934–2941
  - **DOI:** *10.1021/acsenergylett.5c01087*
  - **Inhalt:** Die Studie beschreibt ein innovatives zweistufiges elektrochemisches System zur wirtschaftlichen Lithium-Rückgewinnung aus LFP-Batterien. Das Verfahren regeneriert die für das Auslaugen verbrauchte Säure, minimiert den Chemikalienverbrauch und reduziert Abfälle. Es sind keine energieintensiven Hitze- oder umfangreichen chemischen Prozesse erforderlich. Dies ist besonders relevant, da LFP-Batterien zunehmend von Tesla und BYD eingesetzt werden, aber konventionelle hydrometallurgische Verfahren für sie nicht wirtschaftlich sind. Das Verfahren wurde patentiert, Prof. Choi gründet ein Start-up zur Kommerzialisierung. Die EU-Verordnung schreibt ab 2031 vor, dass Batterien einen Mindestanteil recyceltes Lithium enthalten müssen.

  Verwendet in Abschnitt 4.6.3, »Die Rohstoff-Herausforderung«

- **Studie von Fraunhofer ISI: Europäische Recyclingkapazitäten übertreffen den Bedarf**
  - **Titel:** »Recycling capacities for lithium-ion batteries will exceed demand in Europe for the time being«
  - **Autoren:** Fraunhofer ISI Battery Update Team (Maximilian Stephan, Dr. Christoph Neef, Claresta Rugerri)
  - **Jahr:** 2025 (Q2/Juli)
  - **URL:** *www.isi.fraunhofer.de/en/blog/themen/batterie-update/batterie-recycling_europa_kapazitaeten_bedarf_update_2025.html*
  - **Inhalt:** Die Analyse zeigt: Trotz stornierter Projekte (Northvolt, Li-Cycle, Eramet, BASF, Umicore) wachsen europäische Recyclingkapazitäten weiter. Bis 2030 wird die angekündigte Gesamtkapazität für das Refinement (820 kt/Jahr, entspricht 350 kt/Jahr Black Mass) die Rücklaufmenge (100–270 kt/Jahr) deutlich übersteigen. Kapazitätsverluste durch Insolvenzen: ca. 100 kt/Jahr. Gründe für langsameres Wachstum: Langsamerer Hochlauf der Batterieproduktion in Europa, Finanzierungsprobleme, verzögerter Zellfabrik-Aufbau. Circa 70 % der Kapazität von europäischen Unternehmen, 30 % von asiatischen/amerikanischen. Europa ist derzeit Nettoexporteur von Black Mass.

  Verwendet in Abschnitt 4.6.4, »Wirtschaftliche Aspekte des Recyclings«

- **SAE J3016: Die sechs Automatisierungsgrade**
  - **Titel:** »Taxonomy and Definitions for Terms Related to Driving Automation Systems for On-Road Motor Vehicles«
  - **Organisation:** SAE International (ehemals Society of Automotive Engineers), gegründet 1905, über 138.000 Mitglieder
  - **Aktuelle Version:** J3016_202104, veröffentlicht am 30. April 2021
  - **URL:** *www.sae.org/standards/content/j3016_202104/*
  - **Versionshistorie:** Erstversion 2014, Updates 2016, 2018, 2021
  - **Inhalt:** Die sechs Level

    Level 0 (No Automation): Systeme bieten nur Warnungen und momentane Unterstützung (ABS, Notbremsung, Spurverlassenswarnung). Der Fahrer führt alle Fahraufgaben aus.

    Level 1 (Driver Assistance): Das System unterstützt *entweder* die Lenkung *oder* das Bremsen / die Beschleunigung (Spurzentrierassistent *oder* adaptive Geschwindigkeitsregelung). Der Fahrer muss das Fahrzeug ständig überwachen.

    Level 2 (Partial Automation): Das System unterstützt die Lenkung *und* das Bremsen / die Beschleunigung gleichzeitig. Der Fahrer muss das Fahrzeug konstant überwachen und bereit sein, einzugreifen. Der Fahrer fährt weiterhin.

    Level 3 (Conditional Automation): Das System kann unter begrenzten Bedingungen fahren und führt alle dynamischen Fahraufgaben (DDT, Dynamic Driving Task) aus (z. B. Stauassistent). Der Fahrer muss das Fahrzeug nicht überwachen, *aber* bereit sein, zu übernehmen, wenn es verlangt wird. Funktioniert nur unter spezifischen operationalen Designbedingungen (ODD).

    Level 4 (High Automation): Das System kann unter begrenzten Bedingungen vollständig fahren (fahrerlose Taxis, automatisierte Shuttles). Ein Fahrer ist nicht erforderlich, Pedale/Lenkrad können fehlen. Das System erfordert *keine* Übernahme innerhalb seiner ODD. Begrenzte geografische Bereiche.

    Level 5 (Full Automation): Wie Level 4, aber überall unter allen Bedingungen. Es ist keine Fahrerrolle erforderlich, alle Insassen sind Passagiere. »Unbegrenzte« ODD – vollständig autonomes Fahren.
  - **Kontext:** Seit September 2016 ist der Standard SAE J3016 in den USA offiziell anerkannt und wird seither kostenlos angeboten, um seine weltweite Nutzung zu fördern. Parallel veröffentlicht als ISO PAS 22736. Gilt als globaler Industriestandard für die Definition von Fahrautomatisierung; wird von Herstellern, Regulierungsbehörden, Forschern und Gesetzgebern weltweit verwendet. Fahrzeuge mit Level 3 sind kommerziell verfügbar (Honda, Mercedes, BMW); Fahrzeuge mit Level 4 werden in Pilotprojekten (Waymo) erprobt; Fahrzeuge mit Level 5 existieren noch nicht.

  Verwendet in Abschnitt 8.2, »Autonomes Fahren und Assistenzsysteme«

Anhang C
Abbildungsverzeichnis

Alle Abbildungen wurden vom Autor erstellt, außer die folgenden:

- Abbildung 1.1 – *https://unsplash.com/de/fotos/ein-hoher-turm-mit-vielen-stromleitungen-daruber-4r7orhB4YWA*
- Abschnitt 1.3 – *https://commons.wikimedia.org/wiki/File:Mercedes-Benz_W113_230_SL_Motor_0417RM0310.jpg*
- Abbildung 3.1 – *https://commons.wikimedia.org/wiki/File:Detroit_Electric_Automobiles_(1917)_(ADVERT_115).jpeg*
- Abbildung 3.2 – *https://commons.wikimedia.org/wiki/File:Rareearthoxides.jpg*
- Abbildung 5.2 - »U.S. Department of Energy« - Public Domain - *https://afdc.energy.gov/vehicles/how-do-all-electric-cars-work*
- Abbildung 5.4 – Press Kit *https://newsroom.porsche.com/en/products/taycan/battery-18557.html*
- Abbildung 5.5 – *https://germany.nissannews.com/de-DE/releases/release-698b4d1944054ab55f473f3a2c01496a/photos/2*
- Abbildung 9.4 – Press Kit *https://uk.nissannews.com/en-GB/releases/release-120562-e-nv200-press-kit#*
- Abbildung 9.6 – *https://commons.wikimedia.org/wiki/File:Electric_cars_Flydalsjuvet_Geirangerfjord_10_2018_3154.jpg*
- Abbildung 10.6 – *https://germany.nissannews.com/de-DE/releases/release-698b4d1944054ab55f473f3a2c01496a/photos/0*
- Abbildung 10.7 – *https://commons.wikimedia.org/wiki/File:Nio_ES8_III_001.jpg*
- Abbildung 12.4 – *https://edison.media/verkehr/elektroautos-mit-der-perfekten-lade-strategie-schneller-ans-ziel/25213430*
- Abbildung 13.1 – *https://pixabay.com/de/photos/feuerwehr-training-leben-feuer-1251112/*
- Abbildung 14.1 – *https://unsplash.com/de/fotos/ein-mann-der-ein-auto-mit-einem-lenkrad-fahrt-T7_WY6yrxj4*
- Abbildung 18.1 – *https://unsplash.com/de/fotos/ein-weisses-auto-das-vor-einer-holzwand-geparkt-ist-AbjcC_stuXs*

- Abbildung 18.3 - *https://commons.wikimedia.org/wiki/File:Gummischlauchleitung_H07RN-F_5G6_Aderendh%C3%BClsen_CEE_2012_04_03.jpg*
- Abbildung 18.2 - *https://unsplash.com/id/@goe_official*
- Nochmal vielen Dank an Christian Stapel für Abbildung 19.1 und Abbildung 19.2.
- Abbildung 20.1 - *https://unsplash.com/de/fotos/weisser-und-brauner-wohnmobilanhanger-tagsuber-auf-grunem-rasenplatz-SWuFxMb8Y8w*

Die Abbildungen der BYD Fahrzeuge kommen alle von BYD Presskit unter *www.byd.com/eu/image-bank*

- Abbildung 10.4
- Abbildung 10.5
- Abbildung 10.8

Alle Skoda-Abbildungen kommen von *www.skoda-storyboard.com/en/press-kits/skoda-elroq-press-kit*

- Abbildung 10.2
- Abbildung 10.3

Alle Abbildungen des Fiat Panda kommen von *www.media.stellantis.com/em-en/fiat/media-library/press-images*

- Abbildung 10.1

Alle Bilder von Kia kommen von *www.press-eu.kia.com/document/1128#/pbv/pv5-passenger*

- Abbildung 9.3

Index

C

D

E

F

M

N

V

W

X

Z